21 世纪通才系列教材

劳动者权利及其保护

（第二版）

韩桂君 彭博 ◎编著

北京大学出版社
PEKING UNIVERSITY PRESS

图书在版编目(CIP)数据

劳动者权利及其保护/韩桂君,彭博编著.—2版.—北京:北京大学出版社,2017.1
(21世纪通才系列教材)
ISBN 978-7-301-27882-6

Ⅰ.①劳… Ⅱ.①韩… ②彭… Ⅲ.①劳动法—中国—高等学校—教材 Ⅳ.①D922.5

中国版本图书馆 CIP 数据核字(2016)第 322445 号

书　　　名	劳动者权利及其保护(第二版) LAODONGZHE QUANLI JI QI BAOHU
著作责任者	韩桂君　彭　博　编著
责 任 编 辑	王　晶
标 准 书 号	ISBN 978-7-301-27882-6
出 版 发 行	北京大学出版社
地　　　址	北京市海淀区成府路 205 号　100871
网　　　址	http://www.pup.cn
电 子 信 箱	law@pup.pku.edu.cn
新 浪 微 博	@北京大学出版社　@北大出版社法律图书
电　　　话	邮购部 62752015　发行部 62750672　编辑部 62752027
印 　刷　 者	北京虎彩文化传播有限公司
经 　销　 者	新华书店
	730 毫米×980 毫米　16 开本　16.75 印张　319 千字 2014 年 6 月第 1 版 2017 年 1 月第 2 版　2021 年 3 月第 2 次印刷
定　　　价	35.00 元

未经许可,不得以任何方式复制或抄袭本书之部分或全部内容。
版权所有,侵权必究
举报电话: 010-62752024　电子信箱: fd@pup.pku.edu.cn
图书如有印装质量问题,请与出版部联系,电话: 010-62756370

作者简介

韩桂君　女,河南南阳人,中南财经政法大学法学院副教授,法律援助与保护中心副主任,法学博士,硕士生导师,美国太平洋大学麦克乔治法学院法学硕士,美国亚利桑那州州立大学法学院访问学者,中国社会法学研究会理事,中国诊所法律教育专业委员会常委,武汉市洪山区法院第一民事审判庭兼职副庭长。主要从事经济法、社会法、劳动法和社会保障法以及法律诊所教育,发起并主持中南财经政法大学法学本科生博雅教育项目。著有《自助行为——为了法和权利的实现》《劳动法实验教程》《劳动者权益保护实务》等书。

彭博　男,河南信阳人,法学硕士,毕业于中南财经政法大学法学院经济法系,主要研究方向为经济法、劳动法和社会保障法。

第二版说明

本书自2014年出版以来,以劳动者拥有的权利和利益保护为视角,通过基础理论和真实案例相结合的方式,通俗易懂地向所有读者传递普通劳动者权益内容及其实现方式,受到广大普通人的欢迎。

随着社会政治经济以及劳动力市场的发展变化,国家为了应对经济新常态下构建和谐劳动关系的需要,正在积极全面有步骤地推进劳动力市场的改革,在保障民生、协调劳动关系方面,出台了一些新的法律法规。在此形势下,第一版中有些涉及劳动者的工作权、养老保险权、医疗保险权、劳动保护权等内容已经因法律的修改而过时。另外,最高人民法院又发布了一些新的典型劳动争议案件,因此非常有必要对本书进行修订。

本次修订主要侧重于法律法规及配套案例的更新和补充。在案例方面,将2014年以来发生的重要劳动争议案件编入教材,希望引起读者对社会热点劳动法律问题的关注和思考。例如2015年上海家化王茁案引起广泛关注,原因是法院最终判定恢复劳动者与用人单位之间的劳动关系,该判决的意义在于为企业高管是否适用劳动法以及如何适用劳动法提供了新的角度。

在法律法规以及政策方面,机关事业单位养老保险改革和延迟退休政策都在稳步向前推进,而2016年国务院颁布的《关于整合城乡居民基本医疗保险制度的意见》为全民统一医疗保险制度指明了方向。此外,2015年底修订的《人口与计划生育法》将我国全面引入"二胎时代",如何为孕育二胎的女职工提供合理保护措施成为新的社会问题。而2015年天津滨海新区爆炸案又引发了对劳动安全之思考,如何进一步强化生产经营单位的安全生产责任,如何更好地落实事故预防和应急救援制度等都是新的研究课题。

易与天地准,阳光之下无新事。当落笔回望过去我国劳动力市场法治化的进程,百味杂陈的情绪涌上心头。这其中既有对各种新法新规新鲜出炉的欣喜,也有对安全事故频发、劳动者权益实现艰难的忧患,因为落到实处的权利才是真正的权利。但是笔者始终坚信我国劳动者权益在未来能得到更大程度的实现,这种信念不仅来自于我国法治环境的逐步改善和建立全面和谐劳动关系的目标,更来自于每一个公职人员、每一个公民、每一个企业管理者、普通劳动者对法律的敬畏之心。已成立的法律获得普遍的服从,而大家所服从的法律本身应是良好的法律,这美好的法治社会是每个劳动者内心期盼的中国梦。

目前,我国大力保障民生,与之相关的劳动法律制度必然随之完善。愚者千虑,必有一得;然诸多不足,请方家正之。

最后,北京大学出版社王晶编辑认真敬业,在本书修订过程中做了大量深入细致的编辑工作,在此表达真挚的感谢!

韩桂君
于晓南湖畔静心斋
2016 年 11 月 27 日

第一版自序

在市场经济体制下,实现劳资之间利益平衡是社会生产发展的根本保障。在企业运行过程中,劳方与资方结合成利益相互关联又相互冲突的共同体,劳资关系和谐则企业兴旺发达,劳资关系冲突加剧,则企业前途难料。如何判断劳资关系是否合理?这既要基于常识、基于法理,又要依据一个时代下该社会的成文法规范,最理想的状态表现为成文法规范能够科学而全面地体现形而上的公平正义原理。我国《宪法》《劳动法》《劳动合同法》《就业促进法》《矿山安全法》《职业病防治法》《劳动合同法实施条例》等法律法规明确规定了劳动者的各项法定权益,基本上反映了现代文明社会所强调的劳资平等、就业自由、反就业歧视、保障劳动者尊严和人权等价值理念。

由于各种主客观原因,我国法律法规所规定的劳动者权益屡屡遭受侵犯。每年年底,农民工追讨工资的新闻充斥各类媒体,使年底讨薪俨然成为一种非法的"规律"性现象,其背后是作为劳动者的农民工群体无限的悲凉、心酸和无奈,这是劳动者劳动报酬权遭受严重侵害的表现。此外,在日常劳动中,劳动者的平等就业权、休息休假权、职业安全权、社会保险权、民主管理权等法定权益亦经常遭受不同程度的侵害。这些现象表明劳动者的法定权利转化为现实权利的程度较低,与我国构建社会主义法治社会的目标不相一致。

从某种意义上说,每一个人都是劳动者,因此每一个人了解和掌握基本的法律知识、法律思维和实现权利的方法等有助于自我维护权益。某项权利可以因为义务人主动履行义务而实现,或者当义务人不履行义务时,因公共机关如行政执法部门或者司法部门的及时救济而实现。本书的写作是面向所有人的,期待所有人能够明白在现代法治社会中,个人作为劳动者所享有的基本权利、权利的实现方式和实现过程中所需要的相关素材和程序等,能够做一个主动的权利维护者和行动者,同时又是一个理性而自治的人,既不因强势而骄横,也不因弱势而无赖,从而活出人的尊严。从劳资关系方面而言,就是保障劳动者成为一个体面而有尊严的社会建设者。此目标的实现也依赖用人单位观念转变,其人力资源观念应从管理变为平等合作,承认劳动者是劳动力资源的所有者,从而正确理解劳动法律法规的精神,主动遵守法律法规。

本书第一讲总括阐述人的权利层次,让读者知晓第二讲到第十讲涉及的权利在权利层次中所处的位置,以及这些权利实现所需要的基本条件,具有提纲挈领的作用。本书的第二讲到第十讲着重说明劳动者作为雇员的权利及其保护。附则部分以我国《劳动争议调解仲裁法》为基础,对劳动争议案件处理进行全流程的解读。为使阅读更为直观、具象,配以大量的关键环节的图表。鉴于个案的复杂性及各地行政法规的不同规定,建议读者在参考这些图表时要结合本地区的规则适当调整。附则还为读者提供了常用的各种法律文书格式范本、证据的基本类型以及如何收集和保存证据、相关纠纷的处理程序、各程序的相互关系等,以帮助读者在日常生活中做一个有心人,逐步养成权利实现的能动主体,避免在发生纠纷时,劳动者可能因证据不足或者时效过期而无法获得有效的公共救济。

此外,本书为确保法律法规的时效、有效性,使用案例、图表等增强可读性。2008年以来,我国关于劳动和社会保障领域的法律法规频繁修订,或者出台新的实施条例。例如《劳动合同法》以及《职业病防治法》的修订,女职工产假的延长,春节休假的调整等。凡是涉及这些修订的法律法规的地方,本书都注意采用最新规定。结合多年的教学经验以及常年接触的大量劳动争议案件,我们希望帮助读者在自己遭遇劳动纠纷或者帮助他人处理劳动纠纷时,从本书获得有用的法律、可操作的流程以及对证据的运用等。本书还利用大量典型案例、司法判例,引用最新的法律法规作为法律依据,配以图表,以达到生动、直观的阅读效果,让普通读者都能够明白权利的含义及其实现方式。

本书撰稿分工如下:韩桂君负责第一讲至第七讲,彭博负责第八讲至第十一讲。韩桂君负责整体结构内容设计和统稿。

在写作过程中,我们力求语言上通俗易懂,避免生硬的法律术语,在案例上突出其故事性,增强阅读的吸引力,但是由于专业思维所限,学识未尽通达,实务操作中的不确定性在书中难以体现。惶恐成书,虽耐心校检,仍难免出错,诚望读者批评指正。

最后衷心感谢北京大学出版社王晶编辑的辛勤劳动,为本书的结构编排、编辑校对以及付梓出版全力策划,做了大量细致具体的工作,使得本书得以顺利出版面世,谨致谢忱。

韩桂君
于晓南湖畔静心斋
2014 年 4 月 30 日

目　录

第一讲　劳动者及其权益界说 …………………………………… 1
　一、劳动者界说 ………………………………………………… 1
　二、劳动者权益界说 …………………………………………… 2
　三、劳动者多层次权益之间的关系 …………………………… 10

第二讲　平等就业权 ……………………………………………… 13
　一、平等就业权概述 …………………………………………… 13
　二、就业歧视 …………………………………………………… 14
　三、我国平等就业的法制环境 ………………………………… 18
　四、公平就业权的其他制度保障 ……………………………… 24

第三讲　养老保险权 ……………………………………………… 31
　一、养老保险权概述 …………………………………………… 33
　二、养老保险权的实现机制 …………………………………… 35
　三、养老保险权实现的其他问题 ……………………………… 45
　四、机关事业单位养老保险制度改革 ………………………… 51

第四讲　医疗保险权 ……………………………………………… 56
　一、医疗保险权概述 …………………………………………… 56
　二、城镇职工医疗保险权 ……………………………………… 57
　三、城镇居民基本医疗保险权 ………………………………… 70
　四、新型农村合作医疗 ………………………………………… 76

第五讲　工伤保险权 ……………………………………………… 80
　一、我国工伤保险制度的基本内容 …………………………… 80
　二、上下班途中合理问题、合理路线的认定 ………………… 104
　三、工伤保险特殊情形处理 …………………………………… 109
　四、工伤认定常见争议救济途径 ……………………………… 110
　五、特殊人群的工伤保险待遇权利救济 ……………………… 111
　附：因工死亡职工供养亲属范围界定 ………………………… 121

第六讲　失业保险权 ……………………………………………… 123
　一、失业保险权概述 …………………………………………… 123

二、失业保险权实现机制 …………………………………… 124
　　附：关于退役军人失业保险有关问题的通知 ……………… 135
第七讲　生育保险权 ……………………………………………… 137
　　一、生育保险权概述 ………………………………………… 137
　　二、生育保险费的缴纳 ……………………………………… 138
　　三、生育保险待遇的内容 …………………………………… 138
　　四、生育津贴的发放标准 …………………………………… 140
　　五、违反生育保险规定的法律责任 ………………………… 141
　　六、我国进入"全面两孩"时代 …………………………… 142
第八讲　劳动报酬权 ……………………………………………… 144
　　一、劳动报酬权概述 ………………………………………… 144
　　二、我国有关工资的规定 …………………………………… 146
　　三、最低工资制度 …………………………………………… 157
　　四、工资与劳动报酬的关系 ………………………………… 161
　　五、工资集体协商制度 ……………………………………… 163
　　六、拒不支付劳动报酬罪 …………………………………… 166
第九讲　劳动保护权 ……………………………………………… 173
　　一、劳动保护权概述 ………………………………………… 173
　　二、安全生产法律保护 ……………………………………… 178
　　三、职业病 …………………………………………………… 187
　　四、女职工和未成年工特殊劳动保护权 …………………… 199
第十讲　休息休假权 ……………………………………………… 206
　　一、休息休假权概述 ………………………………………… 206
　　二、带薪年休假制度 ………………………………………… 207
　　三、法定节假日 ……………………………………………… 211
　　四、探亲假 …………………………………………………… 212
　　五、其他假期 ………………………………………………… 213
附录一　劳动争议处理全流程解读 ……………………………… 216
附录二　中华人民共和国劳动合同法 …………………………… 239
附录三　中华人民共和国劳动合同法实施条例 ………………… 252

第一讲　劳动者及其权益界说

一、劳动者界说

在日常用语中,劳动者是一个广义的术语,任何一个人只要从事脑力和体力劳动,将个人劳动加诸劳动对象,创造社会成果,包括脑力成果和体力成果,那么,这个人就是劳动者。在人类社会的发展历程中,每一个人从一开始就属于广义的劳动者。随着历史的演进,人们将人在不同领域的活动进行分类,并分别赋予特定的权利和义务,形成在特定领域的主体资格并分别承担不同的责任和使命。

第一,劳动者必须是一个自然人。自然人是有肉体、有生命、有思想、有独立意志的个体。从自然属性上说,每一个人是无差别的、具有类平等的个体。

第二,劳动者在一个政治共同体中,既是国民,又必须是一个公民。国民是具有一个国家的国籍的人,公民是能够参与国家公共事务的人。在公共事务中的参与和决策,是一个人保证其承担公民义务和享有公民权利的应有之义,也是确保其作为人的权益、作为民事主体的权益、作为求职者的权益、作为雇员的权益实现的基础。

第三,劳动者在一个政治共同体内,必须是民事主体。人的活动领域大体上可以分为私人领域和公共领域,私人领域主要体现为民事活动,包括物的占有、使用、收益和处分等活动,还有签订合同、买卖货物等,这两者属于财产范围,其他还有很重要的人身领域,如身份关系和亲子关系等,体现为婚姻家庭关系。也可以自主从事商业经营活动,是特殊的民事主体,例如个体工商户等。

第四,劳动者又有求职者的内涵。当一个人具有劳动能力,需要依靠自己的劳动力维持生存时,如果愿意成为某个组织的成员,就要进入劳动力市场,向有需求的用人单位递交求职书,表达自己寻找工作的意愿,通过笔试、面试程序,在用人单位认可的前提下,成为其组织体的一个成员而从事劳动。

第五,劳动者最狭义的含义是雇员或者职员。一个人具备了法律规定的被雇佣的条件和资格,可以被合法的用人单位所录用,成为该用人单位组织体内的一个成员。该用人单位依据法律规定,在法定规定的时间范围内,管理和指挥该劳动者进行劳动,其劳动成果归用人单位所有,而用人单位应保障其劳动安全,并及时发放工资,为其办理社会保险,在其发生劳动风险(工伤、失业、生育、衰老、死亡)时,其本人或者其家属能够获得基本生活来源。

因此，凡是谈论劳动者首先应是一个生命、自由和尊严受到保障的自然人，其次是一个国家的公民，能够参与公共事务，第三层次上是一个可以自主平等就业，不受歧视的劳动力市场的参与者。一旦进入用人单位内部，虽然在组织上有隶属关系，但是其人格尊严仍应受到尊重，用人单位仅在与工作有关的领域内，对劳动者进行管理和考核。

二、劳动者权益界说

根据前述关于劳动者的含义的说明，必须明确其不同意义上的劳动者的权益。

(一) 劳动者作为自然人的权益——人权

人权是指人为之人按其本性所应享有的基本人格权利。这种权利之所以平等、普遍地属于每一个人，仅仅因为他们是人，此乃"天赋"，即人人生而有之。

《世界人权宣言》[①]开宗明义："人人生而自由，在尊严和权利上一律平等。他们富有理性和良心，并应以兄弟关系的精神相对待。"一个人首先成为人，然后才能成为其他法律主体，否则就无异于一个动物般的生存状态。"人们既然都是平等的和独立的，任何人就不能侵害他人的生命、健康、自由或财产。"[②]我们坚持这些真理是自明的：人人生而平等；他们由造物主赋予他们固有的、某些不可转让的权利，其中有生命权、自由权及追求幸福的权利；为了获取这些权利，政府才在人们中间得以建立，而政府的正当权力，则来自被统治者的认可；如有任何形式的政府损害了这些目的，人民就有权利改变或废除它，从而组建新的政府；新政府要基于这样的原则，以这样的形式组织其权力，即这样最有可能实现人民的安全和幸福。[③]

按照通行的说法，人权是"人因其为人而享有的权利"。有两层含义：(1) 某些权利是每个人都享有的或者应该享有的，而不因其具体身份和生活处境存在差别。即"天赋人权"。(2) 因为享有上述权利，每个人都可望或应该得到合乎人性的对待，从而能够真正地像"人"一样的生存和生活，即"人道"。

人权体现在政治制度中就是"人文精神"。我国《宪法》明文规定"国家尊重和保障人权"，这是顺应世界政治文明的潮流、保障我国人民人之为人的基本权

---

① 英文为"Universal Declaration of Human Rights"，联合国大会于1948年12月10日通过（联合国大会第217号决议，A/RES/217），是联合国人权委员会行动的宗旨。
② 〔英〕洛克：《政府论》(下)，叶启芳、翟菊农译，商务印书馆2011年版，第4页。
③ 〔美〕杰斐逊：《独立宣言》，转引自约翰·杜威等：《自由主义》，欧阳梦云等译，世界知识出版社2007年版，第44页。

利的根本体现。宪法是其他基本法律的依据,因此《行政法》《民法》《劳动法》等都应当实现宪法的基本精神,保障每一个国民的生命、自由、尊严和追求幸福的权利。

中华古圣先贤早有思考人之为人的基本要求,如"人禽之别""良知良能""仁义礼智"等。① 斯多葛学派认为理性能够确定和把握自然法则、天道。理性乃人类独有的能力,凭借理性能力,人类超越丛林中的动物,既认识外部世界的恒常规律,又在社会生活中明辨是非善恶,并推崇和鼓励向善的光明行动。因此,理性构成了人为之人所应该具有的道德关怀的内在基础。建立在理性基础上的正义法则,本质上是一种普适于所有社会成员的"公正"和"仁爱"法则,尊奉和实践这一法则,则为"人道"。

自然法不是具体的成文法律,它作为具有理性禀赋的人所普遍认同的正当行为准则,昭示着按人的内在价值看待人,用属人的方式对待人的道德律令。人权的哲学基础是自然法,自然法表征着一个超验的"理想程序",为人类社会正当和不正当的行为确立一个界标,事实上也构成了制定和执行具体的成文法律的终极依据。

因此,劳动者作为人的权利,也就是天赋人权,具有神圣不可侵犯的属性。一片土地,如果没有了人居住,则成为荒原或者无人区。由此可见,人权是一切其他权利的基础。劳动者作为人的权利主要包括以下几个方面:

(1) 生命权。包括两层含义:第一,不得对任何人无端杀戮;第二,不得将任何人置于毫无必要的危险境地。

(2) 自由权。包括两层含义:第一,每一个个人享有免于无理干涉的"私人空间",即保障每一个人在私人领域内的安全;第二,政府公共机构对任何人的任何形式的干涉,都必须有正当的理由,且履行正当的程序。

自由权的内容在各国宪法中都有明确的规定,主要包括:第一,不受任意逮捕、拘禁和其他非法侵犯的人身自由;第二,不受无理检查的通信自由;第三,自主选择宗教信仰和价值立场的精神自由;第四,自主选择住所和住地的迁徙自由;第五,通过口头、书面或者其他形式发表意见的言论自由;第六,免于饥饿的自由;第七,免于愚昧无知的自由;第八,免于恐惧的自由,等等。这些自由权是劳动者作为劳动力市场主体以及成为雇员的权利的基础。

(3) 财产权。洛克说:"人们联合成为国家和置身于政府之下的重大的和主要的目的,是保护他们的财产。"② 哈耶克说:"哪里没有财产权,哪里就没有公

---

① 孟子曰:"人之所以异于禽兽者几希?"见《孟子离娄下》;"人之所不学而能者,其良能也;所不虑而知者,其良知也。""无恻隐之心,非人也;无羞恶之心,非人也;无辞让之心,非人也;无是非之心,非人也。恻隐之心,仁之端也;羞恶之心,义之端也;辞让之心,礼之端也;是非之心,智之端也。"参见《孟子》。

② 〔英〕洛克:《政府论》,叶启芳、瞿菊农译,商务印书馆2011年版,第77页。

正。"财产权包括以下两层含义:第一,对自己劳动所得的合法占有和使用;第二,财产权是对生命权和自由权不可或缺的保障。

凡政府对个人财产的征用,必须符合以下条件:第一,真正出于公益目的;第二,通过协商方式依法进行;第三,对财产所有者给以合理补偿。

(4) 尊严权。包含两条原则:第一,诚实行为原则:在社会交往中应信守诺言,光明正大;第二,文明礼貌原则:在社会交往中应彼此尊重,以礼相待。所有共同体及其成员都必须避免无端使用暴力,力戒恫吓、威胁、欺诈、凌辱、骚扰等行为。

尊严权的价值在于:如果一个人的生命是在屈辱状态中被保全的,那么他的生命至多是无人格的动物形式。尊严权不仅是一个权项,也是尊重和保护各项基本人权所必须遵循的一条普遍原则。

(5) 获助权。社会上遭遇不幸的人获得社会和共同体的救助,是一项最低标准的人权,体现了人道和博爱精神。

(6) 公正权。即每一个人都享有获得公正对待的权利。

罗尔斯对公正原则的描述非常精辟且全面:"所有社会价值——自由、机会、收入和财富、自尊的基础——都要平等分配,除非对其中的一种价值或所有价值的某种不平等分配合乎每个人的利益。"①

最低道德标准所确认的各项权利应平等地扩展到每一个人身上,而不论其民族、宗教、性别、肤色和财产如何。

(二) 劳动者作为公民的权利——公民权利

在人类历史上,公民作为一种政治身份,最早出现于古希腊的城邦政治结构中。希腊文"Polites"一词,由城邦 Polis 一词衍生而来的。其本义为"属于城邦的人"。"若干公民集合在一个政治团体以内,就成为一个城邦",作为"政治社团的城邦实乃公民依据共同法律而分享共同权利与义务的政治体系,亦即一个公民自治团体"。② 城邦成员有权参与公共事务,因而实质性地充当着城邦的主人。民主政治从实质上将就是公民参政、治理国家。

公民在公共领域的权利主要有如下内容:

(1) 选举权:自由、定期、公正参加竞选或投票选出公职人员的权利。

(2) 罢免权:对不称职的政府官员在任期届满前将其撤换的权利。

(3) 创制权:公民提出制定、修改或废弃法律的法案并促使立法机关创制法律的权利。

(4) 复决权:公民对立法机构通过的宪法草案或法律草案应否生效作出最

---

① 〔美〕罗尔斯:《正义论》,何怀宏等译,中国社会科学出版社1988年版,第58页。
② 〔古希腊〕亚里士多德:《政治学》,吴寿彭译,商务印书馆1965年版,第118—119页。

后决定的权利。

公民在私人领域的权利主要体现为自由权,即各国宪法所规定的各项自由。我国《宪法》第 35 条、第 36 条、第 37 条等所规定的各项自由权,只要不受到阻碍,就是公民可以自由行使的。这些权利是实现民事权利和雇员权利的基础。

(三) 劳动者作为民事主体的权利——民事权利

当劳动者作为一个民事主体平等地与其他人发生社会关系时,所享有的权利称为民事权利。在法律调整上,这类权利集中规定以权利为本位的民法中,"在民法的慈母般的眼里,每一个个人就是整个国家"。[1] 民事权利是民事主体为实现特定的利益而要求义务人为一定行为或不为一定行为的可能性。根据民事权利所体现的利益的性质不同,可以将民事权利划分为财产权与人身权。财产权是以财产利益为内容的权利,包括物权、知识产权和债权等。人身权是以人身利益为内容的权利。人身权又分为人格权和身份权,人格权有生命权、姓名权、名誉权等;身份权有配偶权、亲属权等。[2]

(四) 劳动者作为求职者(在劳动力市场上)的权利——就业权

一个人成年后,具备了基本的就业资格,如良好的道德品质、初中以上文化知识、某个行业的职业资格、愿意以自己的劳动维持生存,这时他就可以依据自己的兴趣和能力,在劳动力市场上寻找用人单位,以实现劳动力与生产资料相结合的机会。任何人在市场经济体制下,都应该获得机会平等和人格尊严受到保障的就业过程,这些权利统称为劳动者在劳动力市场上的权利,又称为寻找工作的权利,主要包括了平等就业权和自主择业权。

1. 平等就业权

平等就业权是指所有劳动者在就业方面一律平等,不因民族、种族、性别、宗教信仰等因素而受歧视。我国《劳动法》第 12 条、《就业促进法》第 3 条都明确规定了劳动者的平等就业权。平等就业权一方面要求国家政府必须保障公正、公平的就业环境,不设置制度性的障碍,例如户籍限制不同区域的劳动者就业机会,就属于典型的制度障碍;另一方面要求用人单位在录用员工时必须遵守非歧视义务,当前一些用人单位在招用员工时的条件,限制女性、农村户籍、年龄、容貌、党派、身高、血型、毕业学校等各种条件,排斥其公平竞争的机会,如果这些限制与其工作任务的完成没有紧密的关系,则构成歧视。就业领域的歧视是严重侵犯劳动者平等就业权和尊严权的行为,导致劳动者在就业领域的绝望情绪,不

---

[1] 〔法〕孟德斯鸠:《论法的精神》,张雁深译,商务印书馆 2007 年版,第 251 页。
[2] 参见魏振瀛主编:《民法》(第六版),北京大学出版社、高等教育出版社 2016 年版,第 35—36 页。

利于社会和谐。因此,必须在法律上和就业市场上,严格禁止。

2. 自主择业权

自主择业权是指所有劳动者在就业时,依法享有依据自己的意愿、兴趣和需要等选择就业的地点、就业的行业、就业的用人单位,不受任何外在力量的强迫。如果说平等就业权是强调用人单位的非歧视义务,那么自主择业权则是在劳动者不受歧视的基础上,最大限度尊重其意志、让其选择最乐意从事的工作,发挥其劳动积极性和创造性,实现劳动力资源价值的最大化。该项权利的实现必须依赖宪法上的迁徙自由权。

在劳动力市场上,劳动者享有自主择业权,用人单位享有用人自主权,双方自愿选择,在诚实信用、协商一致的基础上签订劳动合同,建立劳动关系。当一个劳动者受到尊重时,其劳动自觉性能够较好地发挥作用,能够养成对职业和用人单位的认同感和归属感,培养敬业精神,有利于激发劳动者的聪明才智和工作热情,有利于其提高劳动效率。

(五) 劳动者作为雇员(工作中的)的权利——工作权

案例链接 1.1

上海家化诉其原总经理王茁劳动纠纷案

2015年5月26日上午,随着上海市虹口区人民法院陆卫审判长在该院第一法庭敲落法槌,上海家化联合股份有限公司(以下简称"上海家化")诉其原总经理王茁劳动合同纠纷案,有了一审判决结果:上海家化与王茁恢复劳动关系;上海家化支付王茁2014年6月1日至24日的工资42355.17元。

2015年9月25日上海市第二中级人民法院对该案作出终审判决,认定上海家化解除王茁的劳动合同行为系违法解除,判令上海家化恢复与王茁的劳动关系,并对支付工资的数额纠正为人民币10520.77元。

案件回顾:

2013年11月20日,上海家化收到证监会上海监管局作出的《责令改正的决定》,该决定指出:2008年4月至2013年7月,上海家化与相关企业发生采购销售、资金拆借等关联交易,且未对外披露。为此,上海家化委托会计师事务所审计其2013年12月31日的财务报告内部控制的有效性,会计师事务所于2014年3月11日出具否定意见的审计报告,认为上海家化财务报告内部控制存在关联交易管理中缺少主动识别、获取及确认关联方信息的机制等三项重大缺陷。

2014年5月12日,上海家化召开五届十五次董事会,认为王茁在此次事件中负有不可推卸的责任,审议并通过关于解除王茁总经理职务及提请股东大会解除王茁董事职务的议案。次日,上海家化即以严重违反公司规章制度、严重失职、对公司造成重大损害为由,解除与王茁的劳动合同。由此,直接引发了上海家化与王茁之间的劳动争议纷争。①

本案作为2015年度重要的劳动争议案件,引起学界在劳动法和公司法领域的多重思考,总经理等高级管理人员与所服务公司间发生争议是否适用劳动法律法规?公司董事会依据公司法及公司章程可对高级管理人员行使解聘权的规定与公司依照劳动法行使解雇权需受法定条件限制的规定是否存在冲突?这些问题值得我们从这起案件进行探究。

笔者从保护劳动者权利的角度进行思考,认为法院对于该案的判决体现了劳动法对于劳动者工作权的有力保护,具体来说是对劳动者在工作中享有的不被非法解雇的权利的强力维护。何为劳动者的工作权?劳动者一旦与用人单位签订劳动合同,进入用人单位的组织体内,或成为该用人单位的一个员工,在用人单位组织和管理下劳动,就成为用人单位的一个雇员,作为雇员为用人单位提供了正常的劳动,就享有一系列工作中的权利,即劳动者的工作权。王茁案中王茁作为上海家化的一名劳动者,从失去工作到恢复与单位的劳动关系,这种"失而复得"是劳动者享有不被非法解雇的权利的生动体现。我国《劳动合同法》对用人单位单方解除劳动者的情况进行专门规定,劳动者必须发生严重违反用人单位的规章制度,或者严重失职,营私舞弊,给用人单位造成重大损失等行为和结果时,用人单位才有权单方解除与劳动者之间的劳动关系。因此用人单位必须注意,若要行使单方解除权时须有充分证据证明劳动者违反了相关规定,证明劳动者确实存在违纪、失职等行为,否则,用人单位的行为就可能涉嫌违法,需恢复劳动关系或给予劳动者赔偿金。即便用人单位认为劳动者无法胜任原工作岗位,也应首先依法合理调整劳动者工作岗位,而不得简单作出解除劳动关系的决定。

回到王茁和上海家化的纷争中,一审虹口区法院认为,上海家化以王茁具有严重违纪、严重失职之行为为由与其解除劳动关系,但上海家化对于审计报告中指出的关联交易管理中缺少主动识别、获取及确认关联方信息的机制等三项重大缺陷是由王茁个人严重失职、严重违纪造成,并无证据可予证明。至于上海家化在审理中补充的关于王茁参与私分小金库等细节,上海家化没有充分证据可以证明,王茁也予以否认,至今也未有相关部门对此予以认定。王茁自2012年12月18日起担任总经理一职,而证监会上海监管局《责令改正的决定》认定所

---

① 参见《上海家化诉其原总经理劳动纠纷案一审宣判》,载《人民法院报》2015年5月27日第3版。

涉时间段 2008 年 4 月至 2013 年 7 月,历时 5 年 3 个月,涉及的关联交易绝大部分发生于 2012 年 12 月底前,而这段时间中王茁任总经理的仅有 7 个月余,所以上海家化将公司产生内控问题的责任完全归咎于王茁一人失职,不尽合理。上海家化对王茁存在《员工手册》所列可予解除劳动合同的严重违纪、严重失职行为并未提供充分证据证实,依据现有证据亦无法认定王茁在任总经理工作中具有法律规定用人单位可单方解除劳动合同之"严重"违纪、失职行为,故上海家化以此为由与王茁解除劳动关系缺乏事实依据。

劳动者的工作权不仅包括王茁案中涉及的劳动者不被非法解雇的权利,还包括以下几个方面:

1. 获得劳动报酬的权利(又称工资权)

一个雇员在用人单位依法管理下工作,为用人单位提供了与岗位要求相符的劳动数量和质量,用人单位应根据法律和双方约定的标准支付劳动报酬,这是劳资双方最基本的财产交换关系。工资是分配个人消费品的基本形式,是雇员将自己的劳动力出租给用人单位使用的最基本的目的。雇员按照工资支付周期定期足额地获得劳动报酬,以保障其个人与家庭日常生活需要的开支。用人单位不得克扣或者无故拖延。

2. 享有休息休假的权利

休息休假权是指雇员依法享有的在法定工作时间之外自主支配时间的权利。休息休假权是劳动者享有的重要权利,必要而合理的休息休假是对劳动者身体和精神的双重保护,既有助于帮助劳动者恢复身体机能,维持健康体魄,又能帮助劳动者提高工作效率,使劳动者以更加饱满的热情投入到工作中。在我国劳动者休息休假主要包括正常工作日的休息,以及公休假、节日和纪念日休假,如春节、清明节、劳动节、妇女节、儿童节等假期。劳动者根据节日的性质和休假主体的不同享有不同的休息休假权。我国相关法律对休息休假权进行了规定,例如,(1)《宪法》第 43 条中规定:"中华人民共和国劳动者有休息的权利。国家发展劳动者休息和休养的设施,规定职工的工作时间和休假制度。"(2) 1995 年《国务院关于职工工作时间的规定》第 3 条规定:"职工每日工作 8 小时、每周工作 40 小时。"(3) 2007 年《职工带薪年休假条例》第 2 条规定,"单位应当保证职工享受年休假。职工在年休假期间享受与正常工作期间相同的工资收入"。(4) 2013 年修订的《全国年节及纪念日放假办法》规定了全体公民放假的节日等。国外劳动法也有相关规定,根据德国《劳动法》的规定,休假请求权通过免于劳动而实现,假不是被"主动休的",而是被给予的。"自行休假"是违反合同的。为了实现休假请求权,雇主不得单方将劳动者从休假中召回。①

---

① 参见〔德〕雷蒙德·瓦尔特曼:《德国劳动法》,沈建峰译,法律出版社 2014 年版,第 216 页。

3. 获得劳动安全卫生保护的权利（又称劳动安全权或职业安全权）

职业安全权是指劳动者在职业劳动中人身安全和健康获得保障，免遭职业危害因素伤害的权利。

劳动力包括的体力和脑力是蕴含在一个人的生命中的。一个雇员首先是一个自然人，其血肉生命必须得以健康保全，用人单位安排雇员从事劳动，必须提供安全的劳动条件和劳动环境，不得损害其生命安全和身体健康，防止发生工伤和职业病。

劳动关系是一种紧密的社会关系，这种关系兼有财产和人身双重属性，劳动者对用人单位负有忠诚的义务，同时，用人单位对劳动者也负有保护的义务。用人单位的保护义务突出表现为，要避免或减少职业伤害，确保劳动者的职业安全。劳动者的人身安全权在劳动关系中已经特定化为具有确定义务人的职业安全权。保障劳动者的职业安全，是现代劳动法的一项神圣使命。劳动者享有职业安全权，可以要求用人单位提供安全、卫生的劳动条件，建立、健全劳动安全卫生管理制度，严格执行国家劳动安全卫生规程和标准，防止职业危害。劳动者的职业安全权还包含一项拒绝劳动的权利，即当用人单位不提供安全卫生的劳动环境和条件时，或者用人单位强令职工冒险作业时，劳动者可以拒绝从事劳动。

4. 接受职业技能培训的权利

职业技能培训权又称职业培训权，是劳动者要求接受职业技能教育和训练的权利。劳动者结合工作性质和职业特点以及社会需要，按照一定的标准和要求可以参与相应的职业培训。我国《职业教育法》第 5 条规定，公民有依法接受职业教育的权利。职业培训权是公民接受教育的重要权利，而且由于职业技能培训的行业专业性和实践应用性特点明显，劳动者在接受职业技能培训的过程中可以充分挖掘自身潜力，进行智力开发，不断提升文化水平和职业技能，适应科学技术的发展，为自己创造更多的就业机会，保证自己在激烈的职场环境中不被淘汰。

我国劳动者的职业培训权，集中表现在劳动者在从业过程中参与单位或者行业组织的具有行业特点的职业培训。劳动者就业之后就依法享有参加规定的各种技能职业培训的权利，用工单位没有正当理由无权拒绝其参加培训。在接受职业培训过程中，用人单位有义务为劳动者提供必要的设备和技术支持，建立必要的职业培训网络体系，保障劳动者能够高效便捷地接受职业培训。不仅如此，在职业培训中，如果按规定应由用人单位承担的费用，用人单位应当及时支付。此外，劳动者在接受完职业培训并参与考核，达到相关标准和要求，就有权获得相关的职业资格证书。

5. 享有社会保险和福利的权利（又称社会保险权）

社会保险权是工业文明的产物，致力于治疗工业国家中不可避免的社会弊病——社会风险导致国民未来收入的持续性出现不确定而生的经济不安全。从社会保险的内容和形式出发,社会保险权是指公民在登记参保并缴纳社会保险费后,在因发生特定社会风险而暂时或永久失去劳动能力或劳动机会、部分或全部丧失生活自理能力时;或者非参保公民在其参保缴费的亲属死亡而失去经济依靠时,在符合法定要件的情况下向社会保险制度主张并获得保险给付以补偿他们因社会风险而造成的经济不安全,进而维持有尊严的基本生活水平的权利。

6. 集体协商权利

平等协商和集体合同制度是一项重要的劳动法律制度。我国《劳动法》和修改后的《工会法》,都对这项制度作了明文规定。由工会代表职工与用人单位就劳动报酬、工作时间、休息休假、劳动安全卫生、保险福利和涉及劳动关系的其他问题进行平等协商,签订集体合同,可以把国家劳动法规确定的各个单项的劳动标准、劳动条件和劳动者的其他合法权益,结合企业的实际情况具体化,并综合起来加以规范,从整体上实现对职工劳动权益的维护,形成维护职工合法权益的有效机制。

7. 民主管理的权利

职工民主管理的权利是雇员对其所工作的企业内部事务的参与权、知情权、批评建议权和质询权的总称。

实现职工民主管理权的主要形式有:(1)选派代表参加企业各级领导机构;(2)通过职工代表大会或职工大会审议、决定企业有关生产、技术、职工福利等重大问题;(3)监督企业各级领导干部和工作人员的工作,参加班组的日常管理工作等。其中职工代表大会或职工大会是实现职工民主管理权的最基本形式。

职工董事、职工监事是指由职代会或职工民主管理大会民主选举产生,依照法律程序进入董事会、监事会,代表职工行使决策和监督权利的职工代表。职工董事、职工监事制度的建立是建立现代企业制度的客观要求,是职工代表大会制度的延伸和发展,是公司制企业实行民主决策、民主管理和民主监督的必要途径。

8. 其他权利

凡是属于雇员与用人单位保持平等法律地位下的人身权和财产权,虽然没有具体列举,但是并不因此而不享有这些权利,因此,以"其他权利"作为一个涵摄性术语来表述,以避免具体列举方法导致挂一漏万的弊端。

三、劳动者多层次权益之间的关系

前述劳动者所享有的人权、公民权利、民事权利、就业权、工作权等五个层次权益,而充分保障的人权和公民权利是民事权利、就业权、工作权实现的基础,前两者若无充分保障和实现,后三者权益就很容易遭受严重的侵犯。

本书关于劳动者权益及其保护在内容上,主要集中在劳动者在劳动力市场上的权利和劳动者在工作中的权利。必须提醒读者注意的是,这两大类权利的实现程度取决于劳动者作为人的权利和劳动者作为公民的权利,三者紧密相关,没有人权或者公民权利或者这两者的保障不到位,那么劳动者作为求职者的权益以及作为雇员的权益很难充分实现。

我国在基本人权方面的保障还有待改善,而公民权利和政治权利虽然《宪法》中有所规定,但是实现程度非常低。应该尽快批准联合国《公民权利和政治权利国际公约》,并承担联合国成员国义务,全面履行《公民权利和政治权利国际公约》所规定的各项义务,以保障公民权利和政治权利得到真正落实。

本书后面的讲述集中在劳动者作为求职者的权利和劳动者作为雇员的权利。如果读者对劳动者作为人的权利(人权)、作为公民的权利(公民权利)感兴趣,请参阅其他书籍,例如《人权是什么》《作为人权的社会权》《中国民权哲学》①等。

举例说明这五层权益之间的关系。

> 2010年4月15日,118名湖北籍农民工在包工头的带领下,赴西安承接包头至西安铁路联络线西安市临潼区新丰段的桥涵工程。6月29日工程完工后,他们却没有拿到按事先承诺结清的工程款。7月21日,农民工连续数天讨薪未果,在西安市临潼区新丰镇召安村,却遭到300多名手持木棒的人长达40分钟的围攻殴打,30多位农民工被打伤,9人重伤,其中湖北省南漳籍农民工重伤6人。②

首先,此118名湖北人享有作为人的权利,任何人不得侵犯或者伤害。在本事件中,那些殴打他们的人粗暴地侵犯了他们的基本人权;其次,118名湖北人是中华人民共和国公民,政府有义务保障其安全,而事件显示的是,他们的人身安全和生命健康遭受暴力侵犯时,没有看到应当保障公共安全的警务人员及时出现,警察是公民纳税雇佣来保障其生命安全的,这表明,这118名湖北人的公民权利未得到真正的实现。他们在被殴打时,其受民法保护的民事权利同样遭受了侵害。而此次事件的起因是为了讨工程款从而实现他们的工资权。由此可见,如果其基本人权、公民权利得到保障,那么双方的纠纷仅仅是经济纠纷。很

---

① 〔瑞士〕托马斯·弗莱纳:《人权是什么?》,谢鹏程译,中国社会科学出版社2000年版;龚向和:《作为人权的社会权》,人民出版社2007年版;夏勇:《中国民权哲学》,生活·读书·新知三联书店2004年版。
② 参见《118名湖北农民工西安讨薪被打续:维权专班已到当地》,http://acftu.people.com.cn/GB/12311248.html,最后访问时间2013年12月30日。

显然,组织300多人去殴打118名工人的人,在其思想意识中,丝毫没有尊重他人人权,珍惜他人生命的基本文明价值,此外,更显示其有恃无恐,对公共警察机关亦无丝毫畏惧,他们这种无视他人生命、不尊重国家法律、不懂得欠债还钱的基本法则的行为是如何养成的呢?笔者初次看到这个事件的新闻报道时,就深深地感到我们社会中,缺乏对人的生命的尊重,对他人尊严的基本尊重,而政府对每一个公民所承担的安全保障义务都严重缺失,这种缺失导致了这118人的作为雇员的权利缺乏支撑,遭受了严重而粗暴地侵犯。

以此事件为例,只是希望提示关于权利的一个立体化思维模式给读者,以建立起形而上的法之公平正义[①]与形而下的法律权利之实现的紧密关联。长期以来,我国法学及法律思维常常存在形而上的理念思考与形而下的权利实现之脱节的问题。这样的状况必须克服,否则法治文明难期!

[①] 法学是正义和非正义之学。参阅〔古罗马〕查士丁尼:《法学总论 法学阶梯》,张企泰译,商务印书馆1989年版,第1页。

第二讲　平等就业权

劳动者的就业权主要由职业获得权、工作自由权、就业平等权、职业培训权、就业援助权以及失业保障权等几部分组成。每种权利都有相应的制度作保障，劳动者的平等就业权也不例外。劳动者享有平等的就业权是其重要的权利之一，是劳动者充分享受其他就业权内容的前提，如果在就业的起步阶段就遭遇障碍，就业权中所包含的职业培训、同工同酬的权利便无从谈起。

一、平等就业权概述

劳动者享有平等就业权是指任何一个公民不论其民族、种族、性别、年龄、婚姻、财产、宗教信仰、家庭背景等方面的不同，均能够享有平等的就业机会、同样的工作条件和同等的工作待遇，除因工作的特殊需要外，不得有其他限制，对具有相同条件的公民，不得区别对待的权利。我国法律、法规中明确规定了劳动者享有平等就业的权利。

平等就业权的内容丰富，劳动者作为平等就业权的主体，在法律上享有一系列平等就业的权利，具体包括：就业准入和就业退出的权利平等；法律赋予劳动者的就业权利平等；劳动者的就业机会平等；劳动者在劳动力市场中的竞争规则平等。

第一，就业准入和就业退出的权利平等。所谓就业准入和就业退出的权利平等，是指劳动者依法享有的平等进入劳动力市场就业和平等地退出劳动力市场的各项权利的总称。平等的就业准入目的是创造"起点平等"的就业环境，平等的就业退出则在结果上保护劳动者享有平等就业权。对劳动者而言，平等的就业准入和就业退出的权利涵盖了就业年龄、职业资格、就业身份等，但其核心准入标准还在于就业身份平等。

第二，就业机会平等。主要包括：(1)职位向所有人平等地开放即公开招聘。(2)就业信息平等地向所有人公开。就业信息平等公开也即信息要对称，换句话讲，就是指劳动者与招聘岗位之间要达到信息对称。信息不对称是我国目前劳动力市场存在的一个比较突出的问题，严重地影响了劳动者平等就业机会的实际享有。(3)就业领域向所有人平等地开放。指不同的就业领域应当向所有劳动者平等地开放，每一个劳动者都有进入该就业领域的平等机会。在我国，就业领域不平等的一个很突出的问题是农民工的就业领域严重不平等。

(4) 所有社会成员都平等地享有职业培训的权利。

平等就业权在生活中的实现,主要集中于用人单位履行其招录员工的非歧视义务。下面结合案例说明平等就业权的实现。

二、就 业 歧 视

案例链接 2.1

艾滋病就业歧视

2013年8月,家住镇江的原告陈某某从镇江新区门户网站看到被告发布的《2013年秋季镇江新区公开招聘简章》信息,信息称:"镇江新区管委会机关部门及下属事业单位面向社会公开招聘17名工作人员。"随后原告便报名参加了应聘考试,应聘岗位为被告镇江新区某局正在招聘的服务业招商引资职位。原告于9月14日参加笔试并通过了笔试,于9月21日接受了被告镇江新区管委会所属部门组织人事部及被告镇江新区某局的面试,当日下午便收到了面试成绩通知单。依据"根据考试总成绩按招聘计划人数1比1的比例和从高分到低分顺序确定进入体检、考察的人选"的招聘公告,陈某某是该岗位唯一有资格进入体检者。9月22日,原告得知面试合格并被通知体检,于9月23日前往镇江市第一人民医院进行体检。令陈某某意外的是,苦苦等待几天后,即9月30日,被告通过电话告知原告不予录取,不久,镇江新区管理委员会所属部门组织人事部也公布了拟录用人员名单,原告没有被录取。10月8日,不知何因的陈某某又前往被告所属组织人事部办公室询问情况,被告知原因是陈某某体检结果为HIV抗体呈阳性,根据《公务员录用体检通用标准(试行)》,属于体检不合格,不符合录用标准,所以不被录用。

根据我国《就业促进法》和《艾滋病防治条例》等相关法律法规的规定,任何单位和个人不得歧视艾滋病病毒感染者、安置病人及其家属。艾滋病病毒感染者、安置病人及其家属婚姻、就业、就医、入学等合法权益受法律保护。被告镇江新区管理委员会、镇江新区某局的行为明显属于歧视原告,不仅使原告失去了本应开始的新工作新生活的权利,更是侵犯了原告的人格尊严权、平等就业权等各项权利,这些都给原告带来了巨大的精神痛苦和心理压力。①

---

① 参见娄银生、徐洁梅、陈萍萍:《体检HIV阳性被拒入职,原告起诉要求道歉赔偿》,中国法院网,访问地址:http://www.chinacourt.org/article/detail/2013/11/id/1149369.shtml,最后访问时间2014年1月3日。

案例链接 2.2

户 籍 歧 视

2013年12月,国资委新闻中心发布了《国务院国资委新闻中心公开招聘公告》,面向社会公开招聘工作人员,但"报名条件"要求"具有北京市常住户籍"。甘肃大四女学生向国家人力资源和社会保障部、国资委分别寄去公开信,称这是户籍就业歧视。国资委新闻中心对此作出回应,称系根据单位属性、岗位需求和现有条件,确定本次招聘的用人标准。除了国资委新闻中心的招聘外,北京市人力资源和社会保障局下属事业单位在10月28日发布的《2013年北京市人力资源和社会保障局所属事业单位工作人员招聘公告》里也写明要求"具有北京市常住户口、人事行政关系在北京"。[①]

解析:劳动者享有平等就业权很重要的内容就是逐步减少并消除就业过程中的歧视行为,所谓就业歧视是指没有合法的目的与原因,基于种族、肤色、宗教、政治见解、民族、社会出身、性别、户籍、残障或者身体健康状况、年龄、身高、语言等原因,采取区别、排斥和限制行为,使得求职者丧失公平求职就业的机会,严重损害了劳动者的平等就业权。我国常见的就业歧视主要有性别歧视、健康歧视以及户籍歧视,就业歧视的多样性使得劳动者维护平等就业的权利之路充满艰辛。

各民族劳动者享有平等的劳动权利。用人单位招用人员,应当依法对少数民族劳动者给予适当照顾。国家保障残疾人的劳动权利。各级人民政府应当对残疾人就业进行统筹规划,为残疾人创造就业条件。用人单位招用人员,不得歧视残疾人。

用人单位招用人员,不得以是传染病病原携带者为由拒绝录用。但是,经医学鉴定传染病病原携带者在治愈前或者排除传染嫌疑前,不得从事法律、行政法规和国务院卫生行政部门规定禁止从事的易使传染病扩散的工作。

农村劳动者进城就业享有与城镇劳动者平等的劳动权利,不得对农村劳动者进城就业设置歧视性限制。

虽然法律规定了各种禁止性情形,但现实生活往往在劳动力供求矛盾比较突出的情况下,各种显性的或者隐性的就业歧视现象就会抬头。过去相当长一个时期农民工供大于求,现在是农民工招工难。在农民工供大于求的时期,农民工就业就容易遭到歧视。现在高校毕业生越来越多,在高校毕业生就业上出现

[①] 参见《国资委招聘被指户籍歧视,回应称限户籍符合规定》,中国法院网,访问地址:http://www.chinacourt.org/article/detail/2013/12/id/1165933.shtml,最后访问时间 2014年1月5日。

了一些新的就业歧视现象,比如反映比较突出的非985、211高校不招,实际是人为提高了用人门槛。为解决这一问题,2014年11月,人力资源和社会保障部出台了《关于国有企业招聘应届高校毕业生信息公开的意见》,意见主要包含四项内容,一是国有企业招聘应届高校毕业生要实行公开招聘;二是国有企业要建立健全公开招聘应届高校毕业生制度;三是国有企业招聘应届高校毕业生信息要向社会公开;四是加大对国有企业招聘应届高校毕业生监督检查力度。上述意见对以往国有企业在招聘应届毕业生中存在的较为突出的招聘歧视、招聘流程不公开等问题作出要求,并加大了对国有企业招聘应届高校毕业生的检查力度,应聘者认为国有企业在招聘过程中存在就业歧视时,可以向人民法院起诉。

案例链接2.3

性 别 歧 视

2013年底,"中国就业性别歧视诉讼第一案"在北京市海淀区人民法院当庭调解结案,被告方巨人环球教育科技有限公司同意向原告赔礼道歉,并承诺支付3万元给原告曹菊,作为"关爱女性平等就业反性别歧视专项资金"。

2012年初夏,来自山西吕梁农村的曹菊结束了北京燕郊一所大专学校的学习,做着迈入社会的准备,她在求职网站上看到巨人环球教育科技有限公司正在招聘行政助理,据启事描述,曹菊觉得"我完全符合条件",且她对教育行业很有兴趣,于是,第一时间就递交了简历。半个多月后,曹菊没有得到任何形式的回复,再查看网站,发现招聘启事中出现了"仅限男性"的一款条件。被拒之门外的曹菊遂向北京市海淀区人民法院提起诉讼。[①]

案例链接2.4

性 别 歧 视

2008年春节后,大洋房产公司(以下称大洋公司)在山西省各电视台、电台、报纸等媒体多次登出招工广告:因业务发展需要,本公司现招聘营销人员20人,性别不限,具有高中以上文化程度,有山西户籍,年龄18岁以上30岁以下。

陈花(女)刚满20岁,高中毕业,于2008年4月25日参加大洋公司的笔试,排名第一。2008年5月中旬,与陈花一起参加考试的高中同学李安(男)、王艺(男)、陈楚(男)均收到大洋公司人事处签发的录用通知书,而陈花未收到。随后该公司人事处经理告诉她未被录取是因为学历太低。按照大洋公司内部规章制度,男营销员高中学历即可,女营销员至少大专学历。

[①] 参见谢彩凤:《从曹菊案看反就业性别歧视》,中国法院网,访问地址:http://www.chinacourt.org/article/detail/2013/12/id/1169234.shtml,最后访问时间2014年2月1日。

2008年8月,陈花向劳动争议仲裁委员会提出仲裁申请,要求大洋公司遵循招工男女平等原则,与其签订劳动合同。

仲裁委审理后认为,大洋公司为减少女性营销员的录用数量,私自更改了原先招聘广告中女性营销员的录用标准,明显构成就业性别歧视。经调解,陈花与大洋公司达成协议,大洋公司正式录用陈花,并与其签订为期一年的劳动合同。①

解析:以上两则案例都是典型的就业性别歧视案,就业性别歧视是常见典型的就业歧视,虽然在现代社会女性已较为全面地参加社会活动,思想和经济独立性大大增强,但是长久以来的社会、文化原因仍然不同程度地影响着女性的社会生活。现阶段经过多年的发展,各行各业都有大量女性劳动者的身影,但是不可否认女性在就业招聘活动中仍然面临被歧视的风险,并呈现隐性发展的特点。

我国2005年修正的《妇女权益保障法》第2条重申妇女在政治、经济、文化、社会和家庭生活等各方面享有同男子平等的权利之后,增加一款:"实行男女平等是国家的基本国策。国家采取必要措施,逐步完善保障妇女权益的各项制度,消除对妇女一切形式的歧视。"《妇女权益保障法》没有进一步列举对妇女歧视的具体表现形式,但这一原则性规定对宪法男女平等原则做了重要补充。②

我国《劳动法》第3条规定,劳动者享有平等就业和选择职业的权利。第13条规定,妇女享有与男子平等的就业权利。在录用职工时,除国家规定的不适合妇女的工种或者岗位外,不得以性别为由拒绝录用妇女或者提高对妇女的录用标准。根据《女职工劳动保护特别规定》中要求,女职工禁忌从事的劳动范围主要有三类:(1)矿山井下作业;(2)体力劳动强度分级标准中规定的第四级体力劳动强度的作业;(3)每小时负重6次以上、每次负重超过20公斤的作业,或者间断负重、每次负重超过25公斤的作业。

我国《就业促进法》第三章专门规定了劳动者公平就业的权利,即用人单位招用人员、职业中介机构从事职业中介活动,应当向劳动者提供平等的就业机会和公平的就业条件,不得实施就业歧视。国家保障妇女享有与男子平等的劳动权利。用人单位招用人员,除国家规定的不适合妇女的工种或者岗位外,不得以性别为由拒绝录用妇女或者提高对妇女的录用标准。用人单位录用女职工,不得在劳动合同中规定限制女职工结婚、生育的内容。

此外,根据《就业服务与就业管理规定》对用人单位招用人员的要求,用人单

---

① 参见谢恒:《劳动者权益保护案例》,山西教育出版社2010年版,第13页。
② 参见李薇薇、Lisa Stearns:《禁止就业歧视:国际标准和国内实践》,法律出版社2006年版,第301—302页。

位在招用人员时,除国家规定的不适合妇女从事的工种或者岗位外,不得以性别为由拒绝录用妇女或者提高对妇女的录用标准。用人单位录用女职工,不得在劳动合同中规定限制女职工结婚、生育的内容。

尽管有法律、法规明确规定禁止各种形式的就业歧视,曹菊等个案虽然大多以调解的方式结案,但就业歧视事件暴露出劳动者平等就业权被侵犯的深层次问题以及此类事件巨大的社会负面效应单靠一次诉讼是难以解决的。曹菊曾向劳动监察部门控告该招聘公司,但其立案被撤销,此后的行政复议和行政诉讼也以失败告终。曹菊起诉后,在长达一年的时间里并未立案。曹菊的维权过程反映了我国现有的法律机制并不能为就业受歧视者提供有益高效的支持和保护。行政不作为、法院立案难、违法成本低是就业歧视普遍存在的制度性原因。

在巨大的就业压力面前,女性就业难的困扰将会持续下去,面对如此压力,国家需积极开拓就业渠道,促进全民的广泛就业。尤其是不能将就业压力转嫁到女性群体身上,以占人口近半数的女性的"牺牲"来换取社会经济的繁荣与发展;相反,必须认识到女性的平等参与对和谐社会构建的作用。国家有关促进广泛就业、反对性别歧视的立法与政策需要更新理念,以有关就业机会和职业待遇平等的国际公约为标准,完善我国反对就业性别歧视的法律与政策。[①]

党的十八届三中全会《决定》明确"规范招人用人制度,消除城乡、行业、身份、性别等一切影响平等就业的制度障碍和就业歧视"。促进就业公平、反对就业歧视应该是各方面共同参与,从用人单位角度讲,应当是增强守法意识,理性用工。从政府的角度讲,第一,要完善相关的招人用人制度,规范招人用人行为,包括要完善公务员招考和事业单位招聘的制度。第二,要加大监管力度,严厉打击招聘过程中的歧视、限制,特别是欺诈行为,及时纠正就业歧视的现象,来维护公平就业环境。第三,劳动者也要增强维权意识,善于运用法律手段来维护自身合法权益,同时,媒体应发挥积极作用,做一个反对就业歧视相关政策法规的传播者,做一个公平就业意识的倡导者、引领者,同时也做就业歧视行为的监督者。

三、我国平等就业的法制环境

我国 2008 年 1 月 1 日起施行的《就业促进法》把扩大就业放在经济社会发展的突出位置,实施积极的就业政策,坚持劳动者自主择业、市场调节就业、政府促进就业的方针,多渠道扩大就业。并且规定劳动者依法享有平等就业和自主择业的权利。劳动者就业,不因民族、种族、性别、宗教信仰等不同而受歧视。

[①] 参见李薇薇、Lisa Stearns:《禁止就业歧视:国际标准和国内实践》,法律出版社 2006 年版,第 305 页。

（一）国家政策对就业的支持

1. 渠道扩展

县级以上人民政府应当把扩大就业作为重要职责，统筹协调产业政策与就业政策。国家鼓励各类企业在法律、法规规定的范围内，通过兴办产业或者拓展经营，增加就业岗位；鼓励发展劳动密集型产业、服务业，扶持中小企业，多渠道、多方式增加就业岗位；鼓励、支持、引导非公有制经济发展，扩大就业，增加就业岗位。

国家发展国内外贸易和国际经济合作，拓宽就业渠道。县级以上人民政府在安排政府投资和确定重大建设项目时，应当发挥投资和重大建设项目带动就业的作用，增加就业岗位。国家实行有利于促进就业的财政政策，加大资金投入，改善就业环境，扩大就业。县级以上人民政府应当根据就业状况和就业工作目标，在财政预算中安排就业专项资金用于促进就业工作。就业专项资金用于职业介绍、职业培训、公益性岗位、职业技能鉴定、特定就业政策和社会保险等的补贴，小额贷款担保基金和微利项目的小额担保贷款贴息，以及扶持公共就业服务等。就业专项资金的使用管理办法由国务院财政部门和劳动行政部门规定。

2. 保险税收支持

国家建立健全失业保险制度，依法确保失业人员的基本生活，并促进其实现就业。国家鼓励企业增加就业岗位，扶持失业人员和残疾人就业，对下列企业、人员依法给予税收优惠：(1) 吸纳符合国家规定条件的失业人员达到规定要求的企业；(2) 失业人员创办的中小企业；(3) 安置残疾人员达到规定比例或者集中使用残疾人的企业；(4) 从事个体经营的符合国家规定条件的失业人员；(5) 从事个体经营的残疾人；(6) 国务院规定给予税收优惠的其他企业、人员。

对上述第(4)项、第(5)项规定的人员，有关部门应当在经营场地等方面给予照顾，免除行政事业性收费。

3. 金融支持

国家实行有利于促进就业的金融政策，增加中小企业的融资渠道；鼓励金融机构改进金融服务，加大对中小企业的信贷支持，并对自主创业人员在一定期限内给予小额信贷等扶持。国家实行城乡统筹的就业政策，建立健全城乡劳动者平等就业的制度，引导农业富余劳动力有序转移就业。县级以上地方人民政府推进小城镇建设和加快县域经济发展，引导农业富余劳动力就地就近转移就业；在制定小城镇规划时，将本地区农业富余劳动力转移就业作为重要内容。县级以上地方人民政府引导农业富余劳动力有序向城市异地转移就业；劳动力输出地和输入地人民政府应当互相配合，改善农村劳动者进城就业的环境和条件。国家支持区域经济发展，鼓励区域协作，统筹协调不同地区就业的均衡增长。

4. 扩大就业

国家支持民族地区发展经济,扩大就业。各级人民政府统筹做好城镇新增劳动力就业、农业富余劳动力转移就业和失业人员就业工作;采取措施,逐步完善和实施与非全日制用工等灵活就业相适应的劳动和社会保险政策,为灵活就业人员提供帮助和服务。地方各级人民政府和有关部门应当加强对失业人员从事个体经营的指导,提供政策咨询、就业培训和开业指导等服务。

(二) 法律保障公平就业的环境

各级人民政府创造公平就业的环境,消除就业歧视,制定政策并采取措施对就业困难人员给予扶持和援助。用人单位招用人员、职业中介机构从事职业中介活动,应当向劳动者提供平等的就业机会和公平的就业条件,不得实施就业歧视。

国家保障妇女享有与男子平等的劳动权利。用人单位招用人员,除国家规定的不适合妇女的工种或者岗位外,不得以性别为由拒绝录用妇女或者提高对妇女的录用标准。用人单位录用女职工,不得在劳动合同中规定限制女职工结婚、生育的内容。

各民族劳动者享有平等的劳动权利。用人单位招用人员,应当依法对少数民族劳动者给予适当照顾。

国家保障残疾人的劳动权利。各级人民政府应当对残疾人就业统筹规划,为残疾人创造就业条件。用人单位招用人员,不得歧视残疾人。

用人单位招用人员,不得以是传染病病原携带者为由拒绝录用。但是,经医学鉴定传染病病原携带者在治愈前或者排除传染嫌疑前,不得从事法律、行政法规和国务院卫生行政部门规定禁止从事的易使传染病扩散的工作。

农村劳动者进城就业享有与城镇劳动者平等的劳动权利,不得对农村劳动者进城就业设置歧视性限制。

(三) 政府在促进就业方面的服务和管理

1. 政府支持

县级以上人民政府培育和完善统一开放、竞争有序的人力资源市场,为劳动者就业提供服务;县级以上人民政府鼓励社会各方面依法开展就业服务活动,加强对公共就业服务和职业中介服务的指导和监督,逐步完善覆盖城乡的就业服务体系;县级以上人民政府加强人力资源市场信息网络及相关设施建设,建立健全人力资源市场信息服务体系,完善市场信息发布制度;县级以上人民政府建立健全公共就业服务体系,设立公共就业服务机构,为劳动者免费提供下列服务:(1) 就业政策法规咨询;(2) 职业供求信息、市场工资指导价位信息和职业培训信息发布;(3)职业指导和职业介绍;(4)对就业困难人员实施就业援助;(5)办理就业登记、失业登记等事务;(6)其他公共就业服务。公共就业服务机构应当不断提高服务的质量和效率,不得从事经营性活动。公共就业服务经费纳入同级财政预算。

2. 中介机构的管理

县级以上地方人民政府对职业中介机构提供公益性就业服务的,按照规定给予补贴。国家鼓励社会各界为公益性就业服务提供捐赠、资助。

地方各级人民政府和有关部门不得举办或者与他人联合举办经营性的职业中介机构。地方各级人民政府和有关部门、公共就业服务机构举办的招聘会,不得向劳动者收取费用。

县级以上人民政府和有关部门加强对职业中介机构的管理,鼓励其提高服务质量,发挥其在促进就业中的作用。从事职业中介活动,应当遵循合法、诚实信用、公平、公开的原则。用人单位通过职业中介机构招用人员,应当如实向职业中介机构提供岗位需求信息。禁止任何组织或者个人利用职业中介活动侵害劳动者的合法权益。

3. 中介机构设置条件

设立职业中介机构应当具备下列条件:(1)有明确的章程和管理制度;(2)有开展业务必备的固定场所、办公设施和一定数额的开办资金;(3)有一定数量具备相应职业资格的专职工作人员;(4)法律、法规规定的其他条件。

2015年修订的《就业促进法》改变了旧法中设立职业中介机构先许可后登记的操作流程,规定设立职业中介机构应当在工商行政管理部门办理登记后,向劳动行政部门申请行政许可。先登记后许可的方式更能保证工商行政部门对职业中介机构的有效监管。未经依法许可和登记的机构,不得从事职业中介活动。国家对外商投资职业中介机构和向劳动者提供境外就业服务的职业中介机构另有规定的,依照其规定。

4. 中介机构禁止行为

职业中介机构不得有下列行为:(1)提供虚假就业信息;(2)为无合法证照的用人单位提供职业中介服务;(3)伪造、涂改、转让职业中介许可证;(4)扣押劳动者的居民身份证和其他证件,或者向劳动者收取押金;(5)其他违反法律、法规规定的行为。

5. 预警登记

县级以上人民政府建立失业预警制度,对可能出现的较大规模的失业,实施预防、调节和控制。国家建立劳动力调查统计制度和就业登记、失业登记制度,开展劳动力资源和就业、失业状况调查统计,并公布调查统计结果。

统计部门和劳动行政部门进行劳动力调查统计和就业、失业登记时,用人单位和个人应当如实提供调查统计和登记所需要的情况。

(四) 职业教育和培训

国家依法发展职业教育,鼓励开展职业培训,促进劳动者提高职业技能,增强就业能力和创业能力。

县级以上人民政府根据经济社会发展和市场需求,制定并实施职业能力开发计划;县级以上人民政府加强统筹协调,鼓励和支持各类职业院校、职业技能培训机构和用人单位依法开展就业前培训、在职培训、再就业培训和创业培训;鼓励劳动者参加各种形式的培训;县级以上地方人民政府和有关部门根据市场需求和产业发展方向,鼓励、指导企业加强职业教育和培训。职业院校、职业技能培训机构与企业应当密切联系,实行产教结合,为经济建设服务,培养实用人才和熟练劳动者。企业应当按照国家有关规定提取职工教育经费,对劳动者进行职业技能培训和继续教育培训。

国家采取措施建立健全劳动预备制度,县级以上地方人民政府对有就业要求的初高中毕业生实行一定期限的职业教育和培训,使其取得相应的职业资格或者掌握一定的职业技能。地方各级人民政府鼓励和支持开展就业培训,帮助失业人员提高职业技能,增强其就业能力和创业能力。失业人员参加就业培训的,按照有关规定享受政府培训补贴;地方各级人民政府采取有效措施,组织和引导进城就业的农村劳动者参加技能培训,鼓励各类培训机构为进城就业的农村劳动者提供技能培训,增强其就业能力和创业能力。国家对从事涉及公共安全、人身健康、生命财产安全等特殊工种的劳动者,实行职业资格证书制度,具体办法由国务院规定。

(五) 就业援助

1. 制度保障

各级人民政府建立健全就业援助制度,采取税费减免、贷款贴息、社会保险补贴、岗位补贴等办法,通过公益性岗位安置等途径,对就业困难人员实行优先扶持和重点帮助。其中就业困难人员是指因身体状况、技能水平、家庭因素、失去土地等原因难以实现就业,以及连续失业一定时间仍未能实现就业的人员。就业困难人员的具体范围,由省、自治区、直辖市人民政府根据本行政区域的实际情况规定。

2. 公益性岗位

政府投资开发的公益性岗位,应当优先安排符合岗位要求的就业困难人员。被安排在公益性岗位工作的,按照国家规定给予岗位补贴。地方各级人民政府加强基层就业援助服务工作,对就业困难人员实施重点帮助,提供有针对性的就业服务和公益性岗位援助。地方各级人民政府鼓励和支持社会各方面为就业困难人员提供技能培训、岗位信息等服务。

各级人民政府采取特别扶助措施,促进残疾人就业。用人单位应当按照国家规定安排残疾人就业,具体办法由国务院规定。县级以上地方人民政府采取多种就业形式,拓宽公益性岗位范围,开发就业岗位,确保城市有就业需求的家庭至少有一人实现就业。

法定劳动年龄内的家庭人员均处于失业状况的城市居民家庭,可以向住所地街道、社区公共就业服务机构申请就业援助。街道、社区公共就业服务机构经确认属实的,应当为该家庭中至少一人提供适当的就业岗位。

国家鼓励资源开采型城市和独立工矿区发展与市场需求相适应的产业,引导劳动者转移就业。对因资源枯竭或者经济结构调整等原因造成就业困难人员集中的地区,上级人民政府应当给予必要的扶持和帮助。

(六) 监督检查

1. 政府职责

各级人民政府和有关部门应当建立促进就业的目标责任制度。县级以上人民政府按照促进就业目标责任制的要求,对所属的有关部门和下一级人民政府进行考核和监督。

2. 审计财政部门职责

审计机关、财政部门应当依法对就业专项资金的管理和使用情况进行监督检查。

3. 劳动行政部门职责

劳动行政部门应当对本法实施情况进行监督检查,建立举报制度,受理对违反本法行为的举报,并及时予以核实处理。

(七) 违反《就业促进法》的法律责任

(1) 劳动行政等有关部门及其工作人员滥用职权、玩忽职守、徇私舞弊的,对直接负责的主管人员和其他直接责任人员依法给予处分;实施就业歧视的,劳动者可以向人民法院提起诉讼。

(2) 地方各级人民政府和有关部门、公共就业服务机构举办经营性的职业中介机构,从事经营性职业中介活动,向劳动者收取费用的,由上级主管机关责令限期改正,将违法收取的费用退还劳动者,并对直接负责的主管人员和其他直接责任人员依法给予处分。

(3) 未经许可和登记,擅自从事职业中介活动的,由劳动行政部门或者其他主管部门依法予以关闭;有违法所得的,没收违法所得,并处 1 万元以上 5 万元以下的罚款。

（4）职业中介机构提供虚假就业信息，为无合法证照的用人单位提供职业中介服务，伪造、涂改、转让职业中介许可证的，由劳动行政部门或者其他主管部门责令改正；有违法所得的，没收违法所得，并处 1 万元以上 5 万元以下的罚款；情节严重的，吊销职业中介许可证。

（5）职业中介机构扣押劳动者居民身份证等证件的，由劳动行政部门责令限期退还劳动者，并依照有关法律规定给予处罚。违反《就业促进法》规定职业中介机构向劳动者收取押金的，由劳动行政部门责令限期退还劳动者，并以每人 500 元以上 2000 元以下的标准处以罚款。

（6）违反《就业促进法》规定，企业未按照国家规定提取职工教育经费，或者挪用职工教育经费的，由劳动行政部门责令改正，并依法给予处罚。

（7）违反《就业促进法》规定侵害劳动者合法权益，造成财产损失或者其他损害的，依法承担民事责任；构成犯罪的，依法追究刑事责任。

四、公平就业权的其他制度保障

我国在维护劳动者就业公平方面不仅有《就业促进法》作为法律保障，还有一系列相关的通知、规定等为劳动者的平等就业权保驾护航，这些通知、规定大多针对现阶段常见的就业歧视问题作出专门的解答，具有很强的针对性，如《残疾人就业条例》《关于进一步规范入学和就业体检项目维护乙肝表面抗原携带者入学和就业权利的通知》等，通过这些制度的实施来进一步提升劳动者平等就业的水平。

（一）乙肝表面抗原携带者入学和就业权利

案例链接 2.5

2003 年 3 月，浙江大学农业与生物技术学院学生应届毕业生周一超参加嘉兴市秀洲区公务员考试，因在体检时被查出乙肝"小三阳"未被录取，恼怒中杀死区人事局的一名工作人员，刺伤一人。在此案的审理过程中，先后有周一超的老师、同学、嘉兴市民、周一超母亲的同事及其街坊邻居等共计 429 人，分别联名写信给法院请求给周一超留条生路。但最终周一超被人民法院依法判处死刑。[①]

[①] 参见颜斐、赵中鹏：《浙大学生周一超杀人案开庭 400 人联名求法外开恩》，载《北京晨报》2003 年 6 月 29 日，访问地址：http://news.sohu.com/17/29/news210562917.shtml，最后访问时间 2014 年 2 月 1 日。

案例链接 2.6

2003年12月安徽省芜湖市新芜区人民法院正式受理了全国首例乙肝病毒携带者状告芜湖市人事局在招收录用国家公务员时对他健康歧视的案件。2003年6月,原告张先著在芜湖市人事局报名参加安徽省国家公务员考试,经过笔试和面试,综合成绩名列第一,按规定进入体检程序。2003年9月17日,张先著在芜湖市人事局指定的铜陵市人民医院进行体格检查,体检报告显示其乙肝两对半中的HbsAg、HbeAB、HBcAb均为阳性,主检医生依据《安徽省国家公务员录用体检实施细则(试行)》确定其体检不合格。同年9月25日,芜湖市人事局组织包括张先著在内的十一名考生前往解放军第八六医院进行复检。复检结果显示,张先著的乙肝两对半中HBsAg、抗—HBc(流)为阳性,抗—HBs、HbeAg、抗—Hbe均为阴性,体检结论为不合格。依照体检结果,芜湖市人事局以口头方式向张先著宣布,张先著由于体检结论不合格而不予录取。

2003年10月18日,张先著在接到不予录取的通知后,表示不服,向安徽省人事厅递交行政复议申请书。2003年10月28日,安徽省人事厅作出皖人复字(2003)1号《不予受理决定书》。2003年11月10日,原告张先著以被告芜湖市人事局的行为剥夺其担任国家公务员的资格,侵犯其合法权利为由,提起行政诉讼。请求法院依法判令被告认定原告体检不符合国家公务员身体健康标准,并非法剥夺原告进入考核程序资格而未被录用到国家公务员职位的具体行政行为违法;判令撤销被告不准许原告进入考核程序的具体行政行为,依法准许原告进入考核程序并被录用至相应的职位。

法院认为仅依据解放军第八六医院的体检结论,认定原告张先著体格检查不合格,作出不准予原告张先著进入考核程序的具体行政行为缺乏事实证据,依照《中华人民共和国行政诉讼法》第54条第2项第一、二目之规定,应予撤销,但鉴于2003年安徽省国家公务员招考工作已结束,且张先著报考的职位已由该专业考试成绩第二名的考生进入该职位,故该被诉具体行政行为不具有可撤销内容,依据最高人民法院《关于执行〈中华人民共和国行政诉讼法〉若干问题的解释》第56条第4项之规定,对原告其他诉讼请求应不予支持。①

案例链接 2.7

符勇是山西芮城人。2008年大学毕业后到外企西美玩具公司应聘。面试、复试完毕后,2008年7月13日西美公司为符勇办理了入职手续并安排参加入

---

① 参见沈武、凌峰:《中国乙肝歧视第一案一审宣判》,中国法院网,访问地址:http://www.chinacourt.org/article/detail/2004/04/id/110846.shtml,最后访问时间2014年2月1日。

职体检。随后公司人事部通知因符勇体检查出是乙肝病毒携带者,遂拒绝其来公司上班。符勇在向公司解释乙肝病毒携带者不影响工作和他人健康无果后,遂在网上发帖求助。2008年7月20日,符勇将西美公司起诉到法院。后来在法院调解下,双方达成调解协议,西美公司向符勇支付补偿金3万元,同时承诺将避免和防止疾病就业歧视。①

案例链接 2.8

求职已经过面试,却因被查出是"乙肝携带者"而被拒录,华北水利水电学院毕业生王某因此把招聘方告上法庭。2010年7月17日,王某顺利通过郑州东工实业有限公司招聘的初试、复试后,接到公司的短信通知,要求他到郑州某医院体检,并明确说明体检项目中必须包含"乙肝两对半"。两天后,王龙将体检结果发至对方邮箱,随后接到"体检不合格不能录用"的通知。王某为给自己找个"说法",向反歧视公益机构郑州亿人平机构申请了法律援助,将东工实业起诉到中牟县人民法院。这也是乙肝禁检令发布后,河南省省首例乙肝就业歧视案。河南省中牟县人民法院判定"被告因原告的体检结果拒绝录用原告的行为,侵犯了原告的平等就业权"。因此法院判令:"被告赔偿原告王某交通费、通信费、体检费209元,误工损失费1333元,同时赔偿原告精神损失费5000元整。"②

解析:以上案例都是因为用人单位进行乙肝携带者就业歧视所引发的劳动争议。从时间跨度上看,有关于乙肝病毒携带者就业歧视的纠纷从未停止过。我国《劳动法》第3条规定劳动者享有平等就业和选择职业的权利。《就业促进法》第30条、劳动部《就业服务与就业管理规定》第19条规定,用人单位招用人员,不得以是传染病病原携带者为由拒绝录用。但是,经医学鉴定传染病病原携带者在治愈前或者排除传染嫌疑前,不得从事法律、行政法规和国务院卫生行政部门规定禁止从事的易使传染病扩散的工作。《就业服务与就业管理规定》第68条规定,用人单位违反本规定第19条第2款规定,在国家法律、行政法规和国务院卫生行政部门规定禁止乙肝病原携带者从事的工作岗位以外招用人员时,将乙肝病毒血清学指标作为体检标准的,由劳动保障行政部门责令改正,并可处以1000元以下的罚款;对当事人造成损害的,应当承担赔偿责任。

乙肝病毒携带者在遭遇就业歧视时,依照法律规定,可以向劳动行政部门投诉,或者根据我国《就业促进法》第62条规定,违反本法规定,实施就业歧视的,

---

① 参见谢恒:《劳动者权益保护案例》,山西教育出版社2010年版,第21页。
② 参见郑筱倩:《河南省首例乙肝就业歧视案结案,招聘公司被判败诉》,大河网,访问地址:http://www.people.com.cn/h/2011/0630/c25408-2158855650.html,最后访问时间2013年12月25日。

劳动者可以向人民法院提起诉讼。

近年来,我国对保障乙肝表面抗原携带者入学(含入幼儿园、托儿所,下同)、就业权利问题高度重视,《就业促进法》《教育法》《传染病防治法》等法律明确规定,用人单位招用人员,不得以是传染病病原携带者为由拒绝录用;受教育者在入学、升学、就业等方面依法享有平等权利;任何单位和个人不得歧视传染病病原携带者。2007年原劳动和社会保障部、卫生部下发《关于维护乙肝表面抗原携带者就业权利的意见》,要求用人单位在招、用工过程中,除国家法律、行政法规和卫生部规定禁止从事的工作外,不得强行将乙肝病毒血清学指标作为体检标准。

但目前仍有不少教育机构、用人单位在入学、就业体检时违规进行乙肝病毒血清学项目检查,并把检查结果作为入学、录用的条件;一些地方行政机关监督检查不到位,违法追究不落实,乙肝表面抗原携带者入学、就业受限制现象仍时有发生。为进一步维护乙肝表面抗原携带者公平入学、就业权利,人社部、教育部、卫生部于2010年联合发布《关于进一步规范入学和就业体检项目维护乙肝表面抗原携带者入学和就业权利的通知》(以下简称"通知")对上述问题进行规制。

1. 进一步明确取消入学、就业体检中的乙肝检测项目

医学研究证明,乙肝病毒经血液、母婴及性接触三种途径传播,日常工作、学习或生活接触不会导致乙肝病毒传播。各级各类教育机构、用人单位在公民入学、就业体检中,不得要求开展乙肝项目检测(乙肝病毒感染标志物检测,包括乙肝病毒表面抗原、乙肝病毒表面抗体、乙肝病毒e抗原、乙肝病毒e抗体、乙肝病毒核心抗体和乙肝病毒脱氧核糖核苷酸检测等,俗称"乙肝五项"和HBV-DNA检测等,下同),不得要求提供乙肝项目检测报告,也不得询问是否为乙肝表面抗原携带者。各级医疗卫生机构不得在入学、就业体检中提供乙肝项目检测服务。因职业特殊确需在入学、就业体检时检测乙肝项目的,应由行业主管部门向卫生部提出研究报告和书面申请,经卫生部核准后方可开展相关检测。经核准的乙肝表面抗原携带者不得从事的职业,由卫生部向社会公布。军队、武警、公安特警的体检工作按照有关规定执行。

入学、就业体检需要评价肝脏功能的,应当检查丙氨酸氨基转移酶(ALT,简称转氨酶)项目。对转氨酶正常的受检者,任何体检组织者不得强制要求进行乙肝项目检测。

2. 进一步维护乙肝表面抗原携带者入学、就业权利,保护乙肝表面抗原携带者隐私权

县级以上地方人民政府人力资源社会保障、教育、卫生部门要认真贯彻落实就业促进法、教育法、传染病防治法等法律及相关法规和规章,切实维护乙肝表

面抗原携带者公平入学、就业权利。各级各类教育机构不得以学生携带乙肝表面抗原为理由拒绝招收或要求退学。除卫生部核准并予以公布的特殊职业外,健康体检非因受检者要求不得检测乙肝项目,用人单位不得以劳动者携带乙肝表面抗原为由予以拒绝招(聘)用或辞退、解聘。有关检测乙肝项目的检测体检报告应密封,由受检者自行拆阅;任何单位和个人不得擅自拆阅他人的体检报告。

除上述两项内容之外,《通知》中还强调要进一步加强监督管理,加大执法检查力度;加强乙肝防治知识和维护乙肝表面抗原携带者合法权益的法律、法规、规章的宣传教育,并给予具体的制度支持,希望通过以上措施的实施达到维护乙肝表面抗原携带者入学和就业的平等权利。

(二) 残疾人就业问题

根据我国《残疾人保障法》的界定,残疾人是指在心理、生理、人体结构上,某种组织、功能丧失或者不正常,全部或者部分丧失以正常方式从事某种活动能力的人。残疾人包括视力残疾、听力残疾、言语残疾、肢体残疾、智力残疾、精神残疾、多重残疾和其他残疾的人。残疾标准由国务院规定。

残疾人作为劳动者,虽然存在缺陷,但是残疾人在政治、经济、文化、社会和家庭生活等方面享有同其他公民平等的权利,残疾人的公民权利和人格尊严受法律保护。我国法律禁止基于残疾的歧视。禁止侮辱、侵害残疾人。禁止通过大众传播媒介或者其他方式贬低损害残疾人人格。

国家保障残疾人劳动的权利。

残疾人就业,是指符合法定就业年龄有就业要求的残疾人从事有报酬的劳动。为了促进残疾人就业,保障残疾人的劳动权利,根据《残疾人保障法》和其他有关法律,国务院制定了《残疾人就业条例》。

1. 国家、政府和个人责任

国家对残疾人就业实行集中就业与分散就业相结合的方针,促进残疾人就业。县级以上人民政府应当将残疾人就业纳入国民经济和社会发展规划,并制定优惠政策和具体扶持保护措施,为残疾人就业创造条件。国家鼓励社会组织和个人通过多种渠道、多种形式,帮助、支持残疾人就业,鼓励残疾人通过应聘等多种形式就业。禁止在就业中歧视残疾人。政府和社会举办残疾人福利企业、盲人按摩机构和其他福利性单位,集中安排残疾人就业。

残疾人应当提高自身素质,增强就业能力。

各级人民政府应当加强对残疾人就业工作的统筹规划,综合协调。县级以上人民政府负责残疾人工作的机构,负责组织、协调、指导、督促有关部门做好残疾人就业工作。县级以上人民政府劳动保障、民政等有关部门在各自的职责范围内,做好残疾人就业工作。中国残疾人联合会及其地方组织依照法律、法规或者接受政府委托,负责残疾人就业工作的具体组织实施与监督。工会、共产主义青年团、妇女联合会,应当在各自的工作范围内,做好残疾人就业工作。各级人民政府对在残疾人就业工作中作出显著成绩的单位和个人,给予表彰和奖励。

2. 用人单位的责任

用人单位应当按照一定比例安排残疾人就业,并为其提供适当的工种、岗位。安排残疾人就业的比例不得低于本单位在职职工总数的1.5%。具体比例由省、自治区、直辖市人民政府根据本地区的实际情况规定。

用人单位跨地区招用残疾人的,应当计入所安排的残疾人职工人数之内。安排残疾人就业达不到其所在地省、自治区、直辖市人民政府规定比例的,应当缴纳残疾人就业保障金。

政府和社会依法兴办的残疾人福利企业、盲人按摩机构和其他福利性单位(以下统称集中使用残疾人的用人单位),应当集中安排残疾人就业。集中使用残疾人的用人单位的资格认定,按照国家有关规定执行。集中使用残疾人的用人单位中从事全日制工作的残疾人职工,应当占本单位在职职工总数的25%以上。

用人单位招用残疾人职工,应当依法与其签订劳动合同或者服务协议。用人单位应当为残疾人职工提供适合其身体状况的劳动条件和劳动保护,不得在晋职、晋级、评定职称、报酬、社会保险、生活福利等方面歧视残疾人职工。用人单位应当根据本单位残疾人职工的实际情况,对残疾人职工进行上岗、在岗、转岗等培训。

3. 保障措施

县级以上人民政府应当采取措施,拓宽残疾人就业渠道,开发适合残疾人就业的公益性岗位,保障残疾人就业。县级以上地方人民政府发展社区服务事业,应当优先考虑残疾人就业。

依法征收的残疾人就业保障金应当纳入财政预算,专项用于残疾人职业培训以及为残疾人提供就业服务和就业援助,任何组织或者个人不得贪污、挪用、截留或者私分。残疾人就业保障金征收、使用、管理的具体办法,由国务院财政部门会同国务院有关部门规定。财政部门和审计机关应当依法加强对残疾人就业保障金使用情况的监督检查。

国家对集中使用残疾人的用人单位依法给予税收优惠,并在生产、经营、技术、资金、物资、场地使用等方面给予扶持。县级以上地方人民政府及其有关部门应当确定适合残疾人生产、经营的产品、项目,优先安排集中使用残疾人的用人单位生产或者经营,并根据集中使用残疾人的用人单位的生产特点确定某些产品由其专产。政府采购,在同等条件下,应当优先购买集中使用残疾人的用人单位的产品或者服务。

国家鼓励扶持残疾人自主择业、自主创业。对残疾人从事个体经营的,应当依法给予税收优惠,有关部门应当在经营场地等方面给予照顾,并按照规定免收管理类、登记类和证照类的行政事业性收费。国家对自主择业、自主创业的残疾人在一定期限内给予小额信贷等扶持。

地方各级人民政府应当多方面筹集资金,组织和扶持农村残疾人从事种植业、养殖业、手工业和其他形式的生产劳动。有关部门对从事农业生产劳动的农村残疾人,应当在生产服务、技术指导、农用物资供应、农副产品收购和信贷等方面给予帮助。

4. 就业服务

各级人民政府和有关部门应当为就业困难的残疾人提供有针对性的就业援助服务,鼓励和扶持职业培训机构为残疾人提供职业培训,并组织残疾人定期开展职业技能竞赛。中国残疾人联合会及其地方组织所属的残疾人就业服务机构应当免费为残疾人就业提供下列服务:(1)发布残疾人就业信息;(2)组织开展残疾人职业培训;(3)为残疾人提供职业心理咨询、职业适应评估、职业康复训练、求职定向指导、职业介绍等服务;(4)为残疾人自主择业提供必要的帮助;(5)为用人单位安排残疾人就业提供必要的支持。国家鼓励其他就业服务机构为残疾人就业提供免费服务。

受劳动保障部门的委托,残疾人就业服务机构可以进行残疾人失业登记、残疾人就业与失业统计;经所在地劳动保障部门批准,残疾人就业服务机构还可以进行残疾人职业技能鉴定。残疾人职工与用人单位发生争议的,当地法律援助机构应当依法为其提供法律援助,各级残疾人联合会应当给予支持和帮助。

5. 法律责任

违反《残疾人就业条例》规定,有关行政主管部门及其工作人员滥用职权、玩忽职守、徇私舞弊,构成犯罪的,依法追究刑事责任;尚不构成犯罪的,依法给予处分。

违反《残疾人就业条例》规定,贪污、挪用、截留、私分残疾人就业保障金,构成犯罪的,依法追究刑事责任;尚不构成犯罪的,对有关责任单位、直接负责的主管人员和其他直接责任人员依法给予处分或者处罚。

违反《残疾人就业条例》规定,用人单位未按照规定缴纳残疾人就业保障金的,由财政部门给予警告,责令限期缴纳;逾期仍不缴纳的,除补缴欠缴数额外,还应当自欠缴之日起,按日加收5‰的滞纳金。

违反《残疾人就业条例》规定,用人单位弄虚作假,虚报安排残疾人就业人数,骗取集中使用残疾人的用人单位享受的税收优惠待遇的,由税务机关依法处理。

第三讲　养老保险权

　　年老是自然规律的必然结果,随着社会经济的发展和生活水平的提高,人均寿命有了显著提高并不断延长,越来越多的国家进入老龄化社会,我国也不例外。从 20 世纪 90 年代开始,中国的老龄化进程逐步加快。截至 2015 年底,中国 60 岁及以上老年人口数量达到 2.2 亿人,占总人口比例达到 16.1%,中国已经进入老龄化社会,而且老龄化程度还在持续加剧。[1] 迅速发展的人口老龄化趋势,与人口生育率和出生率下降,以及死亡率下降、预期寿命提高密切相关。目前中国的生育率已经降到更替水平以下,人口预期寿命和死亡率也接近发达国家水平。随着 20 世纪中期出生高峰的人口陆续进入老年,21 世纪前期将是中国人口老龄化发展最快的时期。[2]

　　在当今中国,随着人口老龄化进程加快,养老问题日益凸显并在诸多社会问题中变得尤为敏感和重要。当我们在探讨养老权益的话题时始终避不开退休年龄这一关键问题,无论是企业职工还是机关事业单位的工作人员,退休年龄的早晚都事关其切身利益,直接影响到退休后领取养老保险金的时间和金额以及养老保险的其他权益。从宏观层面考虑,劳动者何时退休直接影响到国家的人力资源战略、经济社会的发展。

　　2013 年 11 月 12 日中国共产党第十八届中央委员会第三次全体会议通过的《关于全面深化改革若干重大问题的决定》指出:研究制定渐进式延迟退休年龄政策。至此,搁置已久的延迟退休改革拉开了序幕。

　　实际上延迟退休最早在 2012 年已经被提出。当年 6 月,由人力资源和社会保障部、国家发展和改革委员会等部门制定的《社会保障"十二五"规划纲要》发布,纲要提出实施应对人口老龄化的社会保障政策之一就是研究弹性延迟领取养老金年龄的政策。一石激起千层浪,研究延迟退休的设想刚出炉就在社会上引起了广泛、激烈的争论,自此有关延迟退休的争论便不绝于耳。为回应社会各界的争议,2012 年 7 月 26 日,人力资源和社会保障部在例行新闻发布会上提出"小步慢走"的延迟领取退休养老金的思路,并表示拟针对不同群体诉求采取差

---

[1] 参见白天亮:《延迟退休怎么延？影响就业么？》,载《人民日报》2016 年 7 月 26 日,访问地址: http://www.mohrss.gov.cn/SYrlzyhshbzb/dongtaixinwen/buneiyaowen/201607/t20160726_244222.html,最后访问时间 2016 年 9 月 10 日。

[2] 参见《中国人口老龄化现状与趋势》,央视新闻网,访问地址: http://www.cctv.com/special/1017/-1/86774.html,最后访问时间 2013 年 12 月 15 日。

别化策略。此后一年多的时间里,有关延迟退休的各种推理假设经常出现在网络、电视等媒介之上,足以可见公众对于延迟退休政策的关注。

2015年2月16日,中共中央组织部、人力资源和社会保障部联合下发了《关于机关事业单位县处级女干部和具有高级职称的女性专业技术人员退休年龄问题的通知》(组通字〔2015〕14号,简称《通知》),通知要求"自2015年3月1日起,党政机关、人民团体中的正、副县处级及相应职务层次的女干部,事业单位中担任党务、行政管理工作的相当于正、副处级的女干部和具有高级职称的女性专业技术人员,年满60周岁退休",正式向公众发出了延迟退休的信号。《通知》下发后,各党政机关、事业单位等进行积极转发,尤其对于高等院校、医院来讲,其体制内存在较多具有高级技术职称的女性专业技术人员,因此该《通知》也引发了广泛的讨论。其中,桂林电子科技大学还针对具有普遍性的问题咨询了中共中央组织部以及人力资源和社会保障部,并得到电话回复,回复内容主要包括以下几点[①]:

1. 问:《通知》规定,凡已办理退休手续的县处级女干部和具有高级职称的女性专业技术人员不予追溯。《通知》下发前执行年满55周岁退休的地方和单位,上述人员在2015年3月1日前已年满55周岁但尚未办理退休手续的,能否年满60周岁退休?

答:这些人员仍应按照本地、本单位原有规定办理退休手续。

2. 问:《通知》规定,县处级女干部和具有高级职称的女性专业技术人员如本人申请,可以在年满55周岁时自愿退休。年满55周岁时没有选择自愿退休的人员,可否在年满60周岁之前选择退休?

答:有关人员只能在年满55周岁时根据本通知规定选择是否自愿退休。选择自愿退休的,组织上一般应予批准;党政机关和参照公务员法管理的机关(单位)中的县处级女干部,未选择退休的,在年满60周岁前还可以根据公务员法有关规定申请提前退休,组织上可以视情况研究确定是否批准。

3. 问:具有高级专业技术职称但未被聘任相应专业技术职务的女同志可否到年满60周岁时退休?

答:事业单位中凡具有高级职称的女性专业技术人员,均可在年满60周岁时退休。

2015年10月29日,党的十八届五中全会在《关于制定国民经济和社会发展第十三个五年规划的建议》中明确提出"出台渐进式延迟退休年龄政策"。从

---

① 参见桂林电子科技大学网站,《关于转发中组部、人社部就〈关于机关事业单位县处级女干部和具有高级职称的女性专业技术人员退休年龄问题的通知〉(组通字〔2015〕14号)相关问题答复的电话通知》,访问地址:http://szhxy.guet.edu.cn/qxgl/public/newsDisplay.aspx? id=100453&type=4,最后访问时间2016年11月10日。

研究政策到出台政策,延迟退休正逐步向前迈进。

2016年7月22日,人力资源和社会保障部召开2016年二季度新闻发布会,新闻发言人李忠介绍,基于人口老龄化的大背景提出的延迟退休政策,将分三步走:一是在实施上会小步慢行、逐步到位。比如每年往上调几个月。二是区分对待,分步实施。比如会选取现在退休年龄相对较低的部分岗位开始。三是会在之前做及时的公告,也会在方案出台前广泛地听取和征集意见。

一、养老保险权概述

(一) 养老保险权的概念

养老保险权作为劳动者的法定权利和社会保险权的重要组成部分,是指国家通过立法强制建立养老保险基金,劳动者在达到法定退休年龄并退出劳动岗位或者因年老丧失劳动能力时,可以从养老保险基金中领取养老金,以保证其基本生活的一种权利,是劳动者享有的重要的社会保险权之一。

(二) 养老保险权的特征

养老保险权作为社会保险权的主要内容,具有社会保险权的一般特征如强制性、社会性和保险性,但相对于工伤、失业、医疗、生育保险相比,由于养老保险肩负着保障老年人正常生活的重任,分担着几乎每个家庭的养老压力,因此特征更为显著:

第一,养老保险权利行使的普遍性。与其他社会保险所涉及的风险相比,年老的风险具有明显的普遍性,大多数人都会经历年老的过程,而任何人都不能保证自己年老时没有养老风险,在这种情况下,由于国家强制力的保证实施,绝大部分劳动者都有权在退休后行使养老保险权,真正享受权利带来的利益的人口基数远远超过其他社会保险权利。

第二,劳动者享受养老保险权利的确定性。在排除劳动者因为意外事故、突发疾病、自杀等不能享受正常的养老保险权利的情形下,劳动者一般必然会经历年老的过程,这是自然规律的必然结果,因此具有风险的确定性。其他社会保险权利的享有都建立在不可预知的风险发生基础之上,具有很强的不确定性。

第三,养老保险权利享有的持续性。养老保险待遇即我们常说的退休金是退休职工按月领取,只要劳动者的生命没有终结,劳动者在退休后都有权利按月从养老保险基金中领取费用以维持生活需要。而劳动者在行使其他社会保险权利时不具有持续性,通常在经历过疾病、工伤、生育后享受一次性支付的待遇。

第四,养老保险待遇受到年龄限制。即必须达到法定的工作年限,符合相关的退休政策,才有资格领取养老保险金。

(三) 设置养老保险权的意义

法律为劳动者强制设置养老保险权主要是针对劳动者的老年风险承担问题所采取的措施。老年风险在养老保险的语境下主要指退休后经济上的不确定性。老年人经济保障不足,是现代社会中比较典型的社会问题。老年风险主要包括由于退休、劳动能力下降或丧失造成的收入下降甚至丧失收入来源的收入风险;进入老年期后,医疗、生活护理等方面的开支明显上升,老年人面临的支付能力不足的支付风险;在工作时未能充分估计老年后经济保障方面可能遇到的困难,积累不足的个人短视风险;人口寿命延长的风险——从社会的角度看,人口寿命延长的趋势,使得人口老龄化加剧,整个社会和家庭的退休养老负担加重。

因此,劳动者养老保险权的实现无论是对于国家、社会还是劳动者个人都产生巨大积极影响。每个劳动者在排除疾病、自杀等特殊情形下都会涉及养老问题,每个家庭也都会面临养老困境。法律规定劳动者享有养老保险权的主要目的就是保障劳动者在退休后能够维持基本生活,减轻劳动者退休后的家庭生计负担,使劳动者在退休后能够有尊严的生活。在劳动者的社会保险权中设置养老保险的内容具有重要的现实意义和长远意义。

第一,养老保险有利于保障劳动者退休后的基本生活,同时分担家庭养老的负担。随着经济发展水平的提升,社会生活成本也迅速攀升,劳动者在退休后失去主要收入来源,身体机能逐渐衰老退化的情况下,根本无法保证自身在年老时的生存情况,因此,养老保险金在跟随市场经济状况不断调整的情况下能够基本满足劳动者退休后的个人养老问题。在家庭生活中,家庭成员具有互相扶持、抚养、扶助的责任和义务,随着我国老龄化问题的严重程度加深,家庭成员赡养老人的压力也逐渐增大,退休人员享受养老保险待遇能够很大程度上缓解家庭成员的赡养压力,客观上分担了家庭养老负担。

第二,养老保险有利于维护社会稳定。社会养老问题涉及人群广泛,深刻影响着个人和家庭生活,因此养老问题是社会发展中极其敏感的问题,若不能妥善解决,使得大部分群众得到满意的退休养老解决方案,社会上各种矛盾纠纷便随之产生并爆发,社会稳定就会遭受挑战,因此,养老保险权的设置从物质上满足劳动者的部分生活需求,有助于缓解群众的生存压力和负面情绪,进而维护社会稳定。

第三,养老保险有助于促进用人单位和社会整体经济发展。养老保险水平的高低与社会经济发展的情况息息相关,退休人员享受养老保险待遇的水平受多重因素的影响,外部受制于社会整体经济环境的发展水平和活跃程度,内部取决于所属行业以及在职劳动期间的工资收入、缴费多少。劳动者为了在退休时能够享受更高水平的退休金,在职期间必须通过努力工作获得更高水平的工资待遇,这无形中增强了职工工作的积极性,有利于单位的发展,客观上促进了经济的发展。

二、养老保险权的实现机制

劳动者养老保险权的实现主要是指养老保险金的取得。我国《社会保险法》第10条至第22条规定了我国养老保险金制度,主要包括养老保险金的适用对象和范围,养老保险金的缴纳,养老保险金的领取和发放,以及跨区域就业基本养老金等问题。下面针对这些问题结合法律规定作出回答。

(一)职工基本养老保险

1. 职工基本养老保险概述

我国目前建立的是多层次的职工养老保险体系,主要包括国家基本养老保险、企业补充养老保险和职工个人储蓄性养老保险三部分。我国《社会保险法》第10条规定:职工应当参加基本养老保险,由用人单位和职工共同缴纳基本养老保险。无雇工的个体工商户、未在用人单位参加基本养老保险的非全日制从业人员以及其他灵活就业人员可以参加基本养老保险,由个人缴纳基本养老保险费。公务员和参照《公务员法》管理的工作人员养老保险的办法由国务院规定。

案例链接 3.1

养老保险费的缴纳

原告:骆某某

被告:河南南阳某水泥厂

原告诉称:原告到被告工厂工作,在岗期间任劳任怨,勤勤恳恳,遵守厂规厂纪,为岗位付出了自己的青春,但原告一直受到被告不公平的待遇。2006年7月,被告解除了与原告的劳动关系,仅支付了经济补偿金和失业保险金,关于养老保险金只字未提。后原告四处打工,现在原告才知道与被告劳动关系存续期间,被告应为自己办理养老保险。2013年1月15日,原告向南阳市劳动争议仲裁委员会提起申诉,南阳市劳动争议仲裁委员会于2013年1月15日作出宛劳人仲案字(2013)第5号仲裁裁决书,裁决以原告申请超过法定仲裁时效而不予受理,原告对裁决不服。向南阳市卧龙区法院起诉,请求法院判令被告为原告办理从1995年1月至2006年7月间的养老保险手续并缴纳养老保险金。

2013年1月28日河南省南阳市卧龙区法院受理后,依法组成合议庭,于2013年4月2日公开开庭审理本案。法院认定事实如下:原告骆某某与被告南阳某水泥厂于1995年以前建立劳动关系。根据国务院《关于深化企业职工养老保险制度改革的通知》(国发〔1995〕6号 1995年3月1日)和《河南省企业职工基本养老保险个人账户管理办法》(豫劳险〔1998〕37号 1998年11月18日),被告应该为原告办理企业职工基本养老保险账户,并自1995年1月1日《中华人民共和国劳动法》实施后缴纳养老保险金,但被告并未给其办理。2006年7月被告根据南阳市卧龙区人民政府的文件,关闭了三条机械化立窑生产线,被告于2006年8月7日向原告发放了退厂补偿金。①

解析:本案法院最后根据《劳动法》第72条、第79条,《社会保险费征缴暂行条例》第2条、第3条、第4条规定,判决被告于判决生效后10日内向南阳市社会劳动保险管理部门为原告办理养老保险手续并缴纳欠缴原告的养老保险金(具体金额以南阳市社会劳动保险管理部门出具的《职工欠缴养老保险金补缴通知书》为准),其中个人应缴部分由原告自行缴纳。

被告不服,在法定期间内提出上诉,南阳市中级人民法院于2013年8月7日作出终审判决,判决驳回上诉,维持原判。

本案在审理过程中法院主要解决以下争议问题:

(1) 请求合法性问题。被告为原告办理社会保险登记以及缴纳养老保险费是法定义务,具有强制性。故原告要求被告为其办理养老保险手续,并缴纳养老保险费的请求,法院予以支持。

(2) 程序正当性问题。根据《劳动争议调解仲裁法》的相关规定,因社会保险发生争议,劳动者可以向劳动争议仲裁委员会申请仲裁,对仲裁裁决不服的,当事人有权向法院提起诉讼。

(3) 时效性问题。被告辩称原告诉讼请求已超过时效,因此需确定劳动争议的发生时间。根据法律规定,仲裁时效期限应当从当事人知道或者应当知道其权利被侵害之日起计算,本案中原告在与被告解除劳动关系之后才知道养老保险金至今欠缴的事实,应以其实际知道之日起为起算点,针对原告实际知道之日的认定,二审南阳市中级人民法院认为河南南阳某水泥厂在2006年7月与骆某某解除劳动关系时关于养老保险金的事只字未提,在《南阳晚报》上发布公告

---

① 参见《原告骆某某因与被告河南南阳航天水泥厂养老保险金纠纷一案一审民事判决书(2013)宛龙蒲民初字第59号》,河南省法院裁判文书网,访问地址:http://ws.hncourt.org/paperview.php?id=964000,最后访问时间2013年11月13日。

骆某某表示不知道,又没有给骆某某本人书面送达通知,故骆某某自知道之日起在法定期限内提出仲裁不应视为超出仲裁时效。原告请求被告补交养老保险金而向南阳市劳动争议仲裁委员会提出仲裁的时效并未超过法定一年的期限。如果被告认为原告的诉讼请求超过诉讼时效,应该举证予以证明,否则承担因举证不能的后果,故被告辩解的理由不能成立。

2. 职工基本养老保险的参保范围

职工基本养老保险主要用于解决全日制从业人员的养老保险问题,包括各类企业、事业单位。

(1) 各类企业及其职工

各类企业从所有制形式来讲包括国有企业、城镇集体企业、外商投资企业、城镇私营企业,根据企业的责任形式则包括企业法人、合伙企业以及个人独资企业。原则上,企业经营资格的取得都必须经过工商登记。《社会保险法》规定,用人单位应当自成立之日起30日内凭营业执照、等级证书或者单位印章,向当地社会保险经办机构申请办理社会保险登记。

(2) 事业单位及其工作人员

我国目前事业单位分为三类:一是参照《公务员法》管理的事业单位,即依据《公务员法》的相关规定,由法律、法规授权依法履行公共管理职能的事业单位。二是实现企业化管理的事业单位,指国家不再核发经费,实行独立核算、自负盈亏的事业组织。三是以教、科、文、卫为代表的事业单位,又称公益性事业单位,即国家出于社会公益目的,由国家机关举办或者其他组织利用国有资产举办的,从事教、科、文、卫等活动的社会服务组织。根据我国现行制度规定,除第一种类型的事业单位及其工作人员外,第二、三种类型的事业单位及其工作人员都参加职工基本养老保险。

(3) 无雇工的个体工商户等灵活就业人员

对于个体工商户以及一些灵活就业的人员来说,由于没有固定的单位归属,没有长期稳定的雇佣关系,因此这些人员若要享受养老保险金的福利,只能自行到街道办事处或者所在农村缴纳相应的费用,不存在单位为职工缴纳费用的问题,因此日后所领取的保险金也自然较少。上述其他人员所应缴纳的保险费也应分别计入国家账户和个人账户。个人账户,不得提前支取,并且记账利率不得低于银行定期存款利率,免征利息税。如果该个人死亡,个人账户的余额可以继承。城镇个体工商户和灵活就业人员参加基本养老保险的缴费基数为当地上年度在岗职工平均工资,缴费比例为20%,其中8%记入个人账户,退休后按企业职工基本养老金计发办法计发基本养老金。

3. 基本养老保险金的组成

企业缴费:企业缴纳基本养老保险费的比例,一般不得超过企业工资总额的

20%（包括划入个人账户的部分），具体比例由省、自治区、直辖市人民政府确定。少数省、自治区、直辖市因离退休人数较多、养老保险负担过重，确需超过企业工资总额20%的，应报劳动部、财政部审批。

个人缴费：从2006年1月1日起，个人账户的规模统一由本人缴费工资的11%调整为8%，全部由个人缴费形成，单位缴费不再划入个人账户。同时，进一步完善鼓励职工参保缴费的激励约束机制，相应调整基本养老金计发办法。个人账户储存额，每年参考银行同期存款利率计算利息。个人账户储存额只用于职工养老，不得提前支取。职工调动时，个人账户全部随同转移。职工或退休人员死亡，个人账户中的个人缴费部分可以继承。

资料链接 3.1
俄国家杜马通过养老制度改革法案

俄罗斯国家杜马（议会下院）23日最终通过涉及养老制度改革的一揽子法案。根据这些法案，俄将从2015年1月1日起推行新的退休金计算和发放办法。

新法案规定，俄养老金将分为保险养老金和储蓄养老金两个部分。1967年以前出生的公民将只享有保险养老金；而1967年及此后出生的人选择余地大一些：他们可以选择只享有保险养老金，或选择同时享有上述两种养老金，其中储蓄养老服务将通过非国有养老基金办理。

2025年前，俄公民为获得保险养老金所必须具备的缴纳养老保险费的最低年限将从目前的5年提高到15年。在计算保险养老金时将采用积分制，获得此养老金的最低积分为30分，积分多少主要取决于在职期间工资和工龄，积分越高，所获得的退休金就越多。

俄养老制度改革未涉及退休年龄，男性和女性退休年龄仍将分别为60岁和55岁。不过，俄鼓励公民在达到退休年龄后继续工作，这些愿意"发挥余热"的人可以获得额外积分。

苏联解体后，俄罗斯便开始对社会保障体系进行改革。经过二十多年的不断调整，俄养老保障制度日趋完善。然而，俄养老保障也面临人口老龄化严重、养老金缺口大、退休金水平偏低等种种挑战。俄政府希望通过改革不断完善养老制度，有效解决养老保障方面遇到的各种问题。[①]

4. 职工领取养老金的条件

目前，我国职工按月领取基本养老金必须具备三个条件：一是达到法定退休

---

① 参见岳连国：《俄国家杜马通过养老制度改革法案》，中国法院网新闻中心，访问地址：http://www.chinacourt.org/article/detail/2013/12/id/1166897.shtml，最后访问时间2013年12月29日。

年龄,并已经办理退休手续;二是所在单位和个人依法参加养老保险,并履行了养老保险缴费义务;三是个人缴费至少满 15 年,个人缴费不满 15 年的,可以缴费至满 15 年,按月领取基本养老金;也可以转入新型农村社会养老保险或者城镇居民社会养老保险,按照国务院规定享受相应的养老保险待遇。目前我国的企业职工法定退休年龄为:男职工 60 岁;从事管理和科研工作的女性干部 55 岁,从事生产和工勤辅助工作的女性职工 50 岁。灵活就业人员的退休年龄各地一般定为 55 岁。[①] 基本养老金领取者死亡后,其遗属按国家有关规定领取丧葬补助金,丧葬补助金由养老保险社会统筹基金支付。但随着 2015 年《关于机关事业单位县处级女干部和具有高级职称的女性专业技术人员退休年龄问题的通知》的下发,我国延迟退休政策正逐步展开,未来职工领取养老金的条件随着退休年龄的弹性化也会相应发生变化。

案例链接 3.2

"内退"职工的待遇问题

李某,男,1946 年出生,某市一家大型化工厂职工。2002 年该厂因为生产经营困难,经济效益滑坡,决定对职工进行分流安置。经厂办公会研究,确定了三种方案:一是距离法定退休年龄不到 5 年的,退出岗位休养;二是厂内待岗;三是享受失业保险待遇。李某按照第一种做法,办理了"内退"手续,每月从单位领取 550 元人民币。李某"退休"后,每月领取的费用可以维持日常基本生活,起初还感到满意。不久同厂比自己小六岁的女职工张某办理了退休手续,张某每月领取的退休金不但比自己高 200 多元,而且每月到银行领取而不是到厂里领取。经向张某询问,得知张某的退休金是由区社会保险事业管理中心(以下简称区社保中心)通过银行发放的。李某觉得不公平,自己比张某多工作 6 年,同样是退休,为何待遇相差那么多。

李某向区社保中心提出书面申请,要求自己的"退休金"也应该由该中心发放,并重新核定自己的"退休金"标准。区社保中心接到李某的请求后,当即告知,张某达到了国家法定退休年龄,正式办理了退休手续,享受的是国家规定的退休金待遇,其养老金依法由社保中心实行社会化发放。而李某尚未达到国家法定退休条件,办理的是单位内部退养,领取生活费而非养老金,李某的生活费发放与社保中心无关。李某不服,向人民法院提起行政诉讼,法院审查后认为,区社保中心审核发放养老金是行政行为,李某的起诉内容实际上是职工与用人

[①] 党的十八届三中全会审议通过《关于全面深化改革若干重大问题的决定》提出,要"研究制定渐进式延迟退休年龄政策",明确了顶层设计中,延迟退休政策渐进施行。延迟退休政策至少要考虑三方面因素。首先是适应人口预期寿命增长的需要;其次,延迟退休年龄也是应对人口老龄化的必然选择;同时,延迟退休是开发人力资源,特别是老年人力资源的重要途径。

单位之间的纠纷,因用人单位支付的生活费发生的争议,应先向劳动争议仲裁委员会申诉。李某又向区劳动争议仲裁委员会申诉,仲裁委员会审理后裁决,单位支付的生活费符合当地规定的标准,对李某的请求不予支持。①

解析:"内退"实际是"在企业内退出岗位休养"的简称。用人单位安排职工"内退",无论是条件还是程序,都有相应的法规规定。如不符合规定条件,不履行规定程序,用人单位无权擅自决定安排职工"内退"。很多人因此认为"内退"是国家规定的,就应当认定为法定退休,享受法定退休待遇。实际上,这是一种误解,无论在待遇、发放机构等实体问题上,还是出现纠纷的处理程序上,"内退"与国家法定退休截然不同。

在待遇、发放机构等实体问题上:"内退"主要是依据国务院《国有企业富余职工安置规定》等文件规定。该文件第9条规定:"职工距退休年龄不到5年的,经本人申请、企业领导批准,可以退出岗位休养。"关于内退职工的待遇及标准,根据该文件第9条和第11条规定,职工退出工作岗位休养期间,由企业发给生活费,标准由企业自主确定。但不得低于省、自治区、直辖市人民政府规定的最低标准。退休主要是依据国务院《关于工人退休、退职的暂行办法》等文件的规定。根据该文件第1条规定,符合下列4种情况的,应该退休:一是男年满60周岁,女年满50周岁,连续工龄满10年的;二是从事井下、高空等特别繁重或者其他有害健康的工作,男年满55周岁,女年满45周岁,连续工龄满10年;三是男年满55周岁、女年满45周岁,连续工龄满10年,经法定程序确认为完全丧失劳动能力;四是因工致残,经法定程序确认完全丧失劳动能力的。根据国务院《关于建立统一的企业职工基本养老保险制度的决定》与劳动和社会保障部《关于加快实行养老金社会化发放的通知》等文件的规定,办理了正式退休手续的职工,其养老保险金由社会保险经办机构发放。基本形式是在国有商业银行或邮局为企业离退休人员建立基本养老金账户,按月将规定项目内的应付养老金划入账户。可见,"内退"是企业安置职工的一种方式,领取的是生活费而非养老金。退休必须达到法定退休年龄,正式办理退休手续并领取养老金。"内退"的员工对生活费的争议,应先向劳动争议仲裁委员会申诉,对仲裁裁决不服,可以再向人民法院起诉。退休则由社会保险经办机构审核并发放待遇。对社会保险经办机构审核、发放养老金的行为不服,属于行政争议,可以通过行政复议和行政诉讼途径解决。②

---

① 案例来源:中国劳动争议网,访问地址:http://www.btophr.com/s_case/case655.shtml,最后访问时间2013年12月2日。

② 参见郭静安:《五险一金:理论·制度·实践》,经济科学出版社2013年版,第72页。

5. 企业补充养老保险

企业补充养老保险又称企业年金,是指企业在参加国家基本养老保险的基础上,依据国家政策和本企业经济状况建立的,旨在提高职工退休后生活水平,对国家基本养老保险进行补充的一种养老保险形式。它是由企业根据自身经济承受能力,在国家规定的实施政策和条件下自愿为本企业职工建立。

(1) 建立企业年金的条件

企业建立企业年金需要符合一定条件:第一,依法参加基本养老保险并履行缴费义务。第二,具有相应的经济负担能力。所谓的经济承受能力,一是在企业年金资金不允许进成本的情况下,企业能够用自有资金为企业年金供款;二是指在企业年金资金允许部分进成本的情况下,进成本的资金不至于影响企业的竞争能力。建立企业年金的企业不能是亏损企业,不允许拖欠职工工资或者欠缴国家利税。企业的经济承受能力和经济效益情况决定着企业是否具备建立企业年金的条件及水平的高低。[1] 第三,已建立集体协商机制。企业年金作为养老保险的重要补充,涉及职工切身利益,建立企业年金,应当由企业与工会或职工代表通过集体协商确定,并制定企业年金方案。国有及国有控股企业的企业年金方案草案应当提交职工大会或职工代表大会讨论通过。

(2) 企业年金方案

企业年金方案适用于企业试用期满的职工,方案主要包括以下内容:① 参加人员范围;② 资金筹集方式;③ 职工企业年金个人账户管理方式;④ 基金管理方式;⑤ 计发办法和支付方式;⑥ 支付企业年金待遇的条件;⑦ 组织管理和监督方式;⑧ 中止缴费的条件;⑨ 双方约定的其他事项。

(3) 企业年金的缴纳

企业年金所需费用由企业和职工个人共同缴纳。企业缴费的列支渠道按国家有关规定执行;职工个人缴费可以由企业从职工个人工资中代扣。企业缴费每年不超过本企业上年度职工工资总额的 1/12。企业和职工个人缴费合计一般不超过本企业上年度职工工资总额的 1/6。

(4) 企业年金基金组成

企业年金基金由三部分组成:① 企业缴费;② 职工个人缴费;③ 企业年金基金投资运营收益。企业年金基金实行完全积累,采用个人账户方式进行管理。企业年金基金可以按照国家规定投资运营。企业年金基金投资运营收益并入企业年金基金。企业缴费应当按照企业年金方案规定比例计算的数额计入职工企业年金个人账户;职工个人缴费额计入本人企业年金个人账户。企业年金基金投资运营收益,按净收益率计入企业年金个人账户。

---

[1] 参见郭静安:《五险一金:理论·制度·实践》,经济科学出版社 2013 年版,第 45 页。

(5) 企业年金的领取

① 职工在达到国家规定的退休年龄时,可以从本人企业年金个人账户中一次或定期领取企业年金。职工未达到国家规定的退休年龄的,不得从个人账户中提前提取资金。出境定居人员的企业年金个人账户资金,可根据本人要求一次性支付给本人。

② 职工变动工作单位时,企业年金个人账户资金可以随同转移。职工升学、参军、失业期间或新就业单位没有实行企业年金制度的,其企业年金个人账户可由原管理机构继续管理。

③ 职工或退休人员死亡后,其企业年金个人账户余额由其指定的受益人或法定继承人一次性领取。

(6) 企业年金受托人

建立企业年金的企业,应当确定企业年金受托人,受托管理企业年金。受托人可以是企业成立的企业年金理事会,也可以是符合国家规定的法人受托机构。企业年金理事会由企业和职工代表组成,也可以聘请企业以外的专业人员参加,其中职工代表应不少于1/3。企业年金理事会除管理本企业的企业年金事务之外,不得从事其他任何形式的营业性活动。

确定受托人应当签订书面合同。合同一方为企业,另一方为受托人。受托人可以委托具有资格的企业年金账户管理机构作为账户管理人,负责管理企业年金账户;可以委托具有资格的投资运营机构作为投资管理人,负责企业年金基金的投资运营。受托人应当选择具有资格的商业银行或专业托管机构作为托管人,负责托管企业年金基金。受托人与账户管理人、投资管理人和托管人确定委托关系,应当签订书面合同。企业年金基金必须与受托人、账户管理人、投资管理人和托管人的自有资产或其他资产分开管理,不得挪作其他用途。企业年金基金管理应当执行国家有关规定。

(二) 城乡居民基本养老保险制度

1. 城乡居民基本养老保险制度概述

随着《关于建立统一的城乡居民基本养老保险制度的意见》(以下简称《意见》)的下发,国务院决定将新型农村社会养老保险(以下简称新农保)和城镇居民基本养老保险(以下简称城居保)两项制度合并实施,在全国范围内建立统一的城乡居民基本养老保险(以下简称城乡居民养老保险)制度。至此,于2009年在我国试点施行的新型农村养老保险和2011年试点实施的城镇居民基本养老保险即将全面并轨运行。新的城乡居民基本养老保险制度不仅仅是名称上的统一,更是政策标准的统一、管理服务的统一以及信息系统的统一,将我国社会养老保险制度带入新的发展阶段。

根据人力资源和社会保障部 2016 年第三季度新闻发布会公布的数据,截止 2016 年 9 月底,我国基本养老保险的参保人数达到 8.71 亿人,比 2015 年底增加 1225 万人。回顾过去几年,我国的新型农村养老保险和城镇居民基本养老保险从无到有,从局部试点到全国覆盖,为保障公民的基本养老权利,解决人口老龄化背景下的社会成员养老问题作出了巨大贡献。在总结经验的基础上,为解决上述两项保险制度存在着标准高低错落、管理资源分散等问题,助力户籍改革和公共服务均等化的推进,统筹城乡发展,建立更加公平可持续的社会保障制度,统一的城乡居民基本养老保险制度应运而生,并力求在"十二五"末,在全国基本实现新农保和城居保制度合并实施,与职工基本养老保险制度相衔接。

2. 参保范围

根据《意见》规定,年满 16 周岁(不含在校学生),非国家机关和事业单位工作人员及不属于职工基本养老保险制度覆盖范围的城乡居民,可以在户籍地参加城乡居民养老保险。《意见》以排除式的方法界定了参保人员的范围,避免了列举式方法的不足,从而将城乡居民纳入统一的参保范围。特别强调的是,农民工作为在城乡之间流动规模最大的群体,是我国社会弱势群体的典型代表,也是社会养老保险的重要参与者,如果广大在外务工的农民不能积极广泛地参与到社会基本养老保险体系中来,将是社会保障体系的巨大缺失,因此政府和用人单位应该积极引导农民工群体参加城镇居民养老保险,享受基本养老保险制度带来的保障。

《意见》维持了新农保、城居保自愿参保的原则,但在政策上鼓励引导符合条件的居民从年轻时起就参保缴费。需要注意的是,参与城乡居民养老保险坚持户籍地参保的原则,以所在户籍为参保依据,坚持属地管辖原则,可以更好地为参保人员提供保险服务。

3. 养老保险基金的构成

根据《意见》规定,城乡居民养老保险基金由个人缴费、集体补助、政府补贴三部分构成。其中个人养老保险费缴费标准目前设为每年 100 元、200 元、300 元、400 元、500 元、600 元、700 元、800 元、900 元、1000 元、1500 元、2000 元 12 个档次,省(区、市)人民政府可以根据实际情况增设缴费档次,最高缴费档次标准原则上不超过当地灵活就业人员参加职工基本养老保险的年缴费额,并报人力资源社会保障部备案。原来新农保、城居保对每年缴费标准分别设置了 5 个档次和 10 个档次,这次统一制度归并为 100 元至 2000 元 12 个档次。

本次《意见》中增设了 1500 元和 2000 元两个高档次,目的是为有更高缴费意愿和能力的城乡居民提供更多选择。在坚持多缴多得的原则下,这种 12 位阶的缴费档次充分给予城乡居民根据自己的实际情况同等、自主地选择个人缴费金额的权利,有利于快速推进城乡养老保险体系的全面覆盖。为深入贯彻这一原则,《意见》还规定对选择500元及以上档次标准缴费的,地方人民政府补贴标准不低于每人每年60元,具体标准和办法由省(区、市)人民政府确定。对选择最低档次标准缴费的,补贴标准不低于每人每年30元。对重度残疾人等缴费困难群体,地方人民政府为其代缴部分或全部最低标准的养老保险费。

为了扩宽养老保险金的来源,《意见》要求有条件的村集体经济组织应当对参保人缴费给予补助,补助标准由村民委员会召开村民会议民主确定,鼓励有条件的社区将集体补助纳入社区公益事业资金筹集范围。鼓励其他社会经济组织、公益慈善组织、个人为参保人缴费提供资助。补助、资助金额不超过当地设定的最高缴费档次标准。

由于养老保险金具有较大的支付需求,因此不仅要保证宽口径的外部资金来源,而且要实现资金自身的保值增值。为此国务院颁发了《基本养老保险基金投资管理办法》(国发〔2015〕48号)(以下简称《办法》),其中第4条规定,养老基金投资应当坚持市场化、多元化、专业化的原则,确保资产安全,实现保值增值。《办法》从委托人、受托机构、托管机构、投资管理机构、养老基金投资、估值和费用、报告制度,以及监督检查和法律责任等方面对基本养老保险基金的投资管理进行规定,目的就是规范基本养老保险基金的投资管理行为,保护基金委托人及相关当事人的合法权益,最终实现养老基金的保值增值。

4. 城乡居民养老保险待遇及领取条件

国家鼓励居民参加基本养老保险,最直接的目的是让参保居民在符合条件时可以享受到养老保险待遇,目前城乡居民养老保险待遇由基础养老金和个人账户养老金两部分构成,支付终身。

国家为每个参保人员建立终身记录的养老保险个人账户,个人缴费、地方人民政府对参保人的缴费补贴、集体补助及其他社会经济组织、公益慈善组织、个人对参保人的缴费资助,全部记入个人账户。个人账户储存额按国家规定计息。而个人账户养老金的月计发标准,目前为个人账户全部储存额除以139(与现行职工基本养老保险个人账户养老金计发系数相同)。参保人死亡,个人账户资金余额可以依法继承。对于基础养老金,中央确定基础养老金最低标准并适时调整。地方政府也可以根据实际情况适当提高基础养老金标准。对长期缴费的,可适当加法基础养老金,提高和加发部分的资金由地方人民政府支出,具体办法由省(区、市)人民政府规定,并报人力资源和社会保障部备案。

对比原有的新农保和城居保制度,《意见》结合实践,以维护参保人员的利益为出发点对个人账户制度进行两方面的完善,一是将原来新农保、城居保"个人账户储存额目前每年参考中国人民银行公布的金融机构人民币一年期存款利率计息"改为"按国家规定计息",减轻了利率市场化给参保人账户带来的收益风险。二是明确参保人死亡后个人账户余额可以全额继承,而不再剔除其中的政府补贴部分。

那么什么情况下可以领取养老保险待遇？《意见》指出，参加城乡居民养老保险的个人，年满60周岁、累计缴费满15年，且未领取国家规定的基本养老保障待遇的，可以按月领取城乡居民养老保险待遇。新农保或城居保制度实施时已年满60周岁，在本意见印发之日前未领取国家规定的基本养老保障待遇的，不用缴费，自本意见实施之月起，可以按月领取城乡居民养老保险基础养老金；距规定领取年龄不足15年的，应逐年缴费，也允许补缴，累计缴费不超过15年；距规定领取年龄超过15年的，应按年缴费，累计缴费不少于15年。

现实生活中经常存在冒领养老保险金的情形，社会保险经办机构应每年对城乡居民养老保险待遇领取人员进行核यि；村（居）民委员会要协助社会保险经办机构开展工作，在行政村（社区）范围内对参保人待遇领取资格进行公示，并与职工基本养老保险待遇等领取记录进行比对，确保不重、不漏、不错。养老保险待遇的作用在于保障参保者在年老时有资金维持其基本生活，一旦发生待遇领取人员死亡的，从次月起停止支付其养老金。与此同时，《意见》赋予地方政府探索建立符合本地情况的丧葬补助金制度以减轻参保家庭支付的丧葬费。

三、养老保险权实现的其他问题

参与不同养老保险制度的劳动者在养老保险权的实现过程中会遇到各种疑难问题，比如劳动者死亡或者丧失劳动能力时的补助发放，跨区域就业的养老金领取，跨区域的养老金关系转移问题等，法律、法规、规章以及相关部门的复函中进行相关规定和解答，有助于养老保险权利的进一步实现。

（一）个人死亡或者丧失劳动能力的补助

根据我国《社会保险法》第17条，参加基本医疗保险的个人，如果因为疾病或者非因工死亡的，其遗属可以领取丧葬补助金和抚恤金；如果该个人在尚未达到法定退休年龄时因为疾病或者非因工致残，导致完全丧失劳动能力的，可以领取残病津贴。上述的相关补助所需要的资金从基本养老保险基金中支付。

（二）跨省、自治区、直辖市的基本养老关系转移问题

2013年底，3800万人中断缴纳养老保险的新闻挑战着人们的神经。社会保险被比作"安全网""稳定器"，出发点是为了改善和保障劳动者的利益，而养老保险正是其中分量最重的一项。如今，每年数千万人中断缴纳养老保险，我国目前的养老保险在实践中出现哪些常见问题，问题的症结到底在哪，如何改进使得劳动者积极参与行使其养老保险权利，而不是中断或者放弃权利的行使，这些问题

促使人们需要认真审视我国养老保险的制度设计和实施效果,进而推动制度的不断完善以求达到良好的社会效果。

我国《社会保险法》出台后,养老保险不允许退保取现,因此只能办理转移接续。而断保现象产生的主要原因是养老保险转移接续不畅导致的。据统计,我国有2.6亿农民工,其中1.5亿农民工在城乡间流动,6000多万人跨省流动,养老保险转移接续难题影响参保进程。

我国《社会保险法》从法律层面明确了跨地区就业劳动者基本养老保险权益及关系转接的原则,即"个人跨统筹地区就业的,其基本养老保险关系随本人转移,缴费年限累计计算。个人达到法定退休年龄时,基本养老金分段计算、统一支付"。但实践中,人力资源和社会保障部社保中心统计数据显示,2011年全国开具基本养老保险参保缴费凭证以转移接续的人中,成功转移的人仅占20%,约八成人员流动后,要么没有就业,要么就业后没去办理或没办理成功。

案例链接 3.3

赵某和丈夫曾在河北秦皇岛一家工厂的流水线上干了近10年,一直缴纳养老保险。3年前,夫妻俩来到北京,进入一家物业公司工作。公司愿意提供三险,这曾让赵某很高兴,以为将来老了能按月领养老金。但反复咨询后才发现,她在河北缴纳的养老保险很难在北京接续,她的户口在吉林,要把河北以及北京的养老保险转至老家以便将来领取待遇也很复杂。她说,如果分段缴纳的养老保险最后不能连着算,还不如不缴保险,现在少扣点工资。

深圳的王先生曾在武汉一家事业单位工作多年,20世纪90年代中期来到深圳,参加企业职工养老保险。缴纳10多年后,所在企业关门,王先生养老保险中断。按照国家政策,他在事业单位工作期间应视同缴纳养老保险,但实际办理时难以接续,成为又一个"断点"。这使得王先生过了60岁,却无法领到养老金。[①]

一些地方出于利益考虑,对参保人员设置了诸多限制条件。有的大城市不允许非户籍人口以灵活就业人员身份办理养老保险,有的大城市以种种借口拒绝承接大龄劳动者的养老保险关系。此外,操作环节上缺少统一规定,也影响着转移接续。影响最大的还是农民工群体。我国《社会保险法》出台之前可以退保并领取个人账户资金,现在既不允许退保,又面临转移接续难的困境,个人缴费长时间闲置,相关待遇无法落实,客观上已经侵害了劳动者的利益。因此公共部

---

① 参见白天亮、李刚、曹玲娟:《我国每年3千万人断缴养老保险,部分因政策缺陷》,人民网,访问地址:http://politics.people.com.cn/n/2013/1220/c1001-23896204.html,最后访问时间2014年1月3日。

门应确保《社会保险法》所规定的转移接续落到实处,才能实现其立法目的,提升法律的权威性和政府的公信力。

社会保险通常是地域性管辖,当地社保机构管理当地职工的社会保险,因此由于用人单位的原因或者由于被保险人因为改变就业的原因导致工作地点的迁移,会引起基本养老关系转移的问题。那么,如何实现养老保险关系的顺利衔接转移,为此,2009年12月28日,国务院办公厅转发了人力资源和社会保障部、财政部《城镇企业职工基本养老保险关系转移、接续暂行办法》,该办法明确了基本养老保险关系转移衔接的具体内容:

(1) 该办法的适用对象:需要转移关系的参加城镇企业职工基本养老保险的所有人员,包括农民工。有一个例外,如果已经按照国家规定领取基本养老保险待遇的人员,不再转移基本养老保险关系。

(2) 账户转移的方法:如果需要跨省转移基本养老保险关系,注意区分个人账户和统筹基金。对于个人账户,1998年1月1日之前按照个人缴费累计本息计算转移,1998年1月1日之后按计入个人账户的全部储存额计算转移。对于统筹基金即单位缴纳的费用,则以本人1998年1月1日以后各年度实际缴费工资为基数,按12%的总和转移,如果参保缴费不足一年的,按照实际缴费月数计算转移。

(3) 参保人员跨省流动就业的,由原参保所在地社会保险经办机构开具参保缴费凭证,其基本养老保险关系应随同转移到新参保地。参保人员达到基本养老保险待遇领取条件的,其在各地的参保缴费年限合并计算,个人账户储存额(含本息,下同)累计计算;未达到待遇领取年龄前,不得终止基本养老保险关系并办理退保手续;其中出国定居和到香港、澳门、台湾地区定居的,按国家有关规定执行。

(4) 参保人员跨省流动就业,其基本养老保险关系转移接续按下列规定办理:

第一,参保人员返回户籍所在地(指省、自治区、直辖市,下同)就业参保的,户籍所在地的相关社保经办机构应为其及时办理转移接续手续。第二,参保人员未返回户籍所在地就业参保的,由新参保地的社保经办机构为其及时办理转移接续手续。第三,参保人员经县级以上党委组织部门、人力资源和社会保障行政部门批准调动,且与调入单位建立劳动关系并缴纳基本养老保险费的,不受以上年龄规定限制,应在调入地及时办理基本养老保险关系转移接续手续。

(5) 跨省流动就业的参保人员达到待遇领取条件时,按下列规定确定其待遇领取地:第一,基本养老保险关系在户籍所在地的由户籍所在地负责办理。第二,基本养老保险关系不在户籍所在地,而在所在地累计缴费年限满10年的,在该地办理。第三,基本养老保险关系不在户籍所在地,累计缴费年限不满10年的,将其关系转回,按规定在当地享受基本养老保险待遇。第四,基本养老保险关系不在户籍所在地,每个参保地的累计缴费年限均不满10年的,将其基本养老保险关系及相应资金归集到户籍所在地,享受基本养老保险待遇。

(6) 转移手续的程序性问题。第一,参保人员在新就业地按规定建立基本养老保险关系和缴费后,由用人单位向社保经办机构提出基本养老保险关系转移接续的书面申请。第二,新参保地社保经办机构在15个工作日内,审核转移接续申请,对符合条件的,向参保人员发出同意接收函,并提供相关信息;对不符合转移接续条件的,作出书面说明。第三,原基本养老保险关系所在地社保经办机构在接到同意接收函的15个工作日内,办理好转移接续的各项手续。第四,新参保地社保经办机构在收到参保人员原基本养老保险关系所在地社保经办机构转移的基本养老保险关系和资金后,应在15个工作日内办结有关手续,及时通知用人单位或参保人员。

由于农民工数量庞大,在我国社会中的重要而特殊的地位,农民工又具有非常大规模、常态化的流动性,因此农民工的关系转移问题十分重要。若农民工中断就业或返乡没有继续缴费的,由原参保地社保经办机构保留其基本养老保险关系,保存其全部参保缴费记录及个人账户,个人账户储存额继续按规定计息。农民工返回城镇就业并继续参保缴费的,无论其回到原参保地就业还是到其他城镇就业,均按前述规定累计计算其缴费年限,合并计算其个人账户储存额,符合待遇领取条件的,与城镇职工同样享受基本养老保险待遇;农民工不再返回城镇就业的,其在城镇参保缴费记录及个人账户全部有效,并根据农民工的实际情况,或在其达到规定领取条件时享受城镇职工基本养老保险待遇,或转入新型农村社会养老保险。

(三) 自行提高企业基本养老金水平问题

各地不能自行提高企业基本养老金水平。根据国务院《关于深化企业职工养老保险制度改革的通知》(国发〔1995〕6号)和《关于建立统一的企业职工基本养老保险制度的决定》(国发〔1997〕26号)的有关规定,各地区调整企业离退休人员基本养老金要在国家政策指导下进行。

(1) 未经批准,各地区不得自行提高企业离退休人员基本养老金待遇水平。

(2) 企业基本养老金待遇水平的调整,由劳动和社会保障部与财政部根据实际情况,参照城市居民生活费用价格指数和在职职工工资增长情况提出调整总体方案,报国务院批准后统一组织实施;各地区制定的具体实施方案,报劳动和社会保障部、财政部审批后执行。

(3) 各地区要按照国务院及有关部门的要求,认真清理和规范基本养老保险统筹项目,不得擅自将统筹外项目转为统筹内项目,也不得自行调整企业缴费比例。确需调整统筹项目和企业缴费比例的,要报劳动保障部、财政部批准。

2001年7月,国务院专门下发《关于各地不得自行提高企业基本养老金待遇水平的通知》(国发〔2001〕50号),通知明确强调要严格依据国务院《关于深化企业职工养老保险制度改革的通知》(国发〔1995〕6号)和《关于建立统一的企业职工基本养老保险制度的决定》(国发〔1997〕26号)的有关规定,各地不得自行提高基本养老金待遇,各地区调整企业离退休人员基本养老金要在国家政策指导下进行。

(四)审批职工退休要注意的问题

审批职工退休时主要注意所需证明材料、档案是否符合退休要求。

(1)对职工出生时间的认定,实行居民身份证与职工档案相结合的办法。当本人的身份证与档案记载的出生时间不一致时,以本人档案最先记载的出生时间为准。要加强对居民身份证和职工档案的管理,严禁随意更改职工出生时间和编造档案。

(2)职工因病或者非因工致残完全丧失劳动能力,统一由地市级劳动保障部门制定的县级以上医院负责医疗诊断,并出具证明。非指定医院出具的证明一律无效。

(3)劳动和社会保障部门要加强对特殊工种的管理和审批工作。设有特殊工种的企业,每年要向地市级劳动保障部门报送特殊工种名录、实际用工人数及在特殊工种岗位工作的人员名册及其从事特殊工种的时间。按特殊工种退休条件办理退休的职工,从事高空和特别繁重体力劳动的必须在该工种岗位上工作累计满10年,从事井下和高温工作的必须在该工种岗位工作累计满9年,从事其他有害身体健康工作的必须工种岗位上工作累计满8年。

原劳动部门和有关行业主管部门批准的特殊工种,随着科技进步和劳动条件的改善,需要进行清理和调整。新的特殊工种名录由劳动和社会保障部会同有关部门清理审定后予以公布,公布之前暂按原特殊工种名录执行。

(五)除名、自动离职职工重新参加工作后的工龄计算问题

原劳动人事部在《关于印发〈国营企业辞退违纪职工暂行规定〉若干问题解答的通知》中明确规定:职工被辞退前的工龄以及重新就业后的工龄合并计算。

原劳动部办公厅在《关于自动离职与旷工除名如何界定的复函》中明确:"因自动离职处理发生争议应按除名争议处理",即也应合并计算工龄。

对于除名职工连续工龄计算时效的溯及力问题,应从各地实行职工个人缴纳养老保险费的时间,作为除名职工计算连续工龄的起始时间。

(六) 被法院宣告死亡的离退休人员养老待遇问题

宣告死亡是死亡的一种特殊形式,是指自然人离开住所,下落不明达到法定期限,经利害关系人申请,由人民法院宣告其死亡的法律制度,即通过法定程序确定失踪人死亡。[1] 宣告死亡具有同普通死亡相同的法律效果,人力资源和社会保障部于2010年4月12日回复安徽省人力资源社会保障厅的函件中规定[2]:

> 基本养老金是离退休人员基本生活的保障。离退休人员因失踪等原因被暂停发放基本养老金的,之后被人民法院宣告死亡,其间被暂停发放的基本养老金不再予以补发;离退休人员被人民法院宣告死亡后,其家属应按规定领取丧葬补助费和一次性抚恤金。当离退休人员再次出现或家属能够提供其仍具有领取养老金资格证明的,经社会保险经办机构核准后,应补发其被暂停发放的基本养老金,在被暂停发放基本养老金期间国家统一部署调整基本养老金的,也应予以补调。

(七) 退休人员被判刑后养老保险待遇问题

对于退休人员在退休之后因违法犯罪活动被判处拘役、有期徒刑及以上刑罚的养老保险金的问题,原劳动和社会保障部于2001年3月8日回复黑龙江省劳动和社会保障厅的《关于已领取养老金人员涉嫌犯罪被通缉或在押未定罪期间养老金发放问题的请示》(黑劳社呈〔2001〕5号)函件中答复:

退休人员被判处拘役、有期徒刑及以上刑罚或被劳动教养[3]的,服刑或劳动教养期间停发基本养老金,服刑或劳动教养期满后可以按服刑或劳动教养前的标准继续发给基本养老金,并参加以后的基本养老金调整。

退休人员在服刑或劳动教养期间死亡的,其个人账户储存额中的个人缴费部分本息可以继承,但遗属不享受相应待遇。退休人员被判处管制、有期徒刑宣告缓刑和监外执行的,可以继续发给基本养老金,但不参与基本养老金调整。退休人员因涉嫌犯罪被通缉或在押未定罪期间,其基本养老金暂停发放。如果法院判其无罪,被通缉或羁押期间的基本养老金予以补发。

---

[1] 魏振瀛主编:《民法》(第四版),北京大学出版社、高等教育出版社2010年版,第55页。
[2] 《关于因失踪被人民法院宣告死亡的离退休人员养老待遇问题的函》(人社厅函〔2010〕159号)。
[3] 废止劳动教养制度是我国保障公民人权的重大举措。2013年11月15日公布的中共中央《关于全面深化改革若干重大问题的决定》提出,废止劳动教养制度。2013年12月28日全国人大常委会通过了《关于废止有关劳动教养法律规定的决定》,这意味着已实施五十多年的劳教制度被依法废止。劳教废止前依法作出的劳教决定有效;劳教废止后,对正在被依法执行劳动教养的人员,解除劳动教养,剩余期限不再执行。

四、机关事业单位养老保险制度改革

(一)机关事业单位养老改革背景

长期以来我国养老退休金制度方面存在典型的"双轨制"运行,所谓养老金的双轨制是指企业和机关事业单位实行两套退休养老制度,对于企业员工来讲,其养老金由企业和职工双方共同缴纳,职工在退休时享受养老保险金。而对于机关事业单位工作人员来说,在岗时无需缴纳任何费用,其退休金主要来源于财政负担。这两种制度长期并存导致社会矛盾日益突出。

实际上我国现行的企业养老金制度正是经历了一系列艰难改革之后才得以形成现在的局面。进入 20 世纪 90 年代我国企业退休人员不断增多,无论是国有企业还是民营企业每年都需要支付数额庞大的且不断攀升的退休费,企业要想发展必须控制成本,减轻高昂的养老金支付所带来的经营困境。为改变长期以来企业养老金由企业单一承担的局面,减轻企业压力,降低企业经营成本,增强经济发展的活力,帮助企业建立一套科学有效的养老金保险运行机制,我国企业养老金改革先于机关事业单位养老金改革先行开展。经过多年的调整,截止到目前,我国企业职工退休养老金制度运行稳健,其最主要特征是由企业和职工共同缴纳基本养老费,此种缴费方式既扩大了企业职工退休金的来源,同时显著减轻了企业的经济压力。

但是,机关事业单位工作人员的养老金制度改革始终停滞不前,长期以来机关事业单位工作人员在职工作时无需缴纳任何养老费用,在退休后根据在职时岗位、级别等因素分档计算,每月大致可以领取在职时月工资水平的80%—90%的养老金,这种养老金制度不仅造成财政负担的加剧,而且忽视了公平和效率,扩大了行业和地区的养老金差异。

随着国务院《关于机关事业单位工作人员养老保险制度改革的决定》(以下简称《决定》)从 2014 年 10 月 1 号开始实施,开启了机关事业单位养老保险改革的序幕,本决定适用于按照公务员法管理的单位、参照公务员法管理的机关(单位)、事业单位及其编制内的工作人员,因此 3000 多万机关事业单位人员养老告别"免缴费"时代,机关事业单位及其工作人员应按规定及时足额缴纳养老保险费,《决定》出台后,各地纷纷制定具体的实施办法,截至 2015 年 12 月 31 日,全国共有 21 个省市制定了具体的实施办法。

(二)机关事业单位工作人员养老保险改革的基本原则

(1) 公平与效率相结合。改革希望既体现国民收入再分配更加注重公平的要求,又体现工作人员之间贡献大小差别,建立待遇与缴费挂钩机制,多缴多得、长缴多得,提高单位和职工参保缴费的积极性。

(2) 权利与义务相对应。机关事业单位工作人员要按照国家规定切实履行缴费义务,享受相应的养老保险待遇,形成责任共担、统筹互济的养老保险筹资和分配机制。

(3) 保障水平与经济发展水平相适应。立足社会主义初级阶段基本国情,合理确定基本养老保险筹资和待遇水平,切实保障退休人员基本生活,促进基本养老保险制度可持续发展。

(4) 改革前与改革后待遇水平相衔接。立足增量改革,实现平稳过渡。对改革前已退休人员,保持现有待遇并参加今后的待遇调整;对改革后参加工作的人员,通过建立新机制,实现待遇的合理衔接;对改革前参加工作、改革后退休的人员,通过实行过渡性措施,保持待遇水平不降低。

(5) 解决突出矛盾与保证可持续发展相促进。统筹规划、合理安排、量力而行,准确把握改革的节奏和力度,先行解决目前城镇职工基本养老保险制度不统一的突出矛盾,再结合养老保险顶层设计,坚持精算平衡,逐步完善相关制度和政策。

(三) 改革后的机关事业单位工作人员养老金的缴纳

根据《决定》要求,改革后的机关事业单位开始实行社会统筹与个人账户相结合的基本养老保险制度。基本养老保险费由单位和个人共同负担。单位缴纳基本养老保险费(以下简称单位缴费)的比例为本单位工资总额的20%,个人缴纳基本养老保险费(以下简称个人缴费)的比例为本人缴费工资的8%,由单位代扣。按本人缴费工资8%的数额建立基本养老保险个人账户,全部由个人缴费形成。个人工资超过当地上年度在岗职工平均工资300%以上的部分,不计入个人缴费工资基数;低于当地上年度在岗职工平均工资60%的,按当地在岗职工平均工资的60%计算个人缴费工资基数。

个人账户储存额只用于工作人员养老,不得提前支取,每年按照国家统一公布的记账利率计算利息,免征利息税。参保人员死亡的,个人账户余额可以依法继承。

(四) 改革后机关事业单位工作人员养老金的计发办法

(1) 新人新制度。本决定实施后参加工作、个人缴费年限累计满15年的人员,退休后按月发给基本养老金。基本养老金由基础养老金和个人账户养老金组成。退休时的基础养老金月标准以当地上年度在岗职工月平均工资和本人指数化月平均缴费工资的平均值为基数,缴费每满1年发给1%。个人账户养老金月标准为个人账户储存额除以计发月数,计发月数根据本人退休时城镇人口平均预期寿命、本人退休年龄、利息等因素确定。

(2)中人逐步过渡。本决定实施前参加工作、实施后退休且缴费年限(含视同缴费年限,下同)累计满15年的人员,按照合理衔接、平稳过渡的原则,在发给基础养老金和个人账户养老金的基础上,再依据视同缴费年限长短发给过渡性养老金。具体办法由人力资源社会保障部会同有关部门制定并指导实施。

本决定实施后达到退休年龄但个人缴费年限累计不满15年的人员,其基本养老保险关系处理和基本养老金计发比照《实施〈中华人民共和国社会保险法〉若干规定》(人力资源和社会保障部令第13号)执行。

(3)老人老办法。本决定实施前已经退休的人员,继续按照国家规定的原待遇标准发放基本养老金,同时执行基本养老金调整办法。

(4)离休人员。机关事业单位离休人员仍按照国家统一规定发给离休费,并调整相关待遇。

(五)机关事业单位职业年金制度

《决定》中的焦点问题之一即建立职业年金制度。职业年金制度在国外已经实施多年,在我国养老保险体系中还是一个全新的概念,通常认为职业年金具有丰富养老保险层次、增加养老金、减轻财政负担以及人力资源管理方面的作用。有学者认为,职业年金作为一种补充养老保险,通过在机关事业单位中普遍建立职业年金制度,可使得这次基本养老制度改革前跟改革后的待遇水平不变或基本上不变,甚至是略有上升,这样可以解决公平性问题。[①]

1. 职业年金的概念

根据《机关事业单位职业年金办法》的定义,职业年金,是指机关事业单位及其工作人员在参加机关事业单位基本养老保险的基础上,建立的补充养老保险制度。职业年金是与企业年金相对应的年金形式,作为补充养老保险制度,职业年金的建立丰富了机关事业单位养老体系的层次,进一步保障了机关事业单位工作人员退休后的生活水平,其适用的单位和工作人员范围与参加机关事业单位基本养老保险的范围一致。

作为补充养老保险的重要形式,职业年金最主要的特点就是其福利性。创立职业年金的目的就是为了提高机关事业单位退休人员的养老金水平,使得相关退休人员在退休后的生活能够得到保障,因此构成单位薪酬福利管理的重要部分。其次,职业年金具有强制性。职业年金与企业年金较大的不同之处在于

---

① 参见贾国强:《养老保险制度改革正式破冰》,央广网,访问地址:http://finance.cnr.cn/jjpl/20150115/t20150115_517435962_1.shtml?rdmx=924220839,最后访问时间2016年10月20日。

职业年金是法律强制规定的结果,要求单位和员工强制参与,而企业年金具有协商性质,是企业和员工在协商一致后的成果,企业可以根据实际经营状况等因素决定是否建立企业年金。三是职业年金的激励性。职业年金与机关事业单位人员的服务时间长短、业绩等指标挂钩,具有较强的激励特征。

2. 职业年金的缴纳

《机关事业单位职业年金办法》第4条规定,职业年金所需费用由单位和工作人员个人共同承担。单位缴纳职业年金费用的比例为本单位工资总额的8%,个人缴费比例为本人缴费工资的4%,由单位代扣。单位和个人缴费基数与机关事业单位工作人员基本养老保险缴费基数一致。

根据经济社会发展状况,国家适时调整单位和个人职业年金缴费的比例。

3. 职业年金基金

职业年金基金由单位缴费、个人缴费、职业年金基金投资运营收益、国家规定的其他收入四项内容组成。基金采用个人账户方式管理,个人缴费实行实账积累。对财政全额供款的单位,单位缴费根据单位提供的信息采取记账方式,每年按照国家统一公布的记账利率计算利息,工作人员退休前,本人职业年金账户的累计储存额由同级财政拨付资金记实;对非财政全额供款的单位,单位缴费实行实账积累。实账积累形成的职业年金基金,实行市场化投资运营,按实际收益计息。

职业年金基金投资管理应当遵循谨慎、分散风险的原则,保证职业年金基金的安全性、收益性和流动性。职业年金基金的具体投资管理办法由人力资源和社会保障部、财政部会同有关部门另行制定。

单位缴费按照个人缴费基数的8%计入本人职业年金个人账户;个人缴费直接计入本人职业年金个人账户。

职业年金基金的投资运营收益,按规定计入职业年金个人账户。

4. 职业年金的转移

工作人员变动工作单位时,职业年金个人账户资金可以随同转移。工作人员升学、参军、失业期间或新就业单位没有实行职业年金或企业年金制度的,其职业年金个人账户由原管理机构继续管理运营。新就业单位已建立职业年金或企业年金制度的,原职业年金个人账户资金随同转移。

5. 职业年金的领取条件

根据《机关事业单位职业年金办法》的规定,领取职业年金需符合下列条件之一:

(1)工作人员在达到国家规定的退休条件并依法办理退休手续后,由本人选择按月领取职业年金待遇的方式。可一次性用于购买商业养老保险产品,依据保险契约领取待遇并享受相应的继承权;可选择按照本人退休时对应的计发月数计发职业年金月待遇标准,发完为止,同时职业年金个人账户余额享有继承权。本人选择任一领取方式后不再更改。

(2) 出国(境)定居人员的职业年金个人账户资金,可根据本人要求一次性支付给本人。

(3) 工作人员在职期间死亡的,其职业年金个人账户余额可以继承。

未达到上述职业年金领取条件之一的,不得从个人账户中提前提取资金。

6. 职业年金的投资、托管

职业年金基金应当委托具有资格的投资运营机构作为投资管理人,负责职业年金基金的投资运营;应当选择具有资格的商业银行作为托管人,负责托管职业年金基金。委托关系确定后,应当签订书面合同。职业年金基金必须与投资管理人和托管人的自有资产或其他资产分开管理,保证职业年金财产独立性,不得挪作其他用途。

第四讲　医疗保险权

一、医疗保险权概述

疾病与人身伤害是人的一生最为常见的风险,治疗疾病与身体伤害是社会生活的重要活动,因此产生的大量费用却严重阻碍了人们对幸福生活的追求,因此,法律强制赋予劳动者医疗保险权利在缓解家庭医疗压力方面具有重要作用。医疗保险权是社会保险权的最重要组成部分之一,也是现阶段我国社会保险权不断健全、完善的关键问题。

医疗保险权是指人们在生病或者非因工负伤需要治疗时,由国家或社会为其提供必需的医疗服务及物质帮助的一种权利。我国劳动者的医疗保险权主要依靠目前建立的医疗保险制度来实现权利目的。

按照我国的立法规定,我国劳动者依法享有医疗保险权主要依托我国现有的医疗保险制度。我国医疗保险制度主要包括城镇职工基本医疗保险、城镇居民基本医疗保险以及新型农村合作医疗(以下简称"新农合")三种保险制度。三种制度相互促进和补充,共同推进我国基本医疗保险制度的发展。据统计,截至2016年9月底,我国参与基本医疗保险的人数达到6.98亿人,比2015年底增加了3247万人,近7亿参保居民的背后是国家为劳动者编织的一张巨大的医疗保险防护网,为人们的健康保驾护航。

由于传统户籍观念的主导,我国的居民医疗保险制度长期坚持城镇居民基本医疗保险和新型农村合作医疗两种制度双线运行,虽同为我国居民医疗保险,但是却由不同部门管理运行,城镇居民基本医疗保险由人力资源和社会保障部门管理运行,而农村合作医疗则由卫生计生部门管理实施,这种重复投入、多头建设的运行模式不仅造成了财政资源、人力资源的浪费,更导致了农村居民和城镇居民享有医疗资源的不公平,为实现城乡居民公平享有基本医疗保险权益,国务院要求通过整合城镇居民医保和新农合两项制度,全面建立统一的城乡居民基本医疗保险制度,并统一由人力资源和社会保障部门(以下简称人社部门)管理。为此,国务院发布了《关于整合城乡居民基本医疗保险制度的意见》(国发〔2016〕3号,以下简称《意见》)。《意见》印发以来,河北、内蒙古、新疆、北京、广西等8省(自治区、直辖市)先后正式出台文件,对本省整合城乡居民医保制度作出规划部署,天津、上海、浙江、山东、广东等9省在国务院文件发布前已全面实现制度整合,以上17个省均突破医疗保险城乡分割的体制机制障碍,明确将整合后统一的城乡居民基本医疗保险制度划归人社部门管理,实现了全民基本医疗保险制度乃至整个社会保险制度的统一管理。

整合的目的就是推动保障更加公平、管理服务更加规范、医疗资源利用更加有效,促进全民医疗保障体系持续健康发展。但是由于涉及城乡居民医保政策拟订、医保经办服务设计、医保信息系统开发对接和医保基金审计、整改等工作,因此在全国各省市全面推开统一的城乡居民基本医疗保险之前,未改革的省市依然需要执行《社会保险法》中关于新农合和城镇居民基本医疗保险制度的相关规定。

根据我国《社会保险法》第23条规定,我国职工享受医疗保险权利,即职工应当参加职工基本医疗保险,由用人单位和职工按照国家规定共同缴纳基本医疗保险费。需要注意,这里的职工指的是城镇职工。无雇工的个体工商户、未在用人单位参加职工基本医疗保险的非全日制从业人员以及其他灵活就业人员可以参加职工基本医疗保险,由个人按照国家规定缴纳基本医疗保险费。

根据我国《社会保险法》第25条规定,不仅作为城镇职工的劳动者享有医疗保险权,我国城镇居民也享有医疗保险权,为保障作为劳动者的城镇居民权利,我国建立和完善城镇居民基本医疗保险制度。城镇居民基本医疗保险实行个人缴费和政府补贴相结合。对于城镇居民中享受最低生活保障的人、丧失劳动能力的残疾人、低收入家庭60周岁以上的老年人和未成年人等所需个人缴费部分,由政府给予补贴。

根据我国《社会保险法》第24条规定,不仅城镇的各类劳动者通过国家立法享受到医疗保险制度,我国农村存在的大量劳动者也同样享受医疗保险权,农村劳动者医疗保险权的实现主要依托新型农村合作医疗制度,即指由政府组织、引导、支持,农民自愿参加,个人、集体和政府多方筹资,以大病统筹为主的农民医疗互助共济制度。采取个人缴费、集体扶持和政府资助的方式筹集资金。

二、城镇职工医疗保险权

(一) 城镇职工医疗保险缴费主体

城镇职工作为劳动者,根据法律的规定享有医疗保险权。我国《社会保险法》第23条规定,职工应当参加职工基本医疗保险,由用人单位和职工按照国家规定共同缴纳基本医疗保险费。但是生活中很多用人单位以各种理由和方式逃避缴纳医疗保险费,使劳动者不能及时享受医疗保险带来的优惠,劳动者权益受到很大的侵犯。事实上,如果用人单位不为劳动者及时足额缴纳医疗保险费,最终承担不利后果的仍然是用人单位自身,因此用人单位抱存侥幸心理终究伤己。

下文列举出三则真实案例,以供读者参考。

案例链接 4.1

吕某某与鹤壁市某中学医疗保险待遇纠纷案

案号:(2011)山民初字第 1797 号

原告:吕某某

被告:鹤壁市某中学

原告诉称:2005 年 11 月 10 日,我接受被告雇佣,负责学校的烧锅炉、清渣、运煤、修理暖气管道等工作,被告每天支付我 16 元工资,我在工作期间,被告没有依法为我缴纳任何社会保险。2006 年 2 月 24 日晚,被告通知我加班,我在加班回家途中被不明身份的歹徒击伤脑部致残,案发后公安机关一直没有破案。因被告未给我缴纳社会保险费用,因此我无法享受社会保险待遇,故诉至法院,要求被告给付看病所花费医疗费 8 万多元。

被告某中学辩称:对原告受伤一事深表同情,但让被告承担赔偿医疗费的诉讼请求没有法律依据。(1)原告的起诉已经超过诉讼时效;(2)原告的受伤不是在上下班途中,即使是加班,九点半离开学校,十一二点受伤,其间间隔两个小时,也不能认定为工伤,而且原告受伤是因歹徒袭击造成,公安机关现在还没有破案,不应由学校承担赔偿责任。

法院认定的事实:

2005 年 11 月 10 日,原、被告之间签订用工合同,被告将原告聘用为工作人员,负责烧锅炉、清渣、修理管道等附属设施的工作,合同期为 2005 年 11 月 10 日至 2006 年 3 月 10 日。2006 年 2 月 24 日晚,原告被不明身份的歹徒袭击脑部致残,公安机关至今未破案。被告在原告工作期间未给原告缴纳医疗保险及其他社会保险。[1]

解析:本案中的争议焦点主要有两点:(1)原告的起诉是否超过法律规定的诉讼时效;(2)被告是否应该赔偿原告的医疗损失以及损失的数额是否合理。

鹤壁市山城区人民法院认为,根据我国《劳动法》第 72、73 条规定,用人单位和劳动者必须依法参加社会保险,缴纳社会保险费。劳动者在患病、负伤等情况下依法享有社会保险待遇。另外,国务院《关于建立城镇职工基本医疗保险制度的决定》同时也规定了城镇所有用人单位及职工必须都要参加基本医疗保险。原告吕某某与被告某中学签订了用工合同后,双方建立了劳动关系,被告应为原

---

[1] 参见《吕某某与鹤壁市第二中学医疗保险待遇纠纷一案》,110 网,访问地址:http://www.110.com/panli/panli_33988637.html,最后访问时间 2014 年 3 月 20 日。

告缴纳包括医疗保险在内的各种社会保险。

最高人民法院《关于审理劳动争议案件适用法律若干问题的解释(三)》第1条规定,劳动者以用人单位未为其办理社会保险手续,且社会保险经办机构不能补办导致其无法享受社会保险待遇为由,要求用人单位赔偿损失而发生争议的,人民法院应予以受理。本案中,因被告未给原告缴纳医疗保险费,导致原告在意外受伤后无法享受医疗保险待遇,且在本案中公安机关未能破案,查不到实际侵权人,故被告应对原告的医疗费损失承担赔偿责任。因此原告要求被告赔偿医疗费用8万多元的诉讼请求,鹤壁市山城区法院予以支持。

被告辩称原告提起的诉讼已超过诉讼时效。经法院审理查明,原告受伤后,因伤势严重,除住院治疗外,至今仍须康复治疗,案发后公安机关一直在侦破此案,原告也就此案多次找学校协商处理,原告曾于2008年12月向本院提起诉讼,后因未先仲裁而撤诉。原告向鹤壁市山城区劳动争议仲裁委员会申请仲裁,该委员会于2009年9月15日作出不予受理案件通知书。

我国《劳动争议调解仲裁法》第27条规定:劳动争议申请仲裁的时效为1年。仲裁时效从劳动者知道或者应当知道其权利被侵害之日起计算。前款规定的仲裁时效,因当事人一方向另一方主张权利,或者向有关部门请求权利救济,或者对方当事人同意履行义务而中断。从中断之日起,仲裁时效期间重新计算。原告的实际情况符合上述规定,并未超过诉讼时效。故被告的辩称于法无据,法院不予采信。

法院最终判决被告鹤壁市某中学于本判决生效之日起10日内赔偿原告吕某某医疗费损失8万多元。通过该案件可以看出,本案是典型的单位未为其职工缴纳医疗保险费而引起的纠纷。原告在无法享受医疗保险待遇的情况下,向法院提起诉讼并最终得到法院的支持。

案例链接 4.2
单位未缴医疗保险费,医疗保险待遇由单位承担

蒋某是江苏籍人士,于2009年8月进入上海某门窗公司工作,工作岗位是销售经理。公司和蒋某口头约定年薪为11万,每月支付5000元,年底一次性结清剩余工资。公司没有和蒋某签订任何书面劳动合同,也未为其缴纳保险,工资都是以现金的形式发放并由蒋某签收。

蒋某工作非常努力,还经常义务加班,在蒋某的努力下,公司的销售业绩也明显好转。可是天有不测风云,就在2010年6月初,蒋某从外地出差回来感觉身体不适,于是到医院检查,结果被告知得了严重疾病,而且已经到了晚期。蒋某伤心欲绝,可更让她气愤的是由于公司没有给自己缴纳保险导致自己的医疗费没法报销。蒋某找公司理论,却被要求结清所有的工资走人。蒋某很无奈,于是想到应该拿起法律武器维护自己的合法权益,在家人的建议下蒋某委托律师向单位所在地的劳动仲裁委员会提起了劳动仲裁,并提起了以下申诉请求:(1)要求公司支付未签订劳动合同的双倍工资差额;(2)要求公司支付因未缴纳保险而导致的医疗待遇损失;(3)要求公司补缴保险;(4)要求公司支付单方解除劳动关系的经济补偿金。①

解析:仲裁庭经过审理后认为,公司并没有足够证据证明是蒋某拒签劳动合同,公司没有为蒋某缴纳保险导致其不能依法享受医疗待遇存在过错;公司在蒋某还在法定医疗期内就解除其劳动关系的做法也不符合法律规定。经过仲裁庭的多次主持调解,公司和蒋某最终达成了调解协议:由公司为蒋某补缴保险并一次性支付其补偿金9万元。

案例链接4.3

成都某食品有限公司与林女士劳动争议纠纷案

案号:(2007)成民终字第1600号

上诉人(原审被告):成都某食品有限公司

被上诉人(原审原告):林女士

林女士与包某系夫妻关系。某食品公司于1995年8月8日设立,林女士夫妇作为公司股东之一即日起在公司上班,与该食品公司建立了事实上的劳动关系。2001年1月公司进行名称变更,在工商登记里,林女士不再是公司股东身份,其丈夫包某仍然是公司股东。林女士在公司一直担任公司配送部经理兼出纳职务,根据该公司的"各职务员工基本工资参照表",林女士工资待遇为每月2000元,该参照表同时规定"各股东及其妻子在公司上班期间的工资均按本表执行,按惯例暂不在当月发放,发放时间可根据其个人需要时再定"。2004年5月9日,食品公司免去了林女士在公司配送部出纳的职务。2005年4月29日,公司作出任命书,任命了李某为公司物流部经理,实际上免去了林女士的经理职务。食品公司于2005年6月停缴了林女士的各项社保费用。基本医疗保险是林女士于2006年3月20日自行缴纳的。2006年3月10日至8月23日林女士因病住院,共用医疗费用81219.86元。②

---

① 参见俞敏:《未缴社保,医疗保险待遇由单位承担》,华律网2010年10月11日,访问地址:http://www.66law.cn/goodcase/8072.aspx,最后访问时间2014年3月2日。

② 参见《成都某食品有限公司与林女士劳动争议纠纷》,法律图书馆,访问地址:http://www.lawlib.com/cpws/cpws_view.asp?id=200401225159,最后访问时间2013年12月26日。

解析：本案件有两项争议焦点：一是双方的劳动关系是否解除；二是食品公司是否应当赔偿林女士的医疗费用。

劳动关系的认定：法院认为林女士于1995年8月即在公司工作，一直担任公司配送部经理兼出纳职务，向公司提供了有偿劳动，接受公司的管理，双方建立了合法的劳动关系。公司免去的只是林女士的职务，根据民事诉讼"谁主张、谁举证"的原则，食品公司并没有举证证明解除了与林女士之间的劳动关系，因此并双方仍然存在劳动关系。

医疗费用的承担：根据法律、法规规定食品公司应当为林女士缴纳医疗保险，但一直未予缴纳，直到2006年3月20日才由林女士自行缴纳，致使其因病住院的费用无法通过社会保险报销，故公司应当向林女士赔偿损失81219.86元。

（二）城镇职工医疗保险的覆盖范围

我国《社会保险法》扩大了职工基本医疗保险的覆盖范围，不再根据企业性质不同而区分职工，无论是国有企业、集体企业、外商投资企业、私营企业等、机关、事业单位、社会团体、民办非企业单位及其职工，还是无雇工的个体工商户、城镇个体经济组织业主及其从业人员等灵活就业人员，无论企业效益如何，作为劳动者的职工都有权参加城镇职工医疗保险，享受城镇职工医疗保险权益。

需要注意的是，乡镇企业及其职工、城镇个体经济组织业主及其从业人员是否参加基本医疗保险由各省级人民政府确定。

案例链接 4.4

"临时工"是否拥有社会医疗保障权？

林某毕业于某职业技术学院，2002年经朋友介绍来到南方某城市，在一家电子公司做打单员，双方口头约定以完成的工作量多少来计算报酬。3个月后的一天，林某在上班时间突发阑尾炎，公司迅速将她送到附近医院治疗，并垫付了住院费2000元。不久后，林某病愈出院，急忙赶到公司上班。公司财务处通知她这个月的工资被扣除2000元，抵销公司垫付的住院费。林某忙拿出住院时的各种账单要求公司财务报销，却被告知林某是公司的临时聘用人员，而对"临时工"的医药费公司是不予报销的，公司从成立以来就没有这个先例。林某又来到该市医疗保险经办机构查询，发现公司也没有给林某这批临时工投保。[1]

---

[1] 参见《"临时工"是否拥有社会医疗保障权？》，找法网，访问地址：http://china.findlaw.cn/laodongfa/shehuibaoxian/36499.html，最后访问时间2016年11月10日。

解析：本案中林某与公司之间已建立劳动关系，因此公司应与林某签订劳动合同，且按照法律规定为林某缴纳社会保险费。

首先要明确"临时工"的概念，"临时工"曾是我国计划经济体制下，区别于当时长期固定工而言的一种用工形式，一般指企事业单位临时聘用的短期工人，也包含事业单位、国有企业里的非在编人员。原劳动部办公厅对辽宁省劳动厅《关于临时工的用工形式是否存在等问题的请示》的复函（劳办发〔1996〕215号）中回复：《劳动法》实施后，所有用人单位与职工全面实行劳动合同制度，在用人单位各类职工享有的权利是一样的，因此，过去意义上相对于正式工而言的临时工已经不复存在，用人单位在临时性岗位上用工，可以在劳动合同期限上有所区别。

我国《劳动合同法》实施后，更在法律上强调已无临时工、正式工之区分，只有劳动合同期限长短之分，用人单位必须与劳动者签订劳动合同，不能以临时岗位为由拒签。许多用工单位把过去的"临时工"转变为"劳务派遣人员"。劳务派遣人员在不少领域成为临时工的新形态。但在实际生活中仍大量存在临时工，分布在建筑、餐饮、保洁、护理等低端劳动力市场，他们收入偏低、社会保障不健全。

案例链接 4.5

职工在试用期内，可不参加医疗保险吗？

李某于2001年1月23日进入一家中外合资公司市场部负责某省市场营销工作。公司口头约定两个月的试用期，试用期满后经考试合格正式签订劳动合同，并享受各种福利待遇，试用期间只发给月基本工资800元，其他概不负责。李某求职心切，在没有和公司签订任何书面协议也没有约定具体考核办法的情况下开始正式上班。同年4月8日，按当初的口头约定，李某的试用期应该结束了。可公司通知李某：经考核，李某不能胜任公司市场营销工作。解除了和李某的劳动关系，并结算工资2000元，医疗保险也没有缴纳。李某不服，来到劳动保障部门咨询，试用期内的医疗保险是不是应该由公司缴纳？[①]

解析：生活中很多劳动者都会遭遇和李某类似的情况，尤其是在中小企业，用人单位和劳动者之间以口头形式约定试用期，在试用期过后以不能胜任岗位要求为由解除与劳动者的劳动合同，而在工作期间用人单位除了支付给劳动者劳动报酬外，通常以试用期间双方劳动关系尚未最终确定为由拒绝给劳动者缴

---

① 参见《职工在试用期内，可不参加医疗保险吗？》，找法网，访问地址：http://china.findlaw.cn/laodongfa/shehuibaoxian/36500.html，最后访问时间2016年11月10日。

纳相应的社会保险费用,这是对劳动法上试用期错误理解的典型表现。

劳动法上的试用期是用人单位对劳动者是否符合单位或者岗位要求而进行的考核,同时也是劳动者和用人单位之间进行双向选择的途径,我国《劳动法》第21条规定劳动合同可以约定试用期,试用期最长不超过6个月。试用期只是对劳动关系未来稳定性的一种考量,无法否决其是劳动合同期限的一部分。劳动者在试用期内,应依法享有相应的社会保险权利。一旦用人单位与劳动者建立劳动关系以后,即使劳动者属于试用期间,用人单位仍然有义务为劳动者缴纳养老、失业等社会保险费用。用人单位如有违反法律、法规及合同约定的行为并对劳动者造成损害的,劳动者有权依法获得赔偿。企业为员工缴纳社会保险的法定前提是存在劳动关系,与是否在试用期内没有直接关联关系。因此,企业应及时为新入职员工进行社保登记,依法缴纳社会保险,避免不必要的法律责任。

(三) 城镇职工医疗保险的筹资方式

城镇职工享受医疗保险待遇主要指从医疗保险基金中获得利益。医疗保险基金由统筹基金和个人账户两部分构成。职工的个人缴费全部计入个人账户,用人单位的缴费一部分划入个人账户,比例一般为用人单位缴费的30%左右,具体比例由各统筹地区确定。另一部分用于建立统筹基金,并且统筹基金的建立全部来源于单位的缴费。

城镇职工若要享受医疗保险权益,就必须履行一定的义务,即缴纳个人的基本医疗费。有关城镇职工医疗保险的缴费年限和缴费比例,都有相应的规定。我国《社会保险法》第27条规定,参加职工基本医疗保险的个人,达到法定退休年龄时累计缴费达到国家规定年限的,退休后不再缴纳基本医疗保险费,按照国家规定享受基本医疗保险待遇;未达到国家规定年限,可以缴费至国家规定年限。2001年以前的退休人员,个人不缴纳基本医疗保险费,只缴纳大额医疗互助资金的每月3元,可以享受退休人员的待遇。2001年以后退休的参保人员,退休时累计缴费年限,男满25年,女满20年,可享受退休人员基本医疗待遇,不足上述年限的,须由参保人员按规定补足,然后可以享受退休人员基本医疗待遇。

根据1998年国务院《关于建立城镇职工基本医疗保险制度的决定》规定,基本医疗保险费由用人单位和职工共同缴纳。用人单位缴费率应控制在职工工资总额的6%左右,职工缴费率一般为本人工资收入的2%。随着经济发展,用人单位和职工缴费率可作相应调整。因此,由于经济发展水平的差异,全国各地的缴费比例有较大差异。

(四) 医疗保险的支付范围

我国《社会保险法》第 28 条规定,符合基本医疗保险药品目录、诊疗项目、医疗服务设施标准以及急诊、抢救的医疗费用,按照国家规定从基本医疗保险基金中支付。超出部分,基本医疗保险基金不予支付。

对于个人账户,如果参保人员在基本医疗保险定点医疗机构就医、购买药品,可以通过刷卡等方式直接付费。在非定点医疗机构就医和非定点医疗机构发生的医药费,除符合转诊等规定条件外,基本医疗保险基金不予支付。

(五) 医疗费用的结算方式

我国《社会保险法》第 29 条规定,参保人员医疗费用中应当由基本医疗保险基金支付的部分,由社会保险经办机构与医疗机构、药品经营单位直接结算。

社会保险行政部门和卫生行政部门应当建立异地就医医疗费用结算制度,方便参保人员享受基本医疗保险待遇。

案例链接 4.6

异地出差住院费用结算

王某为某设备厂职工,2010 年受单位指派去外省短期出差,出差过程中突发心肌梗死紧急住院,住院一周共花费医药费 7000 元,问外地就医若没有提前联系医疗保险机构,医疗费用是否报销?

张某为某家电销售公司经理,因公司为开展新片区的业务,遂将其调至西安市,由于属于业务发展期,张某已在该城市工作长达 1 年半,单位一直未调动其工作地点,但是张某的社保关系都还在东莞市企业总部所在地,张某若在西安生病需要住院治疗,费用如何报销结算?

林某为河北衡水市某银行退休职工,退休后跟随子女去上海生活,现在长期居住在上海,对于林某而言,若生病需要住院治疗,医疗住院费用该如何结算?[①]

一般情况下,异地就医在非紧急情况下,应当先与其参保地医疗保险经办机构取得联系,否则异地治疗不能享受医疗保险待遇。根据人社部、财政部 2009 年发布的《关于基本医疗保险异地就医结算服务工作的意见》第 3 条规定:参保人员短期出差、学习培训或者度假期间,在异地发生疾病并就地紧急诊治发生的医疗费用,一般由参保地按参保地规定报销。参保人员因当地医疗条件所限需

---

① 异地出差住院费用结算中三则案例的来源为笔者自己改编。

异地转诊的,医疗费用结算按照参保地有关规定执行。参保地负责审核、报销医疗费用。有条件的地区可经地区间协商,订立协议,委托就医地审核。

所以,只有在紧急情况下,可以就近治疗。治疗后,凭借治疗医院出具的相关凭证向医疗保险经办机构按规定报销。本案中的王某符合紧急情况下的就近治疗,在获得医院相关有效的治疗凭证后可以进行申报报销。

并且,对于异地长期居住的退休人员在居住地就医,常驻异地工作的人员在工作地就医,原则上执行参保地政策。参保地经办机构可采用邮寄报销、在参保人员较集中的地区设立代办点、委托就医地基本医疗保险经办机构代管报销等方式,改进服务,方便参保人员,这种方式在我国广东省范围内开展得较为成功,因为广东省消化了全国各地尤其像安徽、河南等农业省份大量劳动者,所以很多市县都开设了代办点为同一地区人员较为集中的人群服务,并收到良好效果。

(六) 不纳入医保基金支付范围的费用和医保基金的追偿权

有些特殊情况下产生的医疗费用,并不由医保基金支付,医保基金若先行支付,有权向第三人追偿。我国《社会保险法》第 30 条规定,下列医疗费用不纳入基本医疗保险基金支付范围:(1) 应当从工伤保险基金中支付的;(2) 应当由第三人负担的;(3) 应当由公共卫生负担的;(4) 在境外就医的。

医疗费用依法应当由第三人负担,第三人不支付或者无法确定第三人的,由基本医疗保险基金先行支付。基本医疗保险基金先行支付后,有权向第三人追偿。

(七) 哪些诊疗项目不能由基本医疗保险支付

生活中经常有患者发出疑问,我们医疗活动中产生的挂号费、医生的出诊费、购买的各种体检项目以及一些矫形手术到底能不能由基本医疗保险支付。根据原劳动与社会保障部等部门于 1999 年联合发布的《关于城镇职工基本医疗保险诊疗项目管理的意见》规定,所谓的基本医疗保险诊疗项目是指符合以下条件的各种医疗技术劳务项目和采用医疗仪器、设备与医用材料进行的诊断、治疗项目:(1) 临床诊疗必需、安全有效、费用适宜的诊疗项目;(2) 由物价部门制定了收费标准的诊疗项目;(3) 由定点医疗机构为参保人员提供的定点医疗服务范围内的诊疗项目。

同时,劳动和社会保障部采用排除法分别规定基本医疗保险不予支付费用的诊疗项目范围和基本医疗保险支付部分费用的诊疗项目范围。

对于国家基本医疗保险诊疗项目范围规定的基本医疗保险不予支付费用的诊疗项目,各省可适当增补,但不得删减。对于国家基本医疗保险诊疗项目范围规定的基本医疗保险支付部分费用的诊疗项目,各省可根据实际适当调整,但必须严格控制调整的范围和幅度。

（八）住院的床位费是否由医疗保险基金支付

住院必定会产生床位费或者急诊留观床位费,这些费用实际上医保基金也给予支付。根据原劳动和社会保障部等1999年联合发布的《关于确定城镇职工基本医疗保险医疗服务设施范围和支付标准的意见》规定:基本医疗保险医疗服务设施是指由定点医疗机构提供的,参保人员在接受诊断、治疗和护理过程中必需的生活服务设施。

基本医疗保险医疗服务设施费用主要包括住院床位费及门(急)诊留观床位费。对已包含在住院床位费或门(急)诊留观床位费中的日常生活用品、院内运输用品和水、电等费用,基本医疗保险基金不另行支付,定点医疗机构也不得再向参保人员单独收费。

但有些生活服务项目和服务设施费,医疗保险基金不予支付,主要包括:(1)就(转)诊交通费、急救车费;(2)空调费、电视费、电话费、婴儿保温箱费、食品保温箱费、电炉费、电冰箱费及损坏公物赔偿费;(3)陪护费、护工费、洗理费、门诊煎药费;(4)膳食费;(5)文娱活动费以及其他特需生活服务费用。

其他医疗服务设施项目是否纳入基本医疗保险基金支付范围,由各省(自治区、直辖市,下同)劳动保障行政部门规定。

（九）如何管理与支付城镇职工医疗保险的账户

根据国务院《关于建立城镇职工基本医疗保险制度的决定》的规定,要建立基本医疗保险统筹基金和个人账户。基本医疗保险基金由统筹基金和个人账户构成。职工个人缴纳的基本医疗保险费,全部计入个人账户。与单位缴纳的养老保险费不同的是,用人单位缴纳的基本医疗保险费分为两部分,一部分用于建立统筹基金,一部分划入个人账户。划入个人账户的比例一般为用人单位缴费的30%左右,具体比例由统筹地区根据个人账户的支付范围和职工年龄等因素确定。

案例链接 4.7

账户管理与支付

某职工在一个年度内到规定的定点医疗机构,看了一次门诊,发生医疗费用200元;两次住院发生医疗费用分别为20000元和10000元,其中两次住院分别发生超出基本医疗保险药品目录和诊疗项目等费用2000元和1000元;当地统筹支付范围按照门诊和住院划分,住院起付标准第一次为800元,第二次为500元,统筹支付范围费用的支付比例为90%,最高支付限额为20000元。那么,这些医疗费用该怎样支付呢?

（1）门诊的医疗费用将直接由个人账户支付，如果该职工个人账户有500元，则支付200元，尚有300元结余。

（2）对第一次住院费用20000元，需要先扣除超过基本医疗保险支付范围医疗费用2000元，再扣除起付标准800元，对剩余部分的医疗费用的17200元，将有统筹基金支付15480元。

（3）对第二次住院费用的10000元，需要先扣除超过基本医疗支付范围医疗费用1000元，再扣除起付标准500元，对剩余部分的医疗费用的8500元，可由统筹基金支付7650元。但是，由于第一次住院已经由统筹基金支付15480元，而最高支付限额为20000元，因此，对第二次住院费用也只能由统筹基金支付4520元。

（4）从该职工全年医疗费用负担情况来看，总共花费医药费30200元，统筹基金支付了20000元，个人账户可支付500元，个人需负担9700元。[①]

我国在医疗费用报销制度上使用的是"先治病，后报销"的医疗费用结算、报销制度。在总的支付费用结算出来之后，根据费用的多少，由统筹基金和个人账户分别结算。根据国务院《关于建立城镇职工基本医疗保险制度的决定》的规定，统筹基金和个人账户要划定各自的支付范围，分别核算，不得互相挤占。要确定统筹基金的起付标准和最高支付限额，起付标准原则上控制在当地职工年平均工资的10%左右，最高支付限额原则上控制在当地职工年平均工资的4倍左右。起付标准以下的医疗费用，从个人账户中支付或由个人自付。起付标准以上、最高支付限额以下的医疗费用，主要从统筹基金中支付，个人也要负担一定比例。超过最高支付限额的医疗费用，可以通过商业医疗保险等途径解决。统筹基金的具体起付标准、最高支付限额以及在起付标准以上和最高支付限额以下医疗费用的个人负担比例，由统筹地区根据以收定支、收支平衡的原则确定。

（十）领取失业保险金人员参加职工基本医疗保险问题

失业在活跃的市场经济时代已成为常见现象，但是这些需要领取失业保险金的人群仍然面临参加职工基本医疗保险的问题，那么这类人群如何缴费，缴纳多少费用都是普遍化的问题，因此根据人社部2011年发布的《关于领取失业保险金人员参加职工基本医疗保险有关问题的通知》规定，主要具体内容如下：

（1）参保地。领取失业保险金人员应按规定参加其失业前失业保险参保地

---

① 参见郭静安：《五险一金：理论·制度·实践》，经济科学出版社2013年版，第5页。

的职工医保,由参保地失业保险经办机构统一办理职工医保参保缴费手续。

(2) 费用支出。领取失业保险金人员参加职工医保应缴纳的基本医疗保险费从失业保险基金中支付,个人不缴费。

(3) 缴费比例。领取失业保险金人员参加职工医保的缴费率原则上按照统筹地区的缴费率确定。缴费基数可参照统筹地区上年度职工平均工资的一定比例确定,最低比例不低于60%。

失业保险经办机构为领取失业保险金人员缴纳基本医疗保险费的期限与领取失业保险金期限相一致。

(4) 停止缴费的情形。领取失业保险金人员出现法律规定的情形或领取期满而停止领取失业保险金的,失业保险经办机构为其办理停止缴纳基本医疗保险费的相关手续。

失业保险经办机构应将缴费金额、缴费时间等有关信息及时告知医疗保险经办机构和领取失业保险金人员本人。

停止领取失业保险金人员按规定相应参加职工医保、城镇居民基本医疗保险或新型农村合作医疗。

(5) 缴费年限的计算。领取失业保险金人员参加职工医保的缴费年限与其失业前参加职工医保的缴费年限累计计算。

(6) 医疗保险待遇的享有。领取失业保险金人员参加职工医保当月起按规定享受相应的住院和门诊医疗保险待遇,享受待遇期限与领取失业保险金期限相一致,不再享受原由失业保险基金支付的医疗补助金待遇。

(7) 职工医保关系随失业保险关系转移。领取失业保险金人员失业保险关系跨省、自治区、直辖市转入户籍所在地的,其职工医保关系随同转移,执行转入地职工医保政策。应缴纳的基本医疗保险费按转出地标准一次性划入转入地失业保险基金。转入地失业保险经办机构按照当地有关规定为领取失业保险金人员办理职工医保参保缴费手续。

转出地失业保险基金划转的资金缴纳转入地职工医保费的不足部分,由转入地失业保险基金予以补足,超出部分并入转入地失业保险基金。

(十一) 流动就业人员基本医疗保障关系的移转接续问题

我国存在大量的流动就业人员,市场经济越是活跃,人员的流动性就越大,那么这类人群的医疗保险关系转移便具有重要意义。如何转移和接续流动就业人员的医疗保险关系,2010年7月1日起实施的《流动就业人员基本医疗保障关系转移接续暂行办法》给出了详细的解答。

城乡各类流动就业人员按照现行规定相应参加城镇职工基本医疗保险、城镇居民基本医疗保险或新型农村合作医疗,不得同时参加和重复享受待遇。各地不得以户籍等原因设置参加障碍。

1. 农村户籍人员的医疗选择

农村户籍人员在城镇单位就业并有稳定劳动关系的,由用人单位按照《社会保险登记管理暂行办法》规定办理登记手续,参加就业地城镇职工基本医疗保险。

其他流动就业的,可自愿选择参加户籍所在地新型农村合作医疗或就业地城镇基本医疗保险,并按照有关规定到户籍所在地新型农村合作医疗经办机构或就业地社会(医疗)保险经办机构办理登记手续。

2. 新农合向城镇基本医疗转移

新型农村合作医疗参合人员参加城镇基本医疗保险后,由就业地社会(医疗)保险经办机构通知户籍所在地新型农村合作医疗经办机构办理转移手续,按当地规定退出新型农村合作医疗,不再享受新型农村合作医疗待遇。

3. 城镇基本医疗向新农合转移

由于劳动关系终止或其他原因中止城镇基本医疗保险关系的农村户籍人员,可凭就业地社会(医疗)保险经办机构出具的参保凭证,向户籍所在地新型农村合作医疗经办机构申请,按当地规定参加新型农村合作医疗。

4. 城镇基本医疗的跨区域流动

城镇基本医疗保险参保人员跨统筹地区流动就业,新就业地有接收单位的,由单位按照《社会保险登记管理暂行办法》的规定办理登记手续,参加新就业地城镇职工基本医疗保险;

无接收单位的,个人应在中止原基本医疗保险关系后的3个月内到新就业地社会(医疗)保险经办机构办理登记手续,按当地规定参加城镇职工基本医疗保险或城镇居民基本医疗保险。

5. 关系及账户的转移

城镇基本医疗保险参保人员跨统筹地区流动就业并参加新就业地城镇基本医疗保险的,由新就业地社会(医疗)保险经办机构通知原就业地社会(医疗)保险经办机构办理转移手续,不再享受原就业地城镇基本医疗保险待遇。建立个人账户的,个人账户原则上随其医疗保险关系转移划转,个人账户余额(包括个人缴费部分和单位缴费划入部分)通过社会(医疗)保险经办机构转移。

6. 参保凭证的出具

参保(合)人员跨制度或跨统筹地区转移基本医疗保障关系的,原户籍所在地或原就业地社会(医疗)保险或新型农村合作医疗经办机构应在其办理中止参保(合)手续时为其出具参保(合)凭证,并保留其参保(合)信息,以备核查。新就业地要做好流入人员的参保(合)信息核查以及登记等工作。

(十二) 企业能否建立补充医疗保险

(1) 按规定参加各项社会保险并按时足额缴纳社会保险费的企业,可自主决定是否建立补充医疗保险。企业在按规定参加当地基本医疗保险,用于对城镇职工基本医疗保险制度支付以外由职工个人负担的医疗费用进行适当的补助,减轻参保职工的医疗费负担。

(2) 企业补充医疗保险费在工资总额4%以内的部分,企业可直接从成本中列支,不再经同级财政部门审批。

(3) 企业补充医疗保险办法应与当地医疗保险制度相衔接。企业补充医疗保险资金由企业或行业集中使用和管理,单独建账,单独管理,用于本企业个人负担较重职工和退休人员的医疗费补助,不得划入基本医疗保险个人账户,也不得另行建立个人账户或变相用于职工其他方面的开支。

三、城镇居民基本医疗保险权

城镇职工基本医疗保险和新农合医疗保险工作的全面展开使得城镇学生、儿童、老人等非从业城镇居民医疗问题凸现出来。2007年国务院发布了《关于开展城镇居民基本医疗保险试点的指导意见》,主要目的是解决城镇非从业居民的医疗保险问题,实现基本覆盖城乡全体居民的基本医疗保险制度。试点目标是从2007年在有条件的省份选择2、3个城市启动试点。该制度的实行保障了我国城镇居民医疗保险的全面覆盖。我国《社会保险法》第25条规定,国家建立和完善城镇居民基本医疗保险制度。

(一) 城镇居民基本医疗保险参保对象

本讲所探讨的劳动者医疗保险权主要依托城镇职工医疗保险和新农合医疗保险实现权利内容,虽然城镇居民医保制度主要保障学生等其他非从业人群的医疗保险权益,但是从长远角度看,城镇居民医保同样造福于劳动者。城镇居民医保参保范围主要是不属于城镇职工基本医疗保险制度覆盖范围的中小学阶段的学生(包括职业高中、中专、技校学生)、少年儿童和其他非从业城镇居民都可自愿参加城镇居民基本医疗保险。学生人群是城镇居民基本医疗的重要参保对象,占据了参保人口的大多数,现阶段,全国范围内基本实现了各类学生的基本医疗保险全覆盖,学生作为受益者,在遭遇疾病时,可以享受到城镇居民基本医保带来的实惠。

(二) 城镇居民基本医保费用收取和支付

案例链接 4.8
杨某与被告怀化市鹤城区医疗保险管理局不履行法定职责案

案号:(2012)怀鹤行初字第56号
原告:杨某
被告:怀化市鹤城区医疗保险管理局

原告杨某于 2012 年 9 月 17 日向怀化市鹤城区医疗保险管理局提出报销本人因病住院医疗费 2041.28 元的申请。被告在原告起诉之前未作出处理决定。

原告杨某诉称,原告于 2009 年 5 月 14 日参加居民医保,至 2012 年的四年间,共缴纳四笔医疗保险费,符合一年一缴的缴费规定。2012 年 9 月 3 日,原告生病住院治疗 7 天,共花费医疗费 3140.43 元。因医疗账户被被告冻结,原告出院办理结账手续时,只能按照自费医疗结账。原告要求被告报销医疗费,被告却以原告在上年度没有缴纳医保费为由拒绝报销。2012 年 9 月 17 日,原告再次要求报销医疗费,但被告至今没有回复。

被告怀化市鹤城区医疗保险管理局辩称,根据《怀化市城镇居民基本医疗保险暂行办法》《怀化市城镇居民基本医疗保险实施细则》的规定,原告应于 2011 年 10 月 1 日至 12 月 30 日前缴纳 2012 年度的医疗保险费,而原告 2012 年 9 月 6 日才按规定补缴了该年度的费用。原告虽已参保,但未按时参加基本医疗保险费,应从期满的下月起停止享受城镇居民基本医疗保险待遇,再按要求参保的,于缴费时间内交清历年欠缴全部费用 90 天后方可享受待遇。因原告未按照规定缴费,其要求报销医疗费不符合有关规定。

法院经审理,确认了以下事实:

怀化市鹤城区城镇居民基本医疗保险启动期为 2007 年 10 月 1 日至 2008 年 3 月 31 日。原告杨某与 2009 年 5 月 14 日首次参加怀化市基本医疗保险,当日缴纳了 2009 年度的医疗保险费 160 元。此后,原告于 2009 年 12 月 12 日、2010 年 12 月 16 日分别缴纳了次年的医疗保险费 160 元。2012 年 9 月 3 日、9 月 6 日,原告杨某先后两次向被告在中国工商银行天星坪支行的账号各存入 160 元,共计 320 元。9 月 6 日,被告向原告杨某开具了一份 320 元的社会保险基金收款收据。上述两笔款项由被告在原告杨某所持的医保手册中缴费登记表上记载为 2012 年、2013 年度医疗保险费。

2012 年 9 月 3 日,原告杨某因病在怀化市第三人民医院住院治疗,至 9 月 10 日出院,共花费医疗费 3140.43 元。原告出院后,多次向被告提出报销住院医疗费的申请,被告均以不符合有关规定拒绝。

法院认为:参照湖南省人民政府《湖南省城镇居民基本医疗保险试点实施办法(试行)》第2条第5项"城镇居民基本医疗保险以市为统筹单位,实行属地管理,对县市区的具体管理办法由各统筹地区根据实际情况确定"的规定,怀化市人民政府制定的《怀化市城镇居民基本医疗保险暂行办法》以及怀化市劳动和社会保障局、怀化市财政局制定的《怀化市城镇居民基本医疗保险实施细则》,是调整怀化市城镇居民基本医疗保险的行政规范性文件。

从被告开具的社会保险基金收款收据和医保手册记载的内容看,原告杨某2009年5月首次参加医保所缴医疗保险费160元,载明的缴费年度为2009年,依照《怀化市城镇居民基本医疗保险实施细则》第8条第2款:"属于城镇医疗参保对象但未在规定期限内参保的,今后参保,从缴费的90天后享受城镇居民基本医疗保险待遇"的规定,原告于2009年8月12日即可享受该年度的医保待遇。此后,原告按期缴纳了2010年度、2011年度的医疗保险费后,但未在规定的时间内(2011年10月1日至12月30日)缴纳2012年度的医疗保险费,直到2012年才补缴。因此原告关于其缴费情况符合一年一缴规定的主张不能成立。

依照《怀化市城镇居民基本医疗保险实施细则》第8条第5款:"已参保人员未按时足额缴纳基本医疗保险费的,从下月起停止享受城镇居民基本医疗保险待遇,再要求参保的,于缴费时间内交清历年所欠缴的全部费用90天后方可享受待遇"的规定,原告超期后再补缴基本医疗保险费,属于再次参保行为,其2012年9月因病住院治疗时,尚未达到享受医保待遇的时限,故被告对其不予支付城镇医疗保险待遇的具体行政行为符合上述规定,客观上不存在不履行法定义务的情形。

综上所述,原告关于被告不同意为其报销住院费的具体行政行为违法的主张不成立,被告不予报销原告的住院医疗费的具体行政行为合法,故对原告要求报销的请求予以驳回。

据此,根据最高人民法院《关于执行〈中华人民共和国行政诉讼法〉若干问题的解释》第56条第1项、第57条第1款之规定,法院判决如下:确认怀化市鹤城区医疗保险管理局不予报销原告杨某住院医疗费的具体行政行为合法;驳回原告杨某要求被告怀化市鹤城区医疗保险管理局报销住院医疗费2041.43元的诉讼请求。

原告不服提出上诉,该案件于2013年5月20日由怀化市中院作出终审判决,判决驳回上诉,维持原判。[①]

---

① 参见北大法宝,访问地址:http://www.pkulaw.cn/fulltext_form.aspx?Db=pfnl&Gid=119293284&keyword=&EncodingName=%&Search_Mode=accurate,最后访问时间2013年12月25日。

解析:本案是城镇居民未及时缴纳医疗保险费导致不能享受医疗保险待遇的典型案件。通过研究本案例,可以看出医疗保险费的缴纳和保险待遇的享受条件因各地情况不同而区别对待。各地根据经济、人口情况制定符合当地标准的实施细则。本案中原告未能在当地行政性规范文件规定的时间内缴纳医疗保险费,因此不能在遭遇疾病时享受相应的城镇居民医疗保险待遇。

1. 城镇居民基本医疗保险缴费

城镇居民基本医疗保险以家庭缴费为主,政府给予适当补助。参保居民按规定缴纳基本医疗保险费,享受相应的医疗保险待遇,有条件的用人单位可以对职工家属参保缴费给予补助。国家对个人缴费和单位补助资金制定税收鼓励政策。

以武汉市为例,2016年7月1日之前,武汉市城镇居民医保缴费标准分三种:武汉地区高等学校在校大学生、各类中小学阶段的在校学生、少年儿童及其他18周岁以下的居民,个人缴费标准为每人每年60元;18周岁及以上的非从业居民等个人缴费标准为每人每年500元;本市城镇户籍,未按月享受养老金或退休金待遇的60周岁及以上老人等,个人缴费标准为每人每年100元。2016年6月,武汉市人社局发布《关于调整城镇居民基本医疗保险个人缴费相关政策的通知》,2017年度城镇居民基本医疗保险个人缴费标准调整为185元,7月1日起开始缴纳2017年度居民医保费。调整后,上述三类人群的医保个人缴费标准从定额缴费调整为按比例缴费,为上上年度(n-2,n指享受待遇年度)城乡居民人均可支配收入的0.57%,按此标准,2017年度医保个人缴费金额为185元。对于原本低档位缴费的居民来说,缴费标准将有所提高;而对于原来高档位缴费的居民来说,缴费标准或有所降低。城镇户籍低保人员、重度残疾人个人不缴费,由政府补贴。

2016年各级财政对居民医保的补助标准在2015年380元的基础上提高40元,达到每人每年420元。其中,中央财政对120元基数部分按原有比例补助,对增加的300元按照西部地区80%、中部地区60%的比例补助,对东部地区各省份分别按一定比例补助。居民个人缴费在2015年人均不低于120元的基础上提高30元,达到人均不低于150元。

2. 费用支付

以武汉市为例,根据湖北省人民政府办公厅2016年6月发布的《湖北省整合城乡居民基本医疗保险制度工作方案》,要求2017年全省城镇居民医保和新农合完成合并,实施统一的城乡居民医保制度,住院报销比例统一在75%左右。

而上海市规定,对参保人员每次住院(含急诊观察室留院观察)所发生的医疗费用,设起付标准,一级医疗机构50元,二级医疗机构100元,三级医疗机构300元。超过起付标准的部分,由城乡居民医保基金按照一定比例支付,剩余部分由个人自负。其中,城乡居民医保基金支付比例为:60周岁及以上人员、以及重残人员,在社区卫生服务中心(或者一级医疗机构)住院的支付90%,在二级医疗机构住院的支付80%,在三级医疗机构住院的支付70%;60周岁以下人员,在社区卫生服务中心(或者一级医疗机构)住院的支付80%,在二级医疗机构住院的支付75%,在三级医疗机构住院的支付60%。

(三) 城镇居民基本医疗保险的门诊统筹

开展门诊统筹的目的是保障居民在门诊上治疗小病时也能享受到优惠政策。逐步将门诊小病医疗费用纳入基金支付范围。

1. 门诊统筹的原则

开展门诊统筹应坚持以下原则:坚持基本保障,重点保障群众负担较重的门诊多发病、慢性病,避免变成福利补偿;坚持社会共济,实现基金调剂使用和待遇公平,坚持依托基层医疗卫生资源,严格控制医疗服务成本,提高基金使用效率。

根据城镇居民基本医疗保险基金支付能力,在重点保障参保居民住院和门诊大病医疗支出的基础上,逐步将门诊小病医疗费用纳入基金支付范围。城镇居民基本医疗保险基金要坚持收支平衡的原则,门诊统筹所需费用在城镇居民基本医疗保险基金中列支,单独列账。

2. 门诊统筹的基本要求

根据指导意见的内容,我国各地根据各自实际情况正逐步开展门诊统筹项目,建立门诊统筹可以从慢性病发生较多的老年人起步,也可以从群众反映负担较大的多发病、慢性病做起。门诊统筹可以单独设立起付标准、支付比例和最高支付限额,具体可由各统筹地区根据实际合理确定。门诊统筹支付水平要与当地经济发展和医疗消费水平相适应,与当地城镇居民基本医疗保险筹资水平相适应。

3. 开展门诊统筹的机构

开展门诊统筹应充分利用社区卫生服务中心(站)等基层医疗卫生机构和中医药服务。将符合条件的基层医疗卫生机构纳入基本医疗保险定点范围。起步阶段,门诊统筹原则上用于在定点基层医疗卫生机构发生的门诊医疗费用,随着分级诊疗和双向转诊制度的建立完善,逐步将支付范围扩大到符合规定的转诊费用。同时,要通过制定优惠的偿付政策,提供方便快捷的服务,鼓励和引导参保居民充分利用基层医疗卫生服务。各级卫生行政部门要合理设置基层医疗卫生机构,促进基层医疗卫生机构与转诊医疗机构的分工合作,探索建立分级诊疗制度及转诊相关管理办法和标准。统筹地区人力资源社会保障部门要会同卫生行政部门共同探索首诊和转诊的参保人员就医管理办法,促进建立双向转诊制度。

4. 门诊统筹的资金来源

根据人社部 2011 年发布的《关于普遍开展城镇居民基本医疗保险门诊统筹有关问题的指导意见》,门诊统筹所需资金由居民医保基金解决。各地要综合考虑居民医疗需求、费用水平、卫生资源分布等情况,认真测算、合理安排门诊和住院资金。2011 年新增财政补助资金,在保证提高住院医疗待遇的基础上,重点用于开展门诊统筹。

门诊统筹立足保障参保人员基本医疗需求,主要支付在基层医疗卫生机构发生的符合规定的门诊医疗费用,重点保障群众负担较重的多发病、慢性病。困难地区可以从纳入统筹基金支付范围的门诊大病起步逐步拓展门诊保障范围。

5. 门诊统筹的支付比例

合理确定门诊统筹支付比例、起付标准(额)和最高支付限额。对在基层医疗卫生机构发生的符合规定的医疗费用,支付比例原则上不低于 50%;累计门诊医疗费较高的部分,可以适当提高支付比例。对于在非基层医疗机构发生的门诊医疗费用,未经基层医疗机构转诊的原则上不支付。根据门诊诊疗和药品使用特点,探索分别制定诊疗项目和药品的支付办法。针对门诊发生频率较高的特点,可以采取每次就诊定额自付的办法确定门诊统筹起付额。要根据基金承受能力,综合考虑当地次均门诊费用、居民就诊次数、住院率等因素,合理确定门诊统筹最高支付限额,并随着基金承受能力的增强逐步提高。要结合完善就医机制,统筹考虑门诊、住院支付政策,做好相互之间的衔接,提高基金使用效率。

对恶性肿瘤门诊放化疗、尿毒症透析、器官移植术后抗排异治疗、糖尿病患者胰岛素治疗、重性精神病人药物维持治疗等特殊治疗,以及在门诊开展比住院更经济方便的部分手术,要采取措施鼓励患者在门诊就医。各地可以针对这些特殊治疗和手术的特点,单独确定定点医疗机构(不限于基层医疗机构),并参照住院制相应的管理和支付办法,减轻他们的医疗费用负担。

(四)门诊、住院以及门诊大病的医疗费用支付的办法

1. 门诊医疗费用的支付

要结合居民医保门诊统筹的普遍开展,适应基层医疗机构或全科医生首诊制的建立,探索实行以按人头付费为主的付费方式。实行按人头付费必须明确门诊统筹基本医疗服务包,首先保障参保人员基本医疗保险甲类药品、一般诊疗费和其他必需的基层医疗服务费用的支付。要通过签订定点服务协议,将门诊统筹基本医疗服务包列入定点服务协议内容,落实签约定点基层医疗机构或全科医生的保障责任。

2. 住院及门诊大病医疗费用的支付

要结合医疗保险统筹基金支付水平的提高,探索实行以按病种付费为主的付费方式。按病种付费可从单一病种起步,优先选择临床路径明确、并发症与合并症少、诊疗技术成熟、质量可控且费用稳定的常见病、多发病。同时,兼顾儿童白血病、先天性心脏病等当前有重大社会影响的疾病。具体病种由各地根据实际组织专家论证后确定。有条件的地区可逐步探索按病种分组(DRGs)付费的办法。生育保险住院分娩(包括顺产、器械产、剖宫产)医疗费用,原则上要按病种付费的方式,由经办机构与医疗机构直接结算。暂不具备实行按人头或按病种付费的地方,作为过渡方式,可以结合基金预算管理,将现行的按项目付费方式改为总额控制下的按平均定额付费方式。

四、新型农村合作医疗

资料链接 4.1

54 岁的唐林是黑龙江鹤岗市东山区蔬园乡盛源村人,两年前确诊为尿毒症,每年近 6 万元的血液透析费用让原本不富裕的家庭雪上加霜。2013 年,唐林参加了新型农村合作医疗,唐林说:"原来都是自费的,一年 5—6 万块钱,加入新农合了,一年给我报销 5 万块钱,减轻了我的经济负担和思想压力,使我重新有了对生活的信心和勇气。"[①]

我国农村居民是劳动者群体的重要组成部分,新农合制度的建立和完善对我国农村劳动者来讲具有重大意义,缓解了农民就医的压力,使农民更好地享受医疗服务。新农合具体指由政府组织、引导、支持,农民自愿参加,个人、集体和政府多方筹资,以大病统筹为主的农民医疗互助共济制度。新农合是由我国农民自己创造的互助共济的医疗保障制度,在保障农民获得基本卫生服务、缓解农民因病致贫和因病返贫方面发挥了重要的作用。但是随着各省市紧锣密鼓地推进落实统一城乡居民基本医疗保险制度,新农合这一具有中国特色的农村居民基本医疗保险制度即将退出历史舞台,但对于尚未提出统一城乡居民基本医疗保险制度改革时间表的省市来说,新农合仍将发挥其重要的保障作用,保障我国农村居民享有基本医疗保障。新农合报销范围,大致包括门诊补偿、住院补偿以及大病补偿三部分。

---

① 参见许伟:《盘点 2013:新型农村合作医疗全覆盖》,中国广播网,访问地址:http://www.farmer.com.cn/xwpd/jjsn/201401/t20140106_930750.htm,最后访问时间 2014 年 1 月 11 日。

资料链接 4.2

2013年媒体一则报道令人震惊。河北清苑县臧村镇农民郑艳良患双下肢动脉栓塞,无奈的他找来一把小水果刀和一根钢锯,自己把右腿锯断了。郑艳良听大夫说,做这个手术只有20%的希望成功,费用得几十万,苦于经济困难,郑艳良放弃手术,从北京回到保定。他的妻子介绍说,其实郑艳良参加了新农合,但之前的看病费用,也不是都能报销的,报销后仍然高昂的医疗费使得郑艳良作出自己锯腿的决定。[①]

我国目前的新农合医保主要是为了达到广覆盖的目标,争取把所有人能纳进来,但是报销比例还是存在问题,相关的配套设施还不够完善。郑艳良事件实际上反映了当前的报销制度下,即使是按照一定比例全部报完,剩余部分对农民来讲依然是巨额费用,很难承受。因此完善新农合医疗保险制度,保护农村劳动者的医疗保险权益在更大程度上实现,对我国来说仍然是重要课题。

2013年10月,国家新农合信息平台开通试运行,并与北京、内蒙古、吉林、江苏、安徽、河南、湖北、湖南、海南等九个省级平台互联互通,参合农民能够通过这一平台实现异地就医及时报销。也就是说通过此平台,新型农村合作医疗不再局限于本地区,实现了跨省报销。

(一)参保范围

凡是未参加城镇职工基本医疗保险或者城镇居民基本医疗保险的农村居民,均可以家庭为单位、凭户口本在户口所在地参加新型农村合作医疗。

(二)组织管理

新农合制度以县(市)为单位进行筹资和管理,扩大了合作医疗的社会帮助、救济范围,有利于提高合作医疗抵御大病风险的能力。

省、地级人民政府成立由卫生、财政、农业、民政、审计等部门组成的农村合作协调小组,县级人民政府成立有关部门和参加合作医疗的农民代表组成的农村合作医疗管理委员会,负责有关组织、协调、管理指导工作。

(三)筹资标准

我国现阶段在不断提高新农合的筹资水平和筹资能力。新农合实行个人缴

---

① 参见汪洋:《保定硬汉自己锯断患怪病右腿》,载《燕赵晚报》2013年10月10日,访问地址:http://news.ifeng.com/society/2/detail_2013_10/10/30170890_0.shtml,最后访问时间2013年10月25日。

费、集体扶持和政府资助相结合的筹资机制。以甘肃省为例,2017年甘肃省新农合个人缴费标准将统一提高到每人每年150元。费用收缴时应当以户单位,按年度一次性缴清。2015年,新农合各级财政补助标准提高到每人每年380元。其中,基数120元部分中央财政按原有补助标准给予补助,增加的260元部分中央财政对西部地区补助80%,对中部地区补助60%,对东部地区按一定比例补助。

(四) 报销范围

新型农村合作医疗报销范围为参加人员在统筹期内因病在定点医院住院诊治所产生的药费、检查费、化验费、手术费、治疗费、护理费等符合城镇职工医疗保险报销范围的部分(有效医药费用)。

新型农村合作医疗基金支付设立起付标准和最高支付限额。医院年起付标准以下的住院费用由个人自付。同一统筹期内达到起付标准的,住院两次及两次以上所产生的住院费用可累计报销。超过起付标准的住院费用实行分段计算,累加报销,每人每年累计报销有最高限额。根据《关于整合城乡居民基本医疗保险制度的意见》规定,城乡居民医保基金主要用于支付参保人员发生的住院和门诊医药费用。稳定住院保障水平,政策范围内住院费用支付比例保持在75%左右。

(五) 资金管理

农村合作医疗基金是由农民自愿缴纳、集体扶持、政府资助的民办公助社会性资金,要按照以收定支、收支平衡和公开、公平、公正的原则进行管理,必须专款专用,专户储存,不得挤占挪用。

(1) 农村合作医疗基金由农村合作医疗管理委员会及其经办机构进行管理。农村合作医疗经办机构应在管理委员会认定的国有商业银行设立农村合作医疗基金专用账户,确保基金的安全和完整,并建立健全农村合作医疗基金管理的规章制度,按照规定合理筹集、及时审核支付农村合作医疗基金。

(2) 农村合作医疗基金中农民个人缴费及乡村集体经济组织的扶持资金,原则上按年由农村合作医疗经办机构在乡(镇)设立的派出机构(人员)或委托有关机构收缴,存入农村合作医疗基金专用账户;地方财政支持资金,由地方各级财政部门根据参加新型农村合作医疗的实际人数,划拨到农村合作医疗基金专用账户;中央财政补助中西部地区新型农村合作医疗的专项资金,由财政部根据各地区参加新型农村合作医疗的实际人数和资金到位等情况核定,向省级财政划拨。中央和地方各级财政要确保补助资金及时、全额拨付到农村合作医疗基金专用账户,并通过新型农村合作医疗试点逐步完善补助资金的划拨办法,尽可能简化程序,易于操作。要结合财政国库管理制度改革和完善情况,逐步实现财政直接支付。关于新型农村合作医疗资金具体补助办法,由财政部商有关部门研究制定。

(3) 农村合作医疗基金主要补助参加新型农村合作医疗农民的大额医疗费用或住院医疗费用。有条件的地方,可实行大额医疗费用补助与小额医疗费用补助结合的办法,既提高抗风险能力又兼顾农民受益面。对参加新型农村合作医疗的农民,年内没有动用农村合作医疗基金的,要安排进行一次常规性体检。各省、自治区、直辖市要制订农村合作医疗报销基本药物目录。各县(市)要根据筹资总额,结合当地实际,科学合理地确定农村合作医疗基金的支付范围、支付标准和额度,确定常规性体检的具体检查项目和方式,防止农村合作医疗基金超支或过多结余。

(4) 加强对农村合作医疗基金的监管。农村合作医疗经办机构要定期向农村合作医疗管理委员会汇报农村合作医疗基金的收支、使用情况;要采取张榜公布等措施,定期向社会公布农村合作医疗基金的具体收支、使用情况,保证参加合作医疗农民的参与、知情和监督的权利。县级人民政府可根据本地实际,成立由相关政府部门和参加合作医疗的农民代表共同组成的农村合作医疗监督委员会,定期检查、监督农村合作医疗基金使用和管理情况。农村合作医疗管理委员会要定期向监督委员会和同级人民代表大会汇报工作,主动接受监督。审计部门要定期对农村合作医疗基金收支和管理情况进行审计。

第五讲 工伤保险权

工伤保险权,又称为职业伤害保险权,是指劳动者在工作过程中或者在法定的情形下因工作原因发生事故或因接触职业性的有害因素,导致劳动者暂时或长期丧失劳动能力、死亡时,劳动者本人或其近亲属享有的接受医疗救助、职业康复、经济补偿等必要物质帮助的一项社会保险权利。劳动者享受工伤保险权是对劳动者在遭遇工伤或者职业病损害时的重要保障,不仅使劳动者的身心损害得以缓解,保护了劳动者工作的积极性,同时也分散了用人单位承担工伤风险的责任,更体现了社会对劳动者的关怀。目前我国劳动者享受工伤保险权利主要是依据《社会保险法》《工伤保险条例》《工伤认定办法》以及各省市《工伤保险条例》实施办法。

一、我国工伤保险制度的基本内容

(一) 参加工伤保险的人员范围以及缴费主体

根据我国《社会保险法》第 33 条规定,职工应当参加工伤保险,由用人单位缴纳工伤保险费,职工不缴纳工伤保险费。这里所说的参保人员范围根据《工伤保险条例》中的规定,主要指中华人民共和国境内的企业、事业单位、社会团体、民办非企业单位、基金会、律师事务所、会计师事务所等组织和有雇工的个体工商户应当依照本条例规定参加工伤保险,为本单位全部职工或者雇工缴纳工伤保险费。同时,根据我国《社会保险法》附则中的规定,进城务工的农村居民依照本法规定参加社会保险。征收农村集体所有的土地,应当足额安排被征地农民的社会保险费,按照国务院规定将被征地农民纳入相应的社会保险制度。外国人在中国境内就业的,参照本法规定参加社会保险。

工伤保险是社会保险的各类子保险中历史最悠久、实施范围最广泛的一项。1884 年,德国颁布的《工伤保险法》是世界上第一部工伤保险法。从工伤保险制度的发展过程来看,工伤保险待遇由工伤保险基金支付是国际惯例,原因在于工伤保险制度取代雇主责任制度是雇主风险分散的理性选择,用人单位通过缴纳少量的工伤保险费用,从而将工伤的赔偿责任从个体转移到了社会,由此工伤保险待遇也由工伤保险基金支付而无须由用人单位支付,从而使用人单位将主要精力放在单位的业务经营上。①

---

① 参见林嘉主编:《劳动法和社会保障法》,中国人民大学出版社 2012 年版,第 339 页。

1. 一般行业的缴费

对于用人单位来说,用人单位应当按照本单位职工工资总额,根据社会保险经办机构确定的费率缴纳工伤保险费。此处与养老保险和医疗保险的缴费主体存在区别,工伤保险只需有用人单位缴纳保险费。工伤保险费只由用人单位缴纳的原因在于工伤属于职业性伤害,在用人单位的指令和管理下,职工为用人单位创造财富的同时也面临着健康或生命受损的危险。一般而言,获得利益者应当承担相应的风险,工伤保险待遇具有明显的"劳动力修理与再生产投入"的性质,而工伤保险费则应视为企业生产成本的特殊组成部分。①

2. 特殊行业的缴费

当然,并非所有行业、单位的缴费都是按照本单位职工工资总额,部分行业由于其人员的大规模流动性与项目临时性等行业用工特点,根据人社部2011年《部分行业企业工伤保险费缴纳办法》的规定,人社部根据《工伤保险条例》第10条第3款的授权,制定了该办法用以解决部分行业缴费问题。

首先明确部分行业的范围,该办法所称的部分行业企业是指建筑、服务、矿山等行业中难以直接按照工资总额计算缴纳工伤保险费的建筑施工企业、小型服务企业、小型矿山企业等。前面所称小型服务企业、小型矿山企业的划分标准可以参照《中小企业标准暂行规定》(国经贸中小企〔2003〕143号)执行。

具体来讲,建筑施工企业可以实行以建筑施工项目为单位,按照项目工程总造价的一定比例,计算缴纳工伤保险费。

商贸、餐饮、住宿、美容美发、洗浴以及文体娱乐等小型服务业企业以及有雇工的个体工商户,可以按照营业面积的大小核定应参保人数,按照所在统筹地区上一年度职工月平均工资的一定比例和相应的费率,计算缴纳工伤保险费;也可以按照营业额的一定比例计算缴纳工伤保险费。

小型矿山企业可以按照总产量、吨矿工资含量和相应的费率计算缴纳工伤保险费。

3. 单位不缴纳的后果

对于用人单位而言,职工工伤保险费的缴纳具有强制性,是单位经营成本的必要支出,同时承担着重要的社会救济职能,因此,如果企业连这项最基本的、强制性的费用都不愿支出,那职工在工伤后的工伤待遇所需费用必然由单位自己承受。根据我国《社会保险法》第41条规定,职工所在用人单位未依法缴纳工伤保险费,发生工伤事故的,由用人单位支付工伤保险待遇。用人单位不支付的,从工伤保险基金中先行支付。从工伤保险基金中先行支付的工伤保险待遇应当由用人单位偿还。用人单位不偿还的,社会保险经办机构可以依照我国《社会保

---

① 参见李炳安主编:《劳动和社会保障法》,厦门大学出版社2007年版,第366页。

险法》第63条的规定追偿。

4. 保险费率的确定

现实生活中行业分工更加细化，行业间危险程度差异巨大，因此，各行业间的保险费存在明显差异。国家根据不同行业的工伤风险程度确定行业的差别费率，并根据使用工伤保险基金、工伤发生率等情况在每个行业内确定费率档次。行业差别费率和行业内费率档次由国务院社会保险行政部门制定，报国务院批准后公布施行。

社会保险经办机构根据用人单位使用工伤保险基金、工伤发生率和所属行业费率档次等情况，确定用人单位缴费费率。

5. 用人单位参保地的确定

用人单位参加工伤保险主要遵循属地管理原则。一般情况下，用人单位不分所有制形式，不分注册地层次，都应当在单位所在的工伤保险统筹地区参加工伤保险。分支机构一般作为独立的缴费单位向其所在地的社会保险经办机构单独申请办理社会保险登记。对于跨地区、生产流动性较大的行业，可以在异地以相对集中的方式参加统筹地区的工伤保险。用人单位注册地与生产经营地不在同一统筹地区的，按照注册地优先的原则参加工伤保险。未在注册地参加的，在生产经营地参加。如果职工被派遣出境工作，依据所在国家或者地区的法律应当参加当地工伤保险的，按当地法律办理，其国内保险关系中止，不能参加当地工伤保险的，其国内工伤保险关系不中止。

（二）职工享受工伤待遇的条件、流程及待遇内容

根据我国《社会保险法》规定，享受工伤待遇的条件需同时满足两个条件：（1）职工必须因工作原因受到事故伤害或者患上职业病；（2）所受伤害或所得职业病必须经过工伤认定程序。满足以上两个条件才能享受工伤保险待遇。其中，对于遭受严重伤害而经过劳动能力鉴定丧失劳动能力的，享受伤残待遇。

享受工伤待遇的主要步骤流程图：

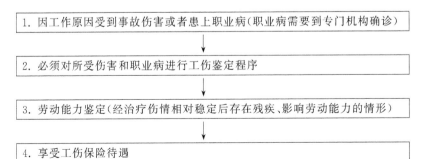

注意，根据个案具体情形的不同，每个案件所进行的程序有所区别，尤其是在产生争议，需要进行劳动仲裁、行政诉讼时，劳动者享受工伤保险待遇的路径会较为复杂，因此本流程图只作为总体参考，分析个案时要具体分析情形。

案例链接 5.1

工伤确认案

案由：盖××与北京市朝阳区人力资源和社会保障局关于工伤认定的争议

上诉人：(一审原告)盖××

被上诉人：(一审被告)北京市朝阳区人力资源和社会保障局

被上诉人：(一审第三人)××全球货运(中国)有限公司北京分公司(以下简称××北京分公司)

上诉人盖××因诉北京市朝阳区人力资源和社会保障局(以下简称朝阳区人保局)社会保障行政确认一案，不服北京市朝阳区人民法院(2014)朝行初字第329号行政判决，向北京市第三中级人民法院提起上诉。

法院审理查明：

王××系××北京分公司北方区财务经理，与该公司签订有劳动合同，该公司为王××缴纳了工伤保险。王××同事因与其联系不上，2013年5月30日中午到其北京住处惠新南里××室敲门无人应答后报警，经开锁公司打开房门后，发现王××在卫生间内死亡。2013年6月4日，北京盛唐司法鉴定所出具京盛唐司鉴所(2013)病鉴字第342号《法医病理学鉴定意见书》，对王××的鉴定意见为可排除外伤致死和中毒致死，因未行尸体解剖，无法确定具体死因，结合案情，不排除猝死。同日，朝阳公安分局出具《关于王××死亡的调查结论》和《鉴定结论通知书》，认定王××不排除猝死，该人死亡不属刑事案件。2014年1月8日，王××之妻盖××向朝阳区人保局提出工伤认定申请，并提交了《工伤认定申请表》、身份证复印件、结婚证复印件、企业信息查询单、《法医病理学鉴定意见书》、《现场勘验笔录》、《询问笔录》、体检报告等材料。朝阳区人保局于2014年1月10日向盖××作出《工伤认定申请受理决定书》，并进行送达。2014年1月29日，朝阳区人保局对××北京分公司法务部经理祖××进行调查询问，并向该公司下发了《工伤认定举证通知书》。2014年1月29日，朝阳区人保局向盖××邮寄送达《工伤认定调查通知书》，并于同年2月8日对盖××进行调查询问。2014年2月19日，朝阳区人保局对××北京分公司人力资源总监尹××进行调查询问。2014年3月5日，朝阳区人保局作出被诉不予认定工伤决定，并向盖××和××北京分公司送达。盖××不服被诉不予认定工伤决定向北京市朝阳区人民政府申请行政复议，北京市朝阳区人民政府于2014年6月25日作出朝政决字(2014)110号《行政复议决定书》，维持了被诉不予认定工伤决定。盖××仍不服,诉至一审法院。

一审法院认为,朝阳区人保局作出的被诉不予认定工伤决定认定事实清楚、适用法规正确、程序合法,依法应予维持。盖××要求撤销被诉不予认定工伤决定的诉讼理由不能成立,法院不予支持。依据《中华人民共和国行政诉讼法》第54条第(1)项的规定,判决维持朝阳区人保局作出的被诉不予认定工伤决定。

终审法院驳回上诉理由:

依照我国《工伤保险条例》第5条第2款的规定,朝阳区人保局作为盖××申请工伤认定时××北京分公司登记地的社会保险行政部门,具有受理盖××提出的工伤认定申请并依法作出工伤认定结论的法定职责。

职工被认定为工伤或者视同工伤需要符合《工伤保险条例》第14条、第15条规定的情形。本案中,根据朝阳区人保局调查情况显示,王××于2013年5月28日下午正常下班后自愿参加了北方区域总监罗××组织的聚会及其后的唱歌活动,于2013年5月30日中午被发现在其个人住所内死亡,据北京盛唐司法鉴定所出具的《法医病理学鉴定意见书》显示,王××死因排除外伤致死和中毒致死,因未行尸体解剖,无法确定具体死因,结合案情,不排除猝死。朝阳区人保局履行法定程序后,根据现有证据认定王××不符合《工伤保险条例》第14条、第15条认定工伤或视同工伤的情形,作出被诉不予认定工伤决定并无不妥。

关于盖××主张王××执行的是不定时工作制,其曾于2013年5月29日1时30分回复工作邮件,其死亡时处于工作状态,应根据《工伤保险条例》第15条第1款第(1)项之规定视同工伤的诉讼意见,本院认为,现有证据并不足以证明王××在工作时间和工作岗位突发疾病死亡,盖××的上述主张没有事实依据,本院不予支持。综上,一审法院判决维持被诉不予认定工伤决定,本院应予维持,盖××所持上诉理由及请求不成立,依照《中华人民共和国行政诉讼法》第61条第(1)项的规定,判决驳回上诉,维持一审判决。[1]

案例链接 5.2

工伤保险待遇的支付

案由:洛阳市某某金属制品有限公司与朱某工伤保险待遇纠纷
案号:(2013)洛民终字第1552号
上诉人(原审原告):洛阳市某某金属制品有限公司

---

[1] 《盖××与北京市朝阳区人力资源和社会保障局其他二审行政判决书》,案号(2015)三中行终字第89号,中国裁判文书网,访问地址:http://wenshu.court.gov.cn/content/content?DocID=cc627161-7cc6-401a-a293-a2c4cdc30786&KeyWord=%E5%B7%A5%E4%BC%A4,最后访问时间2016年10月10日。

第五讲 工伤保险权

被上诉人（原审被告）：朱某

原审法院审理查明：

被告朱某于2008年5月到原告洛阳市某某金属制品公司上班，工种为冲压工。2009年4月26日上午，被告在工作过程中被冲压机压伤左手，原告公司当即将被告送往洛钢集团公司医院进行住院治疗，医院诊断为左手严重挫裂伤。其间，医院为其做了皮瓣移植修复术和钢针内固定取出术。住院43天后，被告于2009年6月28日出院，住院费为7280.62元，全部由洛阳市某某金属制品有限公司支付。出院后，被告朱某认为自己左手拇指自关节以下被截、已构成伤残，就赔偿事宜多次找原告交涉。原告认为朱某受伤系其故意不关闭电源所致，公司为他支付了全部医疗费后，已完全尽到责任，没有义务再进行赔偿。

仲裁——劳动关系的确认：

被告遂向偃师市劳动争议仲裁委员会申请仲裁，该委员会作出偃劳仲裁字（2009）第663号仲裁裁决书，裁决被告与原告之间自2008年5月起存在事实劳动关系。

原告诉至法院，偃师市人民法院依法作出（2010）偃民初字第32号民事判决书，依法判决：（1）驳回原告诉讼请求；（2）被告与原告公司自2008年5月至2009年4月26日朱某受伤时存在事实劳动关系。原告公司不服，上诉至洛阳中院，洛阳中院依法审理后判决驳回上诉，维持一审判决。

工伤认定和劳动能力鉴定：

2010年4月8日，朱某向洛阳市人力资源和社会保障局提出工伤认定申请，该局于2010年9月29日受理了朱某的申请，并于2010年11月17日依法作出洛人社（偃）工伤认字（2010）第39号洛阳市工伤认定决定书，认定朱某所受伤害为工伤。

朱某支付鉴定费300元，2011年11月17日，洛阳市劳动能力鉴定委员会作出洛劳鉴工伤（2011）411246号洛阳市劳动能力鉴定通知书，认定朱某所受损伤构成六级伤残。洛阳市某某金属制品有限公司不服，向河南省劳动能力鉴定委员会申请重新鉴定，该委员会于2012年1月17日作出再次鉴定结论书，终局认定朱某所受损伤构成七级伤残。

仲裁——劳动关系解除以及工伤待遇的申请：

2012年4月15日，朱某向偃师市劳动争议仲裁委员会申请仲裁，要求：（1）与洛阳市某某金属制品有限公司解除劳动关系；（2）洛阳市某某金属制品有限公司支付朱某因工伤所享有工伤保险待遇。2012年8月6日，该委员会作出偃劳人仲裁字（2012）第231号仲裁裁决书，裁决：在裁决书下发之日起双方劳动关系解除；被申请人在本裁决书生效之日内为申请人支付一次性伤残补助金、一次性医疗补助金、一次性再就业补助金、停工留薪期待遇共计 142228 元。

诉讼程序：

洛阳市某某金属制品有限公司不服该仲裁裁决，于 2012 年 8 月 14 日诉至法院。

另查明，朱某在原告公司工作期间平均工资为 1642 元。

再查明，偃师统筹地区 2011 年度职工月平均工资为 2502.75 元/月。

二审法院经审理与原审法院认定的事实一致。原审法院认为，被告朱某在原告公司上班时受伤，原告公司将其送至医院并支付了全部医疗费；此后朱某再未到原告公司上班，原告公司也未向朱某支付过报酬；朱某因工伤构成伤残七级。以上事实清楚。原被告事实上已解除劳动关系，且被告系工伤，依法有享受工伤待遇的权利。原告公司没有证据证明其为朱某缴纳工伤保险费用，发生工伤后，应由原告公司支付职工应享有的工伤待遇；停工留薪期待遇 4926(1642 元×3 月)元、一次性伤残补助金 21346(1642 元×13 月)元、一次性工伤医疗补助金 30033(2505.75 元×12 月)元、一次性工伤再就业补助金 90099(2502.75 元×36 月)元。原告公司辩称朱某受伤是因为自己故意不拉电源而造成，但未提交证据证明朱某在工作中受伤系自残，对该辩诉理由不予认定。被告朱某请求的停工留薪期待遇和一次性伤残补助金低于原告公司实际应赔偿的数额且未要求原告公司负担鉴定费，是对自己权利的处分，依法予以支持。

根据《工伤保险条例》第 30 条、第 33 条、第 37 条，《河南省工伤保险条例》第 27 条，《关于印发洛阳市工伤职工停工留薪期管理办法(暂行)的通知》之规定，判决：(1)驳回原告洛阳市某某金属制品公司的请求。(2)原告与被告解除劳动关系。(3)原告自判决生效之日起 10 日内，一次性支付被告朱某停工留薪期待遇 4140.75 元、一次性伤残补助金 17943.25 元、一次性工伤医疗补助金 30033 元、一次性工伤再就业补助金 90099 元，以上合计 142216 元。(4)驳回被告朱某的其他诉讼请求。本案受理费 10 元，由原告公司承担。如未按本判决指定的期限履行金钱给付义务，则应按照我国《民事诉讼法》第 253 条的规定，加倍支付迟延履行期间的债务利息。

上诉过程中，二审法院认为原告洛阳市某某金属制品有限公司主张朱某受伤系自残所致，但原告不能提供证据证明朱某存在自残的主观故意，故法院对上诉请求法院不予支持。二审法院认为原审认定事实清楚，处理并无不当，遂驳回上诉，维持原判。[1]

---

[1] (2013)洛民终字第 1552 号洛阳市某某金属制品有限公司与朱某工伤保险待遇案，参见河南法院裁判文书网，访问地址：http//ws.hcourt.org/paperview.php？id=1098489，最后访问时间 2014 年 3 月 20 日。

以上两则案例较为完整地展示了职工在申请工伤保险待遇过程中遇到的相关问题,主要包括工伤保险待遇的内容、工伤认定以及劳动能力鉴定,下文主要介绍工伤保险待遇包含哪些内容工伤的认定程序。

1. 工伤保险待遇的内容

工伤保险待遇主要指按国家规定从工伤保险基金中支付的费用,这些费用主要包括以下内容:(1)治疗工伤的医疗费用和康复费用;(2)住院伙食补助费;(3)到统筹地区以外就医的交通食宿费;(4)安装配置伤残辅助器具所需费用;(5)生活不能自理的,经劳动能力鉴定委员会确认的生活护理费;(6)一次性伤残补助金和一至四级伤残职工按月领取的伤残津贴;(7)终止或者解除劳动合同时,应当享受的一次性医疗补助金;(8)因工死亡的,其遗属领取的丧葬补助金、供养亲属抚恤金和因工死亡补助金;(9)劳动能力鉴定费。

具体到每一项救济内容来说,职工受到事故伤害或者患职业病后,所在单位应积极救治,并在3日内用书面或者电话形式向当地社保机构报告。对于工伤的治疗,职工治疗工伤一般应当在签订服务协议的医疗机构就医,情况紧急时可以先到就近的医疗机构急救,待到生命体征稳定后再转往协议的医疗机构。对于治疗工伤所需费用符合工伤保险诊疗项目目录、工伤保险药品目录、工伤保险住院服务标准的,从工伤保险基金支付。其中工伤保险诊疗项目目录、工伤保险药品目录、工伤保险住院服务标准,由国务院社会保险行政部门会同国务院卫生行政部门、食品药品监督管理部门等部门规定。

2. 用人单位支付的待遇范围

根据中国的实际情况,在工伤保险基金支付的范围之外,因工伤发生的费用中有三项费用需要由用人单位支付:(1)治疗工伤期间的工资福利;(2)五级、六级伤残职工按月领取的伤残津贴;(3)终止或者解除劳动合同时,应当享受的一次性伤残就业补助金。

3. 工伤保险权包含的其他待遇

(1)统筹外地区就医:现实生活中,由于职工伤情的严重程度不同,在统筹地区范围内的医疗水平有限而无法积极有效治疗伤病,因此需要到统筹地区以外就医的,需要由社保机构指定的协议医疗机构提出建议,参保单位提出意见,填写《工伤职工转诊转院申请表》,再经过社保机构核准后方可前往。

(2)工伤复发治疗:很多情况下工伤并非一次治愈,或者治愈后出现复发问题,那么工伤职工因旧伤复发需要治疗的,填写《工伤职工旧伤复发治疗申请表》,由就诊的协议医疗机构提出诊断意见,经社保机构核准后到协议医疗机构就诊。如果对旧伤复发有争议,由劳动能力鉴定委员会确认。

(3)食宿交通费:职工住院治疗工伤的伙食补助费,以及经医疗机构出具证明，报经办机构同意，工伤职工到统筹地区以外就医所需的交通、食宿费用从工伤保险基金支付，基金支付的具体标准由统筹地区人民政府规定。

（4）辅助器具配置：工伤职工因日常生活或者就业需要，经劳动能力鉴定委员会确认，由参保单位或者工伤职工填写《工伤职工辅助器具配置申请表》，社保机构按照规定核准，可以到协议辅助器具配置机构安装假肢、矫形器、假眼、假牙和配置轮椅等辅助器具，所需费用按照国家规定的标准从工伤保险基金支付。

（5）康复申请：工伤职工需要进行医疗、身体机能、心理、职业康复的，填写《工伤职工康复申请表》，医疗（康复）机构提出建议，参保单位提出意见，经社保机构核准后，到协议医疗（康复）机构进行康复。工伤职工到签订服务协议的医疗机构进行工伤康复的费用，符合规定的，从工伤保险基金支付。但是，工伤职工治疗非工伤引发的疾病，不享受工伤医疗待遇，按照基本医疗保险办法处理。

（6）薪资待遇保留：职工因工作遭受事故伤害或者患职业病需要暂停工作接受工伤医疗的，在停工留薪期内，原工资福利待遇不变，由所在单位按月支付。

停工留薪期一般不超过12个月。伤情严重或者情况特殊，经设区的市级劳动能力鉴定委员会确认，可以适当延长，但延长不得超过12个月。工伤职工评定伤残等级后，停发原待遇，按照本章的有关规定享受伤残待遇。工伤职工在停工留薪期满后仍需治疗的，继续享受工伤医疗待遇。生活不能自理的工伤职工在停工留薪期需要护理的，由所在单位负责。

（7）生活护理费的发放：工伤职工已经评定伤残等级并经劳动能力鉴定委员会确认需要生活护理的，从工伤保险基金按月支付生活护理费。生活护理费按照生活完全不能自理、生活大部分不能自理或者生活部分不能自理3个不同等级支付，其标准分别为统筹地区上年度职工月平均工资的50%、40%或者30%。

（8）能否同时领取养老金和工伤津贴：按照《社会保险法》的规定，当养老金和工伤津贴发生冲突，即工伤职工符合基本养老金的条件时，停发伤残补贴，享受基本养老保险待遇。如果养老保险待遇低于伤残津贴的，从工伤保险基金中补足差额。

（三）职工工伤的认定

工伤待遇的享有需要一系列程序的运行作为保障。有关职工享受工伤保险待遇的纠纷中都会涉及工伤的认定以及劳动能力鉴定的问题，职工的工伤认定是劳动者享受工伤待遇的最重要环节,哪些情形可以被认定为工伤,哪些情形被排除在工伤之外,以及如何理解工作时间、地点和原因都是认定工伤所要考虑的重要因素。

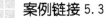 **案例链接 5.3**

工伤的认定范围

案号:(2012)濮中法行终字第 35 号

上诉人(原审原告):张某某

被上诉人(原审被告):濮阳市人力资源和社会保障局

原审第三人:河南某某铁路有限公司

张某某因濮阳市人力资源和社会保障局不予认定工伤一案,不服华龙区人民法院(2012)华法行初字第 287 号行政判决,向濮阳市中级人民法院提出上诉。

法院查明:

刘某某系河南某某铁路有限公司养路工,2011 年 12 月 27 日其感到胸口不适即请假休息。28 日晨,刘某某同工友步行上班,行至距工区 300 米处,刘某某感觉身体不适,其向工长说明情况后返回宿舍休息。上午 9 时许,刘某某请假要求到安阳医院看病,工长予以准许。当刘某某乘车行至内黄县楚旺附近时突发疾病晕倒,送至就近医院抢救无效死亡,经医院诊断致死主要疾病为:心脏骤停。

不予认定工伤:

2010 年 1 月 20 日河南省某某铁路有限公司向濮阳市人力资源和社会保障局提出工伤申请,2012 年 3 月 8 号濮阳市人力资源和社会保障局作出〔2012〕10 号河南省不予认定工伤决定,决定不予认定或者视为工伤。

判决对比:

(1)原审法院认为:《工伤保险条例》第 15 条第 1 款第 1 项规定,职工在工作时间和工作岗位,突发疾病死亡或 48 小时之内经抢救无效死亡视为工伤。本案中,刘某某在公交上突发疾病,不符合该条规定的"在工作时间和工作岗位"的情形,因此法院认为濮阳市人力资源和社会保障局作出的不予认定工伤的决定,事实清楚,适用法律正确,应予以支持。因此驳回原告张某某的诉讼请求。

(2)中级法院认为:中级法院对"工作时间和工作岗位"作了不同的解释。濮阳市中级人民法院认为,对工伤认定具体行政行为的司法审查,应当贯彻国务院《工伤保险条例》关于"保障因工作遭受事故伤害或者患职业病的职工获得医疗救治和经济补偿,促进工伤预防和职业康复,分散用人单位的工伤风险"的工伤认定及工伤保险原则。

本案中,刘某某所在线路岗位属于野外体力流动作业,其工作岗位具有特殊性,其工作地点具有流动性,2011年12月28日刘某某接受工作安排后扛着工具去具体工作地点时应视为已进入工作时间和工作岗位,刘某某身体不舒服的症状属于在工作时间、工作岗位出现的。经咨询濮阳有关医学专家,刘某某2011年12月28日上班时出现身体不舒服、心慌、出冷汗等情况,不能排除是其看病途中晕倒和心脏骤停的前期征兆,不能排除刘某某前期出现的身体不适与看病途中经抢救无效死亡之间有关联性或因果关系。因刘某某在工作时间、工作岗位出现身体不适与看病途中就医晕倒经抢救无效死亡的时间不超过48小时,濮阳市人力资源和社会保障局的不予认定工伤的决定认定刘某某不符合《工伤保险条例》第15条规定的视为工伤的情形的主要证据不足。

濮阳市中级人民法院认为原审法院驳回张某某的诉讼请求不当。因此濮阳市中级人民法院判决:撤销一审法院行政判决,同时撤销了濮阳市人力资源和社会保障局作出的不予认定工伤的决定。①

案例链接 5.4

劳动者违规操作的工伤认定

原告:魏某

被告:某家具公司

魏某是某家具公司员工,其工作岗位是在拉网机上测量网片。某日魏某上班时其好友冯某因故临时离开生产线,魏某接替冯某在操作整平机整平网片时,不慎右手被整平机压伤。经魏某向市劳动与社会保障局申请工伤认定,魏某被认定为工伤。家具公司不服,向市中级人民法院提出行政诉讼,请求撤销市劳动与社会保障局作出的企业职工工伤认定书。

法庭审理中,家具公司诉称:操作整平机不是魏某的本职工作,公司规定员工不得操作非本职工作岗位上的机器,魏某在事故发生后《工伤登记表》上按有指模承认自己因出于私人玩耍的目的,擅自操作他人的整平机不慎受伤的,故魏某属于蓄意违章,其受伤行为构成自残,劳动与社会保障部门认定魏某属于工伤证据不足。家具公司向法庭提供了工伤登记表,上面记载着魏某

---

① 参见汇法网,访问地址:http://www.lawxp.com/case/c2071149.html,最后访问时间2013年11月2日。

发生事故之日工作时因心情烦躁、工作无聊,私自放下本职工作不做而跑到不良品存放区,拿几片不需要平整的大网片,在用平整机压平网片时不慎压伤了四个手指(重伤),这种行为已经严重违反车间管理制度及机器安全操作规则,纯属蓄意违章和自残行为。魏某在登记表上按了指模,并有公司员工冯某等5人签名。

魏某辩称:事故发生时自己整平网片是工作需要。公司虽然口头要求员工不得操作非本职工作岗位上的机器,但该规定没有严格执行。家具公司工伤登记表记载事项不属实,事故发生后为及时得到救治,在家具公司的要求下就在公司提供的登记表上签署了自己的名字,登记表上签名的5人当时不在场。

法院审理后认为,魏某未经厂方安排或同意,擅自操作非本职工作的整平机,其行为违反厂规,对受伤负有一定过错责任。原告家具公司对其员工的安全生产疏于管理,厂规执行不严,对魏某受伤负有一定责任。根据《工伤保险条例》规定,对职工在工作时间、工作区域因工作原因造成的伤亡应认定为工伤,但不包括犯罪和自杀行为。根据上述规定,魏某在工作时间、工作区域、在工作中因一般违章操作而受伤,市劳动局认定为工伤是合法的。原告主张魏某在事故发生后在工伤登记表上按有指模,承认其因出于私人玩耍的目的,擅自操作他人的整平机而受伤,属蓄意违章和自残行为,从而认为魏某的受伤不是工伤。由于魏某事后否认该工伤登记表的内容,并且原告不能提供其他证据证明该表记载的内容属实,而在该表上签名作证冯某等人在魏某受伤时均不在现场,上述5人在表上作证不足以证明表上内容属实,因此市劳动局作出的工伤处理决定合法,原告起诉请求撤销市劳动局作出的工伤处理决定,法院不予支持,依照《中华人民共和国行政诉讼法》第54条第1项的规定,判决维持市劳动局作出的工伤处理决定。[1]

通过上述两个案例,我们来了解一下国务院《工伤保险条例》中规定的哪些情形应当认定为工伤,哪些情形视同为工伤,哪些情形不能认定为工伤以及我们如何对工作时间和工作场所进行理解。

1. 应当认定为工伤的情形

劳动者在工作中遭遇伤害应当认定为工伤的情形主要包括:(1)在工作时间和工作场所内,因工作原因受到事故伤害的;(2)工作时间前后在工作场所内,从事与工作有关的预备性或者收尾性工作受到事故伤害的;(3)在工作时

---

[1] 参见石晶、周永胜、林艳:《劳动用工与劳动维权案例指引》,中国民主法制出版社2009年版,第147页。

间和工作场所内,因履行工作职责受到暴力等意外伤害的;(4)患职业病的;(5)因工外出期间,由于工作原因受到伤害或者发生事故下落不明的;(6)在上下班途中,受到非本人主要责任的交通事故或者城市轨道交通、客运轮渡、火车事故伤害的;(7)法律、行政法规规定应当认定为工伤的其他情形。

针对《工伤保险条例》中列举的应当认定为工伤的情形,最高人民法院结合司法实践,针对情形中"因工外出期间""上下班途中"等容易引起争议的内容进行解释,在《关于审理工伤保险行政案件若干问题的规定》第5条规定,社会保险行政部门认定下列情形为"因工外出期间"的,人民法院应予支持:(1)职工受用人单位指派或者因工作需要在工作场所以外从事与工作职责有关的活动期间;(2)职工受用人单位指派外出学习或者开会期间;(3)职工因工作需要的其他外出活动期间。职工因工外出期间从事与工作或者受用人单位指派外出学习、开会无关的个人活动受到伤害,社会保险行政部门不认定为工伤的,人民法院应予支持。第6条规定,对社会保险行政部门认定下列情形为"上下班途中"的,人民法院应予支持:(1)在合理时间内往返于工作地与住所地、经常居住地、单位宿舍的合理路线的上下班途中;(2)在合理时间内往返于工作地与配偶、父母、子女居住地的合理路线的上下班途中;(3)从事属于日常工作生活所需要的活动,且在合理时间和合理路线的上下班途中;(4)在合理时间内其他合理路线的上下班途中。此外,根据《关于审理工伤保险行政案件若干问题的规定》第4条,社会保险行政部门认定下列情形为工伤的,人民法院应予支持:(1)职工在工作时间和工作场所内受到伤害,用人单位或者社会保险行政部门没有证据证明是非工作原因导致的;(2)职工参加用人单位组织或者受用人单位指派参加其他单位组织的活动受到伤害的;(3)在工作时间内,职工来往于多个与其工作职责相关的工作场所之间的合理区域因工受到伤害的;(4)其他与履行工作职责相关,在工作时间及合理区域内受到伤害的。

2. 视同为工伤的情形

有些情形较为特殊但仍然被视为工伤,主要包括:(1)在工作时间和工作岗位,突发疾病死亡或者在48小时之内经抢救无效死亡的;(2)在抢险救灾等维护国家利益、公共利益活动中受到伤害的;(3)职工原在军队服役,因战、因公负伤致残,已取得革命伤残军人证,到用人单位后旧伤复发的。职工有前述第(1)项、第(2)项情形的,按照《工伤保险条例》的有关规定享受工伤保险待遇;职工有前述第(3)项情形的,按照本条例的有关规定享受除一次性伤残补助金以外的工伤保险待遇。

3. 不能认定为工伤的情形

如果职工在工作中遭受损害是由于下列情形引起的,则不能认定为工伤:

(1)故意犯罪的;(2)醉酒或者吸毒的;(3)自残或者自杀的。根据最高人民法院《关于审理工伤保险行政案件若干问题的规定》第1条规定,人民法院审理工伤认定行政案件,在认定是否存在《工伤保险条例》第14条第(6)项"本人主要责任"、第16条第(2)项"醉酒或者吸毒"和第16条第(3)项"自残或者自杀"等情形时,应当以有权机构出具的事故责任认定书、结论性意见和人民法院生效裁判等法律文书为依据,但有相反证据足以推翻事故责任认定书和结论性意见的除外。前述法律文书不存在或者内容不明确,社会保险行政部门就前款事实作出认定的,人民法院应当结合其提供的相关证据依法进行审查。《工伤保险条例》第16条第(1)项"故意犯罪"的认定,应当以刑事侦查机关、检察机关和审判机关的生效法律文书或者结论性意见为依据。

4. 如何理解工作时间、工作场所、工作原因

工作时间、工作场所、工作原因是认定工伤的三个最基本也是最重要的因素,准确把握和理解这三者的含义才能正确认定何为工伤,才能保障因工作遭受事故伤害或者患职业病的职工获得医疗救治和经济补偿,促进工伤预防和职业康复,同时达到分散用人单位的工伤风险的目标。

工作原因是指职工受伤与从事本职工作之间存在因果关系,职工所受事故伤害是因其从事本职工作、用人单位临时指派的工作所导致的。职工在从事工作中的过失行为,不影响该因果关系的成立。这里的事故伤害不仅包括身体组织器官的缺陷,身体机能的失调,而且包括精神上的伤害。准确认定工伤的关键是要把握事故伤害和工作之间的因果关系,如果没有工作关系的介入,即使是在工作地点、工作时间产生事故损害也不能认定为工伤。在实际生活的判断中,由于工作的原因使职工发生事故的风险增加,或者直接间接地使职工处于危险的工作境地,从而导致事故产生,那么就可以认定为事故与工作之间存在因果关系。

工作时间不仅仅包括标准工时,即每日不超过8小时,每周不超过40小时的标准工时,而且包括加班加点等延长的工作时间;参加与工作有关的职业培训、技能培训时间;工作前后必需的准备和整理时间;因用人单位的原因造成的等待工作任务的时间;女职工的哺乳时间;未成年工定期进行健康检查的时间;劳动者依法参加社会活动的时间,如依法出席工会等组织的会议、依法担任陪审员等时间。[①]

工作场所是指职工从事职业活动的场所,在有多个工作场所的情形下,还包括职工往来于多个工作场所之间的必经区域。不仅限于职工日常工作固定的工

---

① 参见郭捷主编:《劳动法与社会保障法》,法律出版社2008年版,第171—172页。

作场所及其附属建筑物,如厂房、车间、单位食堂、单位澡堂、单位洗手间等,还包括用人单位指派去从事工作的其他场所。

(四)职工工伤的认定程序

案例链接 5.5

申请工伤保险待遇的程序

上诉人万某某与被上诉人漯河市某造纸有限责任公司保险待遇纠纷案

案号:(2013)漯民一终字第 97 号

原告:万某某

被告:漯河市某造纸有限公司

漯河市郾城区法院查明:万某某原系漯河某纸品有限公司(现漯河市某造纸有限公司)炊事员,月工资 300 多元,1997 年 1 月 7 日上午,万某某的同事梁某某驾驶摩托车带万某某到单位食堂买菜,行至漯河市漓江路与衡山路交叉口时,与于某某驾驶的大货车相撞,致万某某受伤,遂送往漯河市中心医院治疗 135 天,后因无钱继续治疗出院回家治疗,其间共支付费用 34295.95 元,交通费 212 元。经漯河市中级人民法院法医技术鉴定中心鉴定,万某某所受损伤为重伤,构成二级伤残。漯河市中心医院证明,万某某伤势严重,医疗检查、生活护理,长期住院大约需要资金 30—50 万元。本案的重点是万某某向所在单位漯河市福源造纸有限公司申请工伤待遇。

法院认为:原告万某某要求被告支付工伤保险待遇,但未提供工伤认定书和劳动能力伤残鉴定书。

法院根据《中华人民共和国民事诉讼法》第 119 条的规定,认为本案不属于人民法院直接受理的立案范围,裁定驳回原告万某某的起诉。①

解析:根据《工伤保险条例》规定,工伤认定应由社会保险行政部门认定,但是本案中万某某在受伤后未向社会保险经办机构申请工伤认定,而直接向人民法院起诉请求工伤赔偿,因为人民法院不是工伤认定机关,对万某某所受伤害是否为工伤无权予以认定,所以原告万某某在受伤后未向社会保险经办机构申请工伤认定,而直接向人民法院提起工伤保险待遇程序违法。原告万某某应该先向社会保险经办机构申请工伤认定,才有权向人民法院提起诉讼。

---

① 参见河南法院裁判文书网,访问地址:http://ws.hncourt.org/paperview.php?id=1045554,最后访问时间 2013 年 10 月 13 日。

1. 工伤认定的申请程序大致流程图

《工伤保险条例》第17条规定,职工发生事故伤害或者按照职业病防治法规定被诊断、鉴定为职业病,所在单位应当自事故伤害发生之日或者被诊断、鉴定为职业病之日起30日内,向统筹地区社会保险行政部门提出工伤认定申请。遇有特殊情况,经报社会保险行政部门同意,申请时限可以适当延长。(附"工伤认定申请表"以及"同意延期申请通知书")

申 请

申请人按规定向社会保险行政部门提出工伤认定申请,并提供相关的材料。

↓

受 理

1. 保险科接到申请后15日内进行审查。对符合条件的应当受理,对不属于本部门管辖的告知申请人。
2. 申请材料不齐全的,一次性告知申请人在30日内补齐材料。

↓

认 定

1. 经审查符合认定条件的60日内(特殊情况可以延长30日)作出工伤认定结论通知书并告知单位和个人。
2. 对不能提供劳动关系或事实劳动关系证明的,告知申请人提起劳动仲裁以确定劳动关系,仲裁时间不累计在受理的规定时间内。
3. 对不符合认定条件的要告知申请人。
4. 对认定为工伤的发工伤证。

↓

鉴 定

停工留薪期满或经治疗伤情基本稳定的,申请人向劳动能力鉴定委员会提出劳动能力鉴定评定伤残等级。

↓

工伤保险待遇

经鉴定符合享受工伤保险待遇条件的,申请人向社保中心申请待遇审核。根据核定的待遇,社保中心在规定的时间内,向工伤职工给付待遇。

工伤认定申请表

申请人：
受伤害职工：
申请人与受伤害职工关系：
填表日期： 年 月 日

职工姓名		性别		出生日期	年 月 日
身份证号码				联系电话	
家庭地址				邮政编码	
工作单位				联系电话	
单位地址				邮政编码	
职业、工种或工作岗位				参加工作时间	
事故时间、地点及主要原因				诊断时间	
受伤害部位				职业病名称	
接触职业病危害岗位				接触职业病危害时间	
受伤害经过简述(可附页)					

申请事项：

　　　　　　　　　　　　　　　　　　　　申请人签字：
　　　　　　　　　　　　　　　　　　　　　年　月　日

用人单位意见：

　　　　　　　　　　　　　　　　　　　　经办人签字：
　　　　　　　　　　　　　　　　　　　　　（公章）
　　　　　　　　　　　　　　　　　　　　　年　月　日

社会保险行政部门审查资料和受理意见	经办人签字： 　　　　　　　　　　　　　　　　　年　月　日
	负责人签字： 　　　　　　　　　　　　　　　　　（公章） 　　　　　　　　　　　　　　　　　年　月　日

备注：

填表说明：

1. 用钢笔或签字笔填写，字体工整清楚。
2. 申请人为用人单位的，在首页申请人处加盖单位公章。
3. 受伤害部位一栏填写受伤害的具体部位。
4. 诊断时间一栏，职业病者，按职业病确诊时间填写；受伤或死亡的，按初诊时间填写。
5. 受伤害经过简述，应写明事故发生的时间、地点，当时所从事的工作，受伤害的原因以及伤害部位和程度。职业病患者应写明在何单位从事何种有害作业，起止时间，确诊结果。
6. 申请人提出工伤认定申请时，应当提交受伤害职工的居民身份证；医疗机构出具的职工受伤害时初诊诊断证明书，或者依法承担职业病诊断的医疗机构出具的职业病诊断证明书（或者职业病诊断鉴定书）；职工受伤害或者诊断患职业病时与用人单位之间的劳动、聘用合同或者其他存在劳动、人事关系的证明。

有下列情形之一的，还应当分别提交相应证据：

（1）职工死亡的，提交死亡证明；
（2）在工作时间和工作场所内，因履行工作职责受到暴力等意外伤害的，提交公安部门的证明或者其他相关证明；
（3）因工外出期间，由于工作原因受到伤害或者发生事故下落不明的，提交公安部门的证明或者相关部门的证明；
（4）上下班途中，受到非本人主要责任的交通事故或者城市轨道交通、客运轮渡、火车事故伤害的，提交公安机关交通管理部门或者其他相关部门的证明；
（5）在工作时间和工作岗位，突发疾病死亡或者在48小时之内经抢救无效死亡的，提交医疗机构的抢救证明；
（6）在抢险救灾等维护国家利益、公共利益活动中受到伤害的，提交民政部门或者其他相关部门的证明；
（7）属于因战、因公负伤致残的转业、复员军人，旧伤复发的，提交《革命伤残军人证》及劳动能力鉴定机构对旧伤复发的确认。

7. 申请事项栏，应写明受伤害职工或者其近亲属、工会组织提出工伤认定申请并签字。
8. 用人单位意见栏，应签署是否同意申请工伤，所填情况是否属实，经办人签字并加盖单位公章。
9. 社会保险行政部门审查资料和受理意见栏，应填写补正材料或是否受理的意见。
10. 此表一式二份，社会保险行政部门、申请人各留存一份。

说明：劳动者或其近亲属申请工伤认定的，单位意见栏经办人签字、加盖公章不是必需的。

同意延长工伤认定申请时限通知书

编号：

本机关于___年___月___日收到你单位送交的关于延长工伤认定申请时限的申请材料,因_____,依据《工伤保险条例》第十七条规定,同意你单位延长工伤认定申请时限,但不能超过事故发生之日起一年。

（工伤认定专用章）
年 月 日

注:本通知书一式两份,人力资源和社会保障行政部门、用人单位各留存一份。

用人单位未按前述规定提出工伤认定申请的,工伤职工或者其近亲属、工会组织在事故伤害发生之日或者被诊断、鉴定为职业病之日起1年内,可以直接向用人单位所在地统筹地区社会保险行政部门提出工伤认定申请。

申请工伤时所提交的材料主要有:(1)工伤认定申请表;(2)与用人单位存在劳动关系(包括事实劳动关系)的证明材料;(3)医疗诊断证明或者职业病诊断证明书(或者职业病诊断鉴定书)。工伤认定申请表应当包括事故发生的时间、地点、原因以及职工伤害程度等基本情况。工伤认定申请人提供材料不完整的,社会保险行政部门应当一次性书面告知工伤认定申请人需要补正的全部材料。申请人按照书面告知要求补正材料后,社会保险行政部门应当受理。

按照《工伤保险条例》第17条第1款规定应当由省级社会保险行政部门进行工伤认定的事项,根据属地原则由用人单位所在地的设区的市级社会保险行政部门办理。用人单位未在《工伤保险条例》第17条第1款规定的时限内提交工伤认定申请,在此期间发生符合本条例规定的工伤待遇等有关费用由该用人单位负担。

2.事故伤害的调查核实

社会保险行政部门受理工伤认定申请后,根据审核需要可以对事故伤害进行调查核实,用人单位、职工、工会组织、医疗机构以及有关部门应当予以协助。职业病诊断和诊断争议的鉴定,依照职业病防治法的有关规定执行。对依法取得职业病诊断证明书或者职业病诊断鉴定书的,社会保险行政部门不再进行调查核实。职工或者其近亲属认为是工伤,用人单位不认为是工伤的,由用人单位承担举证责任。

3. 工伤认定的作出

社会保险行政部门应当自受理工伤认定申请之日起 60 日内作出工伤认定的决定，并书面通知申请工伤认定的职工或者其近亲属和该职工所在单位。社会保险行政部门对受理的事实清楚、权利义务明确的工伤认定申请，应当在 15 日内作出工伤认定的决定。作出工伤认定决定需要以司法机关或者有关行政主管部门的结论为依据的，在司法机关或者有关行政主管部门尚未作出结论期间，作出工伤认定决定的时限中止。社会保险行政部门工作人员与工伤认定申请人有利害关系的，应当回避。（附"工伤认定决定书"以及"不予认定工伤决定书"）

工伤认定决定书

编号：

申请人：
职工姓名：　　　　性别：　　　　年龄：
身份证号码：
用人单位：
职业/工种/工作岗位：
事故时间：年　月　日
事故地点：
诊断时间：年　月　日
受伤害部位/职业病名称：
受伤害经过、医疗救治的基本情况和诊断结论：
　　＿＿年＿＿月＿＿日受理的工伤认定申请后，根据提交的材料调查核实情况如下：
　　＿＿＿＿＿＿同志受到的事故伤害（或患职业病），符合《工伤保险条例》第＿＿条第＿＿款第＿＿项之规定，属于工伤认定范围，现予以认定（或视同）为工伤。

如对本工伤认定决定不服的，可自接到本决定书之日起 60 日内向申请行政复议，或者向人民法院提起行政诉讼。

（工伤认定专用章）
年　月　日

注：本通知一式五份，社会保险行政部门、职工或者其近亲属、用人单位、社会保险经办机构、劳动能力鉴定委员会各留存一份。

不予认定工伤决定书

申请人：

职工姓名：　　　　性别：　　　　年龄：

身份证号码：

用人单位：

职业/工种/工作岗位：

____年____月____日受理_____的工伤认定申请后,根据提交的材料调查核实情况如下：

_____同志受到的伤害,不符合《工伤保险条例》第十四条、第十五条认定工伤或者视同工伤的情形;或者根据《工伤保险条例》第十六条第____项之规定,属于不得认定或者视同工伤的情形。现决定不予认定或者视同工伤。如对本工伤认定结论不服的,可自接到本决定书之日起 60 日内向_____申请行政复议,或者向人民法院提起行政诉讼。

（工伤认定专用章）

年　月　日

注:本通知一式三份,社会保险行政部门、职工或者其近亲属、用人单位各留存一份。

4. 劳动能力鉴定

案例链接 5.5 中原告虽然在庭审中向法院提供了漯河市中级人民法院法医技术鉴定中心的司法鉴定,但该鉴定并不是劳动能力鉴定。那么,怎样进行劳动能力鉴定,劳动能力鉴定根据不同的标准分为哪些等级,由谁向有关机构提出申请,这些问题我们可以通过《工伤保险条例》第四章有所了解。

（1）进行鉴定的条件:职工发生工伤,经治疗伤情相对稳定后存在残疾、影响劳动能力的,应当进行劳动能力鉴定。

（2）鉴定的等级和标准:劳动能力鉴定是指劳动功能障碍程度和生活自理障碍程度的等级鉴定。劳动功能障碍分为十个伤残等级,最重的为一级,最轻的为十级。生活自理障碍分为三个等级:生活完全不能自理、生活大部分不能自理和生活部分不能自理。劳动能力鉴定标准由国务院社会保险行政部门会同国务院卫生行政部门等部门制定。

（3）如何申请鉴定:劳动能力鉴定由用人单位、工伤职工或者其近亲属向设区的市级劳动能力鉴定委员会提出申请,并提供工伤认定决定和职工工伤医疗的有关资料,下附深圳市劳动能力鉴定申请书以作参考。

深圳市劳动能力鉴定申请书

深圳市劳动能力鉴定委员会：
伤(患)者：_____ 性别：_____ 年龄：_____
身份证号码：_____ 受伤时间：_____
受伤部位：_____ 工伤认定书编号：_____
个人社保号：_____ 所在单位：_____
现申请做：_____ 鉴定。

申请人签名：
（或单位盖章）
年 月 日

第一联 社保部门存根

申请须知：
1. 申请时提交被鉴定人四张一寸近期免冠照片；□ 2. 工伤认定书原件及复印件一份；□ 3. 申请人和被鉴定人的身份证原件及复印件一份；□ 4. 与工伤有关所有原始病历资料；□ 5. 复审鉴定须提供首次鉴定结论所有原件_____份及复印件二份；□ 6. 旧伤复发鉴定须提供：① 所属工伤部门介绍信；② 第一次工伤鉴定结论；③ 与工伤有关的所有病历资料；□ 7. 因病(非因工受伤)劳动能力鉴定,需提供单位委托书或解除(终止)劳动合同证明。□

劳动能力鉴定结论送达方式选择

邮寄送达 □	单位名称：_____ 联系电话：_____ 邮寄地址：_____ 邮政编码：_____ 被鉴定人：_____ 联系电话：_____ 邮政编码：_____ 邮寄地址：_____ **注意事项**：申请人如因填写错误或地址不详导致鉴定结论无法有效送达的,视为鉴定结论已送达。 申请人签名：_____ 单位盖章：
自行领取 □	**注意事项**：(1) 自鉴定之日起20日至40日内前往深圳市福田区彩田南路海天大厦4楼,深圳市劳动能力鉴定委员会办公室业务窗口领取鉴定结论。 (2) 逾期未领取的视为送达； (3) 委托他人代领的须出具委托书及有效证件。 申请人签名：_____ 单位盖章：

在提交劳动能力鉴定申请表的同时各地一般情况下还需要提供相关资料,如在医疗机构救治期间的诊疗病历复印件,诊断证明书或者职业病诊断证明书(或者职业病诊断鉴定书)复印件；相关的检查报告复印件(如X光报告、B超报告、肝功能、肾功能等)、影像检查(X光片、CT、MRI(核磁共振))等；工伤认定决定书复印件；申请人身份证复印件。提交材料为复印件的,需注明与原件一致,

加盖印章并核对原件。

如果提出劳动能力重新鉴定申请,除上述材料外,各地根据情况还可能需要提交职工所在的统筹地区劳动能力鉴定委员会作出的劳动能力鉴定结论和职工所在的统筹地区劳动能力鉴定委员会作出的劳动能力复查鉴定结论。

(4)如何组成鉴定委员会:省、自治区、直辖市劳动能力鉴定委员会和设区的市级劳动能力鉴定委员会分别由省、自治区、直辖市和设区的市级社会保险行政部门、卫生行政部门、工会组织、经办机构代表以及用人单位代表组成。

劳动能力鉴定委员会建立医疗卫生专家库。列入专家库的医疗卫生专业技术人员应当具备下列条件:① 具有医疗卫生高级专业技术职务任职资格;② 掌握劳动能力鉴定的相关知识;③ 具有良好的职业品德。

(5)鉴定结论如何得出:设区的市级劳动能力鉴定委员会收到劳动能力鉴定申请后,应当从其建立的医疗卫生专家库中随机抽取3名或者5名相关专家组成专家组,由专家组提出鉴定意见。设区的市级劳动能力鉴定委员会根据专家组的鉴定意见作出工伤职工劳动能力鉴定结论;必要时,可以委托具备资格的医疗机构协助进行有关的诊断。

设区的市级劳动能力鉴定委员会应当自收到劳动能力鉴定申请之日起60日内作出劳动能力鉴定结论,必要时,作出劳动能力鉴定结论的期限可以延长30日。劳动能力鉴定结论应当及时送达申请鉴定的单位和个人。

(6)对鉴定结论不服应该怎么做:申请鉴定的单位或者个人对设区的市级劳动能力鉴定委员会作出的鉴定结论不服的,可以在收到该鉴定结论之日起15日内向省、自治区、直辖市劳动能力鉴定委员会提出再次鉴定申请。省、自治区、直辖市劳动能力鉴定委员会作出的劳动能力鉴定结论为最终结论。

(7)何种情况下可以进行复查鉴定:自劳动能力鉴定结论作出之日起1年后,工伤职工或者其近亲属、所在单位或者经办机构认为伤残情况发生变化的,可以申请劳动能力复查鉴定。

(8)对鉴定异议的补救:劳动能力的等级鉴定得到双方认可并非一帆风顺,经常会出现当事人双方对劳动能力鉴定的异议甚至严重不满,此种情况下,不满的当事人会进行行政复议或者行政诉讼。在此期间,出于保护弱者利益以及积极挽救生命的考虑,行政复议和行政诉讼期间不停止支付工伤职工治疗工伤的医疗费用。

(五)不同伤残等级所享受的待遇

根据伤残等级的不同,职工所享有的伤残待遇也有所区别,十个伤残等级分为三个层次,每个层次享受各自等级的待遇,这也正是很多情况下当事人对鉴定结论产生异议的原因:

1. 一级至四级伤残所享受的待遇

职工因工致残被鉴定为一级至四级伤残的,保留劳动关系,退出工作岗位,享受以下待遇:

(1) 从工伤保险基金按伤残等级支付一次性伤残补助金,标准为:一级伤残为 27 个月的本人工资,二级伤残为 25 个月的本人工资,三级伤残为 23 个月的本人工资,四级伤残为 21 个月的本人工资。

(2) 从工伤保险基金按月支付伤残津贴,标准为:一级伤残为本人工资的 90%,二级伤残为本人工资的 85%,三级伤残为本人工资的 80%,四级伤残为本人工资的 75%。伤残津贴实际金额低于当地最低工资标准的,由工伤保险基金补足差额。

(3) 工伤职工达到退休年龄并办理退休手续后,停发伤残津贴,按照国家有关规定享受基本养老保险待遇。基本养老保险待遇低于伤残津贴的,由工伤保险基金补足差额。

职工因工致残被鉴定为一级至四级伤残的,由用人单位和职工个人以伤残津贴为基数,缴纳基本医疗保险费。

2. 五级、六级伤残所享受的待遇

职工因工致残被鉴定为五级、六级伤残的,享受以下待遇:

(1) 从工伤保险基金按伤残等级支付一次性伤残补助金,标准为:五级伤残为 18 个月的本人工资,六级伤残为 16 个月的本人工资。

(2) 保留与用人单位的劳动关系,由用人单位安排适当工作。难以安排工作的,由用人单位按月发给伤残津贴,标准为:五级伤残为本人工资的 70%,六级伤残为本人工资的 60%,并由用人单位按照规定为其缴纳应缴纳的各项社会保险费。伤残津贴实际金额低于当地最低工资标准的,由用人单位补足差额。

(3) 经工伤职工本人提出,该职工可以与用人单位解除或者终止劳动关系,由工伤保险基金支付一次性工伤医疗补助金,由用人单位支付一次性伤残就业补助金。一次性工伤医疗补助金和一次性伤残就业补助金的具体标准由省、自治区、直辖市人民政府规定。

3. 七级至十级伤残所享受的待遇

职工因工致残被鉴定为七级至十级伤残的,享受以下待遇:

(1) 从工伤保险基金按伤残等级支付一次性伤残补助金,标准为:七级伤残为 13 个月的本人工资,八级伤残为 11 个月的本人工资,九级伤残为 9 个月的本人工资,十级伤残为 7 个月的本人工资。

(2) 劳动、聘用合同期满终止,或者职工本人提出解除劳动、聘用合同的,由工伤保险基金支付一次性工伤医疗补助金,由用人单位支付一次性伤残就业补助金。一次性工伤医疗补助金和一次性伤残就业补助金的具体标准由省、自治

区、直辖市人民政府规定。

4．因工死亡所享受的待遇

在现实生活中大量出现因工受伤后死亡的情形,针对此类事件,其近亲属按照下列规定从工伤保险基金领取丧葬补助金、供养亲属抚恤金和一次性工亡补助金：

（1）丧葬补助金为6个月的统筹地区上年度职工月平均工资。

（2）供养亲属抚恤金按照职工本人工资的一定比例发给由因工死亡职工生前提供主要生活来源、无劳动能力的亲属。标准为：配偶每月40%,其他亲属每人每月30%,孤寡老人或者孤儿每人每月在上述标准的基础上增加10%。核定的各供养亲属的抚恤金之和不应高于因工死亡职工生前的工资。供养亲属的具体范围由国务院社会保险行政部门规定。

（3）一次性工亡补助金标准为上一年度全国城镇居民人均可支配收入的20倍。伤残职工在停工留薪期内因工伤导致死亡的,其近亲属享受上述规定的待遇。一级至四级伤残职工在停工留薪期满后死亡的,其近亲属可以享受前述规定的待遇。

二、上下班途中合理问题、合理路线的认定

案例链接5.6

上下班途中合理时间、合理路线的认定

案件：长沙市人力资源和社会保障局与张父、原审第三人湖南维胜科技电路板有限公司工伤认定行政确认二审行政判决书

案号：(2016)湘01行终16号

上诉人(原审被告)：长沙市人力资源和社会保障局。

被上诉人(原审原告)：张父。

原审第三人：湖南维胜科技电路板有限公司。

终审判决结果：驳回上诉,维持原判决。

一审法院审理查明：

张父系张某某之父。2014年4月30日,张某某因结婚事由,经维胜科技公司有关负责人批准后回湖南省浏阳市休婚假,并计划于2014年5月16日晚20时回维胜科技公司上晚班。2014年5月16日下午15时50分左右,张某某乘坐一辆小型汽车从浏阳市经G319线返回长沙经济技术开发区途中在1105KM+200M路段发生无本人责任的交通事故后于当日死亡。市人社局于2014年10月28日作出长人社工伤不予认字(2014)527号《不予认定工伤决定书》,不予

认定张某某死亡为工伤死亡。另查明：张某某及其父母住所地为浏阳市，张某某工作地点及其临时住所地为长沙经济技术开发区。

一审法院判决认为：

本案争议的焦点在于张某某因交通事故死亡是否符合《工伤保险条例》第14条第1款第（6）项的规定。

（1）关于张某某因交通事故死亡时是否符合上下班途中合理时间的要求。经查明张某某发生交通事故时间为2014年5月16日15时50分，其上晚班时间为当天20时，结合湖南省浏阳市与长沙经济技术开发区距离较远这一众所周知的客观事实，确认张某某发生交通事故时属于上下班途中的合理时间。

（2）关于是否符合上下班目的，从证人杨某和鄢某的证人证言、维胜科技公司出具《单位自述报告》及当庭陈述，均可以确认，张某某事发当天系以回维胜科技公司上晚班为目的。市人社局认为张某某返回长沙经济技术开发区临时住所，并与同事相约聚餐，不具备上下班的目的，但张某某到达长沙经济技术开发区后是先回其临时住所地或是直接回维胜科技公司还是与同事聚餐，均不能改变张某某乘车返回是以准备当日晚20时前往维胜科技公司上班这一行为的性质，故对市人社局的此项辩驳意见不予采纳。

（3）关于是否符合上下班合理路线，经查明张某某的父母居住地为湖南省浏阳市，交通事故发生地为浏阳至长沙G319线1105KM＋200M路段，结合张某某回湖南省浏阳市休婚假的事实，可以确认张某某经G319线回维胜科技公司途中发生交通事故符合上下班合理路线的规定。

市人社局认为长人社发（2015）3号《长沙市人力资源和社会保障局关于工伤认定若干问题的规定》第11条第1款第2项规定，以下情形不考虑认定为上下班途中：……（2）节假日从非常住地返回工作单位所在地途中，但进入工作单位所在辖区的合理路线除外。依据上述规定，市人社局认定张某某不符合上下班合理路线。

最高人民法院《关于审理工伤保险行政案件若干问题的规定》第6条规定，对社会保险行政部门认定下列情形为上下班途中的，人民法院应予支持：……（2）在合理时间往返于工作地与配偶、父母、子女居住地合理路线的上下班途中。结合张某某父母居住地为湖南省浏阳市，对市人社局上述意见不予采纳。综上所述，市人社局作出的长人社工伤不予认字（2015）532号《不予认定工伤决定书》适用法律、行政法规错误，应予以撤销。

依照《中华人民共和国行政诉讼法》第70条第1款第（2）项的规定，判决：（1）撤销长沙市人力资源和社会保障局作出的长人社工伤不予认字（2015）532号《不予认定工伤决定书》；（2）长沙市人力资源和社会保障局在本判决生效后60日内对张某某伤亡重新作出工伤认定决定。

二审法院驳回上诉,维持原判:

合理路线的认定:张某某事发当天乘车返回长沙经济技术开发区是以上晚班为主要目的,其发生交通事故的地点位于浏阳至长沙经济开发区的合理路线上,事故发生的时间也是婚假结束回工作单位的上班当天,根据最高人民法院《关于审理工伤保险行政案件若干问题的规定》第6条第(2)款的规定,可以认定张某某属于在上下班途中发生交通事故。

合理时间的认定:上诉人提出张某某发生交通事故时不属于上下班的合理时间,本院认为,虽张某某是于下午15时50分发生交通事故,但考虑到路途较远,为便于晚上8点准时到达工作岗位,其于当天下午往单位出发亦符合常理,属于上下班用时的合理时间。据此,本案中张某某在上班途中受到非本人主要责任的交通事故伤害死亡,符合《工伤保险条例》第14条第(6)项的规定。市人社局作出的长人社工伤不予认字(2015)532号《不予认定工伤决定书》适用法律、法规错误,应予以撤销。综上,一审判决认定事实清楚,适用法律、法规正确,审判程序合法,依法应予维持。依照《中华人民共和国行政诉讼法》第89条第(1)项之规定,判决如下:

驳回上诉,维持原判。

本案二审受理费50元,由上诉人长沙市人力资源和社会保障局负担。

本判决为终审判决。①

案例链接 5.7

上下班途中合理时间、合理路线的认定

案件:孔宪俊劳动和社会保障审判监督行政判决书

案号:(2012)苏行再提字第0002号

抗诉机关:江苏省人民检察院。

申诉人(一审原告、二审上诉人):孔宪俊。

被申诉人(一审被告、二审被上诉人):镇江市丹徒区人力资源和社会保障局。

原审第三人:镇江金鹏电子有限公司。

法院审理查明:

江顺英生前系镇江金鹏电子有限公司职工。2010年5月8日下午13时

---

① 参见《长沙市人力资源和社会保障局与张父、原审第三人湖南维胜科技电路板有限公司工伤认定行政确认二审行政判决书》,案号:湖南省长沙市中级人民法院行政判决书(2016)湘01行终16号,中国裁判文书网,访问地址:http://wenshu.court.gov.cn/content/content? DocID=77c933ba-6518-4f7f-9a0e-a05dd97c89c9&KeyWord=2016％E6％B9％9801％E8％A1％8C％E7％BB％8816％E5％8F％B7,最后访问时间2016年10月23日。

许,江顺英在工作期间因身体不适,向生产负责人报批出门证请假去医院看病,生产负责人签发了出门证,并注明:出厂时间为13时30分,进厂时间为14时30分。当日13时35分左右,江顺英驾驶电动自行车行至谏黄公路辛丰食为先酒店路口右转弯处,与王永刚驾驶的豫PD5166重型自卸货车发生交通事故,致江顺英当场死亡。镇江金鹏电子有限公司为江顺英办理了工伤保险。交通事故经公安机关认定,王永刚负全责,江顺英无责任。江顺英的亲属已经通过民事诉讼向肇事方取得了事故赔偿金额。

2010年6月10日,江顺英的丈夫孔宪俊向丹徒区人社局提出工伤认定申请,要求将江顺英所受伤害认定为工伤。丹徒区人社局于同日受理了孔宪俊的申请。同年9月2日,丹徒区人社局作出了镇徒人社工认(2010)第135号工伤认定决定书(以下简称第135号工伤认定决定书),认为江顺英在工作期间因私事外出,发生机动车交通事故死亡,不符合《工伤保险条例》第14条、第15条规定的情形,认定江顺英的死亡性质不属于工伤。

孔宪俊不服该决定,向镇江市丹徒区人民政府申请行政复议。2010年11月24日,镇江市丹徒区人民政府经复议后,作出(2010)徒行复第8号行政复议决定书,维持第135号工伤认定决定书。

一审判决:

孔宪俊仍不服,向镇江市丹徒区人民法院提起行政诉讼,请求撤销丹徒区人社局作出的第135号工伤认定决定。镇江市丹徒区人民法院以(2011)徒行初字第1号行政判决维持了第135号工伤认定决定书。孔宪俊不服,提起上诉。

二审判决驳回上诉,维持原判:

江苏省镇江市中级人民法院认为,江顺英在工作期间请假外出看病的行为并非企业的工作安排,故丹徒区人社局认为江顺英系因私事外出并无不当。对于孔宪俊主张的江顺英外出途中发生交通事故与其工作之间存在必然联系的理由不予采信。江顺英请假去看病,已经得到该公司生产负责人的同意,并且出具了出门证。该出门证上载明出厂时间和进厂时间,表明江顺英仅是暂时请假中断工作,并非请假下班,不应适用《工伤保险条例》第14条第(6)项之规定,因此对于孔宪俊主张江顺英系上下班途中受到机动车事故伤害的理由,不予支持。综上,江苏省镇江市中级人民法院认为,镇江市丹徒区人民法院(2011)徒行初字第1号行政判决维持丹徒区人社局的工伤认定决定书正确。据此判决驳回上诉,维持原判。

江苏省人民检察院抗诉:

江苏省人民检察院认为,江苏省镇江市中级人民法院(2011)镇行终字第20号行政判决适用法律错误。理由如下:

根据《工伤保险条例》的制定目的,工伤应适用无过错赔偿原则,工伤待遇同时具有保险法律关系特征。因工作受伤,除法定的免赔责任外,义务方均应承担责任。在司法实践中,不能对工作时间、工作场所、工作原因等做狭隘的理解,更不能完全拘泥于法律条文的字面含义而机械地予以理解。江顺英系在工作过程中发生身体不适,为了身体状况好转后继续工作而请假看病,江顺英因病请假去诊治与继续工作间具有关联性,且办理请假手续经单位批准而外出,在看病途中受伤害显然与工作原因有关。故本案中发生的这一行为和结果,不能简单地认为系受害人江顺英因私请假而中断工作。江顺英在工作时间和工作场所内在工作过程中因身体不适请假外出看病,途中发生交通事故致死符合《工伤保险条例》第14条第(5)项、第(6)项规定的情形,应认定为工伤。

江苏省高级人民法院认为：

孔宪俊于2010年6月10日提出工伤认定申请,故应适用修订前的《工伤保险条例》。该条例第14条第(6)项规定"上下班途中,受到机动车事故伤害的应当认定为工伤"。《江苏省劳动和社会保障厅关于实施〈工伤保险条例〉若干问题的处理意见》第15条指出,"上下班途中"应是在合理时间内经过合理路线。上下班途中时间是工作时间的合理延伸,不仅包括职工正常上下班的途中时间,还应包括职工加班加点后上下班途中时间以及因合理事由引起变动的上下班时间等情形。

上下班途中合理时间的认定： 本案中,江顺英在工作中因身体不适无法继续工作,在公司没有医务室的情况下,向生产负责人请假1小时外出到医院去看病。故其请假外出1小时看病这一事由具有合理性和必须性,考虑到其请假目的是为了身体康复后继续工作,没有脱离与工作相关的实质,应当认定其请假外出1小时属上下班途中合理时间。

上下班途中合理路线的认定： 鉴于江顺英请假外出目的是看病,医院应为其第一目的地。从公司到医院应当视为其上下班途中合理路线。因此,江顺英在请假规定的1小时内,从公司去医院途中受到机动车伤害并致其死亡,符合修订前《工伤保险条例》第14条第(6)项规定的情形。申诉人孔宪俊的申诉理由成立,本院予以支持。原终审判决认为江顺英仅是暂时请假中断工作,并非请假下班,不应适用上下班途中受到机动车事故伤害,属适用法律错误,机械地理解了"上下班途中"的规定,不符合《工伤保险条例》的立法本意。

综上,丹徒区人社局作出的第135号工伤认定决定书和原审判决认定事实清楚,适用法律错误,应予撤销。检察机关抗诉理由部分成立,本院予以采纳。本案经本院审判委员会讨论决定,根据《中华人民共和国行政诉讼法》第61条第(2)项和最高人民法院《关于执行〈中华人民共和国行政诉讼法〉若干问题的解释》第76条、78条之规定,判决如下：

(1) 撤销江苏省镇江市中级人民法院(2011)镇行终字第20号行政判决和

镇江市丹徒区人民法院(2011)徒行初字第1号行政判决;

(2)撤销镇江市丹徒区人力资源和社会保障局于2010年9月2日作出的镇徒人社工认(2010)第135号工伤认定决定书;

(3)责令镇江市丹徒区人力资源和社会保障局于本判决生效后30日内重新作出工伤认定。

一、二审案件受理费共计人民币100元,由镇江市丹徒区人力资源和社会保障局承担。

本判决为终审判决。①

上述两个案例足以引起我们对上下班途中合理时间、合理路线问题的思考,在我国发生的众多工伤认定案件中,很多都涉及上下班途中合理时间、合理路线的争议。根据我国《工伤保险条例》第14条第(6)款规定,职工在上下班途中,受到非本人主要责任的交通事故或者城市轨道交通、客运轮渡、火车事故伤害的,应当认定为工伤。根据最高人民法院《关于审理工伤保险行政案件若干问题的规定》第6条规定,对社会保险行政部门认定下列情形为"上下班途中"的,人民法院应予支持:(1)在合理时间内往返于工作地与住所地、经常居住地、单位宿舍的合理路线的上下班途中;(2)在合理时间内往返于工作地与配偶、父母、子女居住地的合理路线的上下班途中;(3)从事属于日常工作生活所需要的活动,且在合理时间和合理路线的上下班途中;(4)在合理时间内其他合理路线的上下班途中。

在实际案件中,对合理路线的判断并非简单套用工作地和相关住所之间两点一线的距离,对合理时间的判断也并非只覆盖上下班前后一两个小时的时间,在当事人所走的这条路线中会出现很多因素,比如当事人交通工具的选择、案件发生时天气情况的好坏以及日常生活的行为习惯等都可能会影响我们对路线和时间合理性的判断,因此在工伤认定的案件中如果需要判断上下班途中合理时间和合理路线问题,必须要准确把握立法目的,充分考虑案件中的合理和不合理的因素,不能机械地理解法律规定,否则司法公正就无法在个案中得到彰显。

三、工伤保险特殊情形处理

劳动者和用人单位在处理工伤问题过程中会出现很多特殊情况,如职工下落不明、用人单位变故或者职工借调、职工被派遣出境工作等,面对这些情况,

---

① 参见《孔宪俊劳动和社会保障审判监督行政判决书》,案号:江苏省高级人民法院(2012)苏行再提字第0002号,律商网,访问地址:https://hk.lexiscn.com/law/main.php,最后访问时间2016年9月20日。

《工伤保险条例》给出了相应的处理方式。

(一) 因工下落不明的待遇

职工因工外出期间发生事故或者在抢险救灾中下落不明的,从事故发生当月起3个月内照发工资,从第4个月起停发工资,由工伤保险基金向其供养亲属按月支付供养亲属抚恤金。生活有困难的,可以预支一次性工亡补助金的50%。职工被人民法院宣告死亡的,按照《工伤保险条例》第39条职工因工死亡的规定处理。

(二) 用人单位变故与职工借调的工伤保险责任

用人单位分立、合并、转让的,承继单位应当承担原用人单位的工伤保险责任;原用人单位已经参加工伤保险的,承继单位应当到当地经办机构办理工伤保险变更登记。

用人单位实行承包经营的,工伤保险责任由职工劳动关系所在单位承担。

职工被借调期间受到工伤事故伤害的,由原用人单位承担工伤保险责任,但原用人单位与借调单位可以约定补偿办法。

企业破产的,在破产清算时依法拨付应当由单位支付的工伤保险待遇费用。

(三) 出境工作的工伤保险处理

职工被派遣出境工作,依据前往国家或者地区的法律应当参加当地工伤保险的,参加当地工伤保险,其国内工伤保险关系中止;不能参加当地工伤保险的,其国内工伤保险关系不中止。

(四) 停止享受工伤待遇的情形

享受工伤保险必须按照法定的程序进行处理,否则虽存在事实上的工伤情形,但仍需停止享受工伤保险待遇:
(1) 丧失享受待遇条件的;
(2) 拒不接受劳动能力鉴定的;
(3) 拒绝治疗的。

四、工伤认定常见争议救济途径

关于工伤的认定在现实生活中引起大量争议,如是否为工伤、工伤等级的异议等,面对这些争议,职工如何寻求救济以维护自身权利,以下简明列举了相关情形的救济途径:

（一）关于职工因要求伤残鉴定发生争议的处理问题

职工被认定工伤后，因要求进行伤残等级和护理依赖程度鉴定的问题与用人单位发生劳动争议，可以向当地劳动争议仲裁委员会申请仲裁，仲裁委员会受理后，先按《劳动争议仲裁委员会办案规则》的有关规定委托当地劳动鉴定委员会进行伤残鉴定，然后依据鉴定结论及国家有关规定进行处理。

（二）关于职工对伤残鉴定结论不服如何申诉的问题

职工对劳动鉴定委员会作出的伤残等级和护理程度鉴定结论不服，可依法提起行政复议或行政诉讼。但是，职工对劳动争议仲裁委员会在处理工伤方面的劳动争议过程中委托当地劳动鉴定委员会所作的伤残鉴定不服的，不能提起行政复议或行政诉讼，而应按劳动争议仲裁程序进行。

（三）关于工伤待遇给付发生争议的处理问题

职工因工伤待遇给付问题与用人单位发生的争议，属于劳动争议，可向当地劳动争议仲裁委员会申请仲裁。但是，职工与社会保险机构发生的工伤待遇给付争议，不属于劳动争议，劳动争议仲裁委员会不予受理。职工可向社会保险机构的上一级主管部门申请行政复议。

（四）关于工伤认定问题

对职工在工作时间、工作区域因工作原因造成的伤亡（包括因工随车外出发生交通事故而造成的伤亡），即使职工本人有一定的责任，都应认定为工伤，但不包括犯罪或自杀行为。认定职工工伤，给予职工工伤保险待遇，并不影响企业按规定对违章操作的职工给予行政处分。

五、特殊人群的工伤保险待遇权利救济

由于企业性质的不同、职工所处行业的不同或者由于政策的变更导致一些特殊人群的产生，他们在面对工伤问题时应享有怎样的法律和政策支持，国家根据不同情形给予相应的解决方案：

（一）事业单位、民间非营利组织工作人员工伤问题

根据劳动和社会保障部等《关于事业单位、民间非营利组织工作人员工伤有关问题的通知》（劳社部发〔2005〕36号）：

(1) 事业单位、民间非营利组织①工作人员因工作遭受事故伤害或者患职业病的,其工伤范围、工伤认定、劳动能力鉴定、待遇标准等按照《工伤保险条例》规定执行。

(2) 不属于财政拨款支持范围或没有经常性财政拨款的事业单位、民间非营利组织,参加统筹地区的工伤保险。缴纳工伤保险费所需费用在社会保障缴费中列支。

(3) 依照或者参照国家公务员制度管理的事业单位、社会团体的工作人员,执行国家机关工作人员的工伤政策。

(4) 第1、2条规定范围以外的事业单位、民间非营利组织,可参加统筹地区的工伤保险,也可按照国家机关工作人员的有关工伤政策执行。具体办法由省级人民政府根据当地经济社会发展和事业单位、民间非营利组织的具体情况确定。

(5) 本通知自下发之日(2005年12月29日发布)起施行。参加工伤保险的事业单位、民间非营利组织,其工作人员在本通知下发前已发生工伤的,其原享受的工伤待遇不变。

(二) 农民工享受工伤待遇权利问题

农民工享受工伤待遇是农民工的基本权利,各类用人单位招聘的农民工均有享受工伤保险待遇的权利。农民工存在于各行各业,面对生产建设第一线的风险,工伤风险巨大。因此,为保障农民工享受工伤待遇权利,劳动和社会保障部2004年的《关于农民工参加工伤保险有关问题的通知》中规定:

(1) 用人单位注册地与生产经营地不在同一统筹地区的,原则上在注册地参加工伤保险。未在注册地参加工伤保险的,在生产经营地参加工伤保险。农民工受到事故伤害或患职业病后,在参保地进行工伤认定、劳动能力鉴定,并按参保地的规定依法享受工伤保险待遇。用人单位在注册地和生产经营地均未参加工伤保险的,农民工受到事故伤害或者患职业病后,在生产经营地进行工伤认定、劳动能力鉴定,并按生产经营地的规定依法由用人单位支付工伤保险待遇。

(2) 对跨省流动的农民工,即户籍不在参加工伤保险统筹地区(生产经营地)所在省(自治区、直辖市)的农民工,1至4级伤残长期待遇的支付,可试行一次性支付和长期支付两种方式,供农民工选择。在农民工选择一次性或长期支付方式时,支付其工伤保险待遇的社会保险经办机构应向其说明情况。一次性享受工伤保险长期待遇的,需由农民工本人提出,与用人单位解除或者终止劳动关系,与统筹地区社会保险经办机构签订协议,终止工伤保险关系。1至4级伤

---

① 非营利组织指社会团体、基金会和民办非企业等单位。

残农民工一次性享受工伤保险长期待遇的具体办法和标准由省(自治区、直辖市)劳动保障行政部门制定,报省(自治区、直辖市)人民政府批准。

(三) 建筑施工企业农民工工伤问题

(1) 建筑施工企业要严格按照国务院《工伤保险条例》规定,及时为农民工办理参加工伤保险手续,并按时足额缴纳工伤保险费。同时,按照《建筑法》规定,为施工现场从事危险作业的农民工办理意外伤害保险。

(2) 建筑施工企业和农民工应当严格遵守有关安全生产和职业病防治的法律法规,执行安全卫生标准和规程,预防工伤事故的发生,避免和减少职业病的发生。

(3) 各地劳动保障部门要按照《工伤保险条例》、国务院 5 号文件和《关于农民工参加工伤保险有关问题的通知》(劳社部发〔2004〕18 号)、《关于实施农民工"平安计划"加快推进农民工参加工伤保险工作的通知》(劳社部发〔2006〕19 号)的要求,针对建筑施工企业跨地区施工、流动性大等特点,切实做好建筑施工企业参加工伤保险的组织实施工作。

注册地与生产经营地不在同一统筹地区、未在注册地参加工伤保险的建筑施工企业,在生产经营地参保,鼓励各地探索适合建筑业农民工特点的参保方式;对上一年度工伤费用支出少、工伤发生率低的建筑施工企业,经商建设行政部门同意,在行业基准费率的基础上,按有关规定下浮费率档次执行;建筑施工企业农民工受到事故伤害或者患职业病后,按照有关规定依法进行工伤认定、劳动能力鉴定,享受工伤保险待遇;建筑施工企业办理了参加工伤保险的手续后,社会保险经办机构要及时为企业出具工伤保险参保证明。

(4) 各地建设行政主管部门要加强对建筑施工企业的管理,落实国务院《安全生产许可证条例》和《建筑施工企业安全生产许可证管理规定》,在审核颁发安全生产许可证时,将参加工伤保险作为建筑施工企业取得安全生产许可证的必备条件之一。

(5) 劳动保障部门和建设行政主管部门要定期交流、通报建设施工企业参加工伤保险情况和相关收支情况,及时研究解决工作中出现的问题,加快推进建筑施工企业参加工伤保险。探索建立工伤预防机制,从工伤保险基金中提取一定比例的资金用于工伤预防工作,充分运用工伤保险浮动费率机制,促进建筑施工企业加强安全生产管理,切实保障农民工合法权益。

(四) 中央企业工伤保险问题

(1) 中央企业要按照属地管理原则参加工伤保险,按照所在地统筹地区人民政府确定的行业工伤保险费率,参加所在统筹地区的工伤保险社会统筹,按时缴纳工伤保险费。跨地区、流动性大的中央企业,可以采取相对集中的方式异地参加统筹地区的工伤保险。

(2) 中央企业要认真贯彻落实国发〔2006〕5号精神,为包括农民工在内的全部职工办理工伤保险手续。对以劳务派遣等形式使用的农民工,也要采用有效办法保障其参加工伤保险权益。对于建筑施工等农民工集中、流动性较大行业的中央企业,要按照《关于做好建筑施工企业农民工参加工伤保险有关工作的通知》(劳社部发〔2006〕44号)等有关文件要求,制定符合行业特点的农民工参保办法,如以建筑施工项目为单位参保,实现施工项目使用的农民工全员参保,切实保障农民工工伤保险权益。

(3)《工伤保险条例》实施前中央企业已确认并享受工伤待遇的伤残职工及工亡人员供养亲属应同步纳入工伤保险管理。具体纳入方式和步骤,由中央企业与所在地省、自治区、直辖市劳动和社会保障部门协商确定。

(五) 老工伤人员工伤保险问题

保障"老工伤"人员的工伤保险待遇是保护工伤人员权益的重要措施,"老工伤"人员是我国社会保障制度转轨过程中形成的特殊群体,目前大多数"老工伤"人员集中在原计划经济时期的国有大中型企业,特别是一些高风险行业中。近几年,随着我国社会保障制度的不断完善,"老工伤"人员实行单位自我保障、分散管理所带来的问题日益突出。不同企业和不同时期"老工伤"人员待遇上存在较大差异,特别是存在着一些困难企业无力支付"老工伤"人员的相关待遇等现象,难以保证"老工伤"人员的权益。积极稳妥地将这部分人员纳入工伤保险社会化统筹管理,不仅有利于保护"老工伤"人员的切身利益,也有利于促进社会和谐稳定。而且,对进一步完善工伤保险制度,切实保障工伤职工的权益,减轻用人单位负担,促进工伤保险制度健康持续发展都具有重要的意义。保障用人单位参加工伤保险社会统筹前因工伤事故或者患职业病形成的工伤人员和工亡人员供养亲属的合法权益,减轻企业负担,维护社会稳定和谐。

"老工伤"问题形成时间跨度大,人员构成复杂,管理分散,切实做好相关政策的衔接和管理模式的转变,是妥善处理"老工伤"问题的关键。特别是对伤残发生时间较长的"老工伤"人员资格的确认、纳入统筹管理前后待遇项目和标准的衔接等问题,各地要在尊重历史的前提下,区别不同情况,制定相关措施,妥善加以解决。在工作重点上,要优先解决"老工伤"人员较为集中、问题比较突出的行业和关闭破产等企业的问题。在应纳入统筹的待遇项目上,能够一次性全部纳入统筹管理的要一次性纳入;一次性全部纳入有困难的,可采取分项目纳入、分步骤实施的方式。

(六) 离退休人员与现工作单位之间工伤保险问题

最高人民法院行政审判庭2007年的《关于离退休人员与现工作单位之间是否构成劳动关系以及工作时间内受伤是否适用〈工伤保险条例〉的答复》（〔2007〕行他字第6号）中认为：根据《工伤保险条例》第2条、第61条等有关规定，离退休人员受聘于现工作单位，现工作单位已为其缴纳了工伤保险费，其在受聘期间因工作受到事故伤害的，应当适用《工伤保险条例》的有关规定处理。

(七) 超过法定退休年龄的进城务工农民因工伤亡的工伤保险问题

最高人民法院行政审判庭于2010年的《关于超过法定退休年龄的进城务工农民因工伤亡的，应否适用〈工伤保险条例〉的答复》（〔2010〕行他字第10号）中认为：用人单位聘用的超过法定退休年龄的务工农民，在工作时间内，应当适用《工伤保险条例》的有关规定进行工伤认定。

(八) 高血压病人在特殊工种现场犯病的工伤保险问题

劳动部1994年的《关于在工作时间发病不作工伤处理的复函》（劳办发〔1994〕177号）中认为：目前，我国仅将月经期女职工的高处作业列为禁忌工种。高血压作为一种常见病，发病原因以及发病时间很难确定，现行政策也没有按工伤处理的规定。因此，即使在工作现场、工作时间内发病，也不应作工伤处理，而应按照因病或者非因工伤处理。

(九) 工作时间发病的工伤保险问题

案例链接 5.8

山西东方化工机械厂起重工（天车司机）郭云梅，1991年1月31日下午上班时，在车间发生"高血压脑出血"，经抢救治疗后，造成瘫痪，生活不能自理。郭云梅及其家属要求按照或比照工伤处理，厂方不同意，双方发生劳动争议。

1994年5月6日，山西省劳动厅厅向劳动部发出《关于高血压病人在特殊工种现场犯病是否可比照工伤处理的请示》（晋劳仲函字〔1994〕第007号），劳动部发出《关于在工作时间发病不作工伤处理的复函》（劳办发〔1994〕177号）。根据这一规定，山西省劳动争议仲裁委员会和太原市北城区人民法院以及太原市中级人民法院分别裁决和判决不应按工伤或比照工伤处理。对此，郭云梅不服，又向太原市中级人民法院提出申诉，太原市中级人民法院经调查、研究，认为法院一审、二审的判决在认定事实上和适用法规上存在着一些缺陷，对是否适用劳动部劳办发〔1994〕177号文件提出疑问。

劳动部研究此案后认为该案不适用（劳办发〔1994〕177号）文件，给出如下理由：

（1）根据太原市中级人民法院的有关调查，在处理此案时，应当注意郭云梅在发病前两个月，有连续加班加点工作的具体情节，这在一定程度上影响了郭云梅高血压病的复发。1965年全国总工会劳动保险部（65）险字第760号文件规定："职工在正常的工作中，确因患病而造成死亡的，原则上应按非因工死亡处理。但是对于个别特殊情况，例如由于加班加点突击任务（包括开会）而突然发生急病死亡……可以当做个别特殊问题，予以照顾，比照因工死亡待遇处理"，按照这个文件的精神，郭某某经抢救造成全残，应比照工伤待遇处理。

（2）劳动部1991年颁布的《特种作业人员安全技术培训考核管理规定》（劳安字〔1991〕31号）和《特种作业人员安全技术培训考核大纲》（劳安字〔1991〕33号）明确要求，起重机司机属于特种作业人员范围，其上岗工作必须身体健康，无高血压等妨碍工作的疾病。郭云梅在1987年患有高血压病后是不宜继续从事起重机司机这一特殊工种的工作的。因此，在处理郭云梅申诉案件的过程中，可以适用劳安字〔1991〕31号和劳安字〔1991〕33号文件的有关规定。[1]

解析：上述案例发生在20世纪90年代，郭云梅的发病作为特殊情况予以照顾处理才得以享受工伤待遇。随着我国对职工保护力度的加大，职工享受工伤保险待遇的范围逐步扩大，2003年国务院制定《工伤保险条例》，并于2010年修订，现阶段我国关于职工在工作时间发病的工伤保险问题在《工伤保险条例》第15条明确规定，职工在工作时间和工作岗位，突发疾病死亡或者在48小时之内经抢救无效死亡的，应视同为工伤。针对这一项内容，2004年劳动和社会保障部颁布的《关于实施〈工伤保险条例〉若干问题的意见》第3条规定，这里"突发疾病"包括各类疾病。"48小时"的起算时间，以医疗机构的初次诊断时间作为突发疾病的起算时间。

（十）工作中遭受他人蓄意伤害的工伤认定问题

劳动和社会保障部办公厅对广东省劳动厅关于职工在工作中遭受他人蓄意伤害是否认定工伤的复函中作出如下答复：

关于职工在工作中遭受他人蓄意伤害是否认定工伤的问题，应该根据具体情况确定。按照《企业职工工伤保险试行办法》（劳部发〔1996〕266号）规定，因履行职责遭致人身伤害的，应当认定工伤。

---

[1] 参见中国劳动咨询网，访问地址：http://law.51labour.com/lawshow-18155.html，最后访问时间2013年10月24日。

对于暂时缺乏证据,无法判定其受伤害原因是因公还是因私的,可先按照疾病和非因工负伤、死亡待遇处理。待伤害原因确定后,再按有关规定进行工伤认定。其中认定为工伤的,其工伤待遇享受期限从受伤害之日起计算。已享受的疾病和非因工负伤、死亡待遇,应从工伤保险待遇中扣除。

(十一)"工伤概不负责"条款

案例链接 5.9

2003年12月,广东省梅州市大埔县某施工队承包了汽车维修公司厂房拆除工程,并签订了承包合同。由该施工队的法定代表人黄某组织、指挥施工,并亲自带领雇佣的临时工张某等人,拆除混凝土大梁。在拆除第1根至第3根大梁时,梁身出现裂缝;拆除第4根时,梁身中间折裂。对此,黄某并未引起重视。当拆除第5根大梁时,站在大梁上的黄某和张某(均未系安全带)滑落坠地,张某受伤,经送医院治疗无效后死亡。法医鉴定与医疗事故鉴定显示,张某系内脏经石块压逼引起大出血致死,与其他因素无关。

张某死亡后,由谁承担因此造成的经济损失,张某家属和黄某曾进行过协商。黄某只肯承担张某救治期间的医疗费用,并一次性付给张某家属抚恤金2万元,张某家人拒绝,并向大埔县人民法院提起诉讼,请求被告黄某赔偿全部经济损失,并解决原告家人的住房问题。被告在开庭时辩称:张某填写用工合同时,同意合同中"工伤概不负责"的条款。据此,无法满足原告方的要求,只能根据实际情况,给予张某家属一定的生活补助,无义务解决张某家人住房问题。

大埔县人民法院作出一审判决,认为被告黄某在组织、指挥施工中,不仅不按操作规程办事,带领工人违章作业,而且在发现事故隐患后,不采取预防措施,具有知道或者应当知道可能发生事故而忽视或者轻信能够避免发生事故的心理特征。因此,这起事故是过失责任事故。同时,经鉴定,张某死亡是工伤后引起的死亡,与其他因素无关。依照我国《民法通则》第106条第2款、第119条的规定,被告由于过错侵害了张某的人身安全,应当承担民事责任,判决黄某赔偿张某死亡前的医疗费、张某的死亡丧葬费、赔偿费,家属误工减少的收入和死者生前抚养的人的生活费等费用共计12万元。①

解析:我国《民法通则》第55条规定,民事法律行为应当不违反法律或者社会公共利益,并在第58条规定违反法律或者社会公众利益的民事行为无效,无

---

① 参见黄义涛、肖文峰:《工伤概不负责,工人认可也无效》,访问地址:http://www.gmw.cn/01wzb/2004-12/12/content_147241.htm,最后访问时间2013年11月2日。

效的民事行为,从行为开始起就没有法律约束力。"工伤概不负责"条款严重违反劳动者的身体、身心健康权利,因此签订该条款的行为显然无效。

我国《劳动合同法》第 26 条规定下列劳动合同无效或者部分无效:(1)以欺诈、胁迫的手段或者乘人之危,使对方在违背真实意思的情况下订立或者变更劳动合同的;(2)用人单位免除自己的法定责任、排除劳动者权利的;(3)违反法律、行政法规强制性规定的。对劳动合同的无效或者部分无效有争议的,由劳动争议仲裁机构或者人民法院确认。

劳动合同中无论是劳动者与用人单位约定还是用人单位以格式条款的形式规定"工伤概不负责"条款,都是用人单位免除自己的法定责任、排除劳动者权利的典型表现,因此,劳动者若出现工伤,用人单位仍须承担相应的法律责任。

(十二)职工外出学习休息期间受到伤害工伤认定问题

最高人民法院行政审判庭对辽宁省高级人民法院(2007)辽行他字第 1 号《关于职工外出学习休息期间受到他人伤害应否认定为工伤的请示》作出如下回复:

原则同意你院审判委员会倾向性意见,即职工受单位指派外出学习期间,在学习单位安排的休息场所休息时受到他人伤害的,应当认定为工伤。

(十三)车辆挂靠其他单位经营车辆实际所有人聘用的司机工作中伤亡的工伤认定

最高人民法院行政审判庭对安徽省高级人民法院(2006)皖行他字第 0004 号《关于车辆挂靠其他单位经营车辆实际所有人聘用的司机工作中伤亡能否认定为工伤问题的请示》作出如下回复:

个人购买的车辆挂靠其他单位且以挂靠单位的名义对外经营的,其聘用的司机与挂靠单位之间形成了事实劳动关系,在车辆运营中伤亡的,应当适用《劳动法》和《工伤保险条例》的有关规定认定是否构成工伤。

(十四)劳动行政部门在工伤认定程序中是否具有劳动关系确认权

最高人民法院行政审判庭对湖北省高级人民法院《关于劳动行政部门在工伤认定程序中是否具有劳动关系确认权的请示》作出如下回复(〔2009〕行他字第 12 号):

根据我国《劳动法》第 9 条和《工伤保险条例》第 5 条、第 18 条的规定,劳动行政部门在工伤认定程序中,具有认定受到伤害的职工与企业之间是否存在劳动关系的职权。

(十五) 劳动行政部门是否有权作出强制企业支付工伤职工医疗费的决定

最高人民法院行政审判庭对山西省高级人民法院《关于如何理解和执行〈中华人民共和国劳动法〉第五十七条的请示》作出如下回复(〔1997〕法行字第29号)：

经研究，原则同意你院的意见，即：根据现行法律规定，劳动行政部门无权作出强制企业支付工伤职工医疗费用的决定。

(十六) 因工死亡职工供养亲属范围

案例链接 5.10

2013年10月8日，吴某某59岁的父亲在工作岗位上因突发脑溢血，经抢救无效去世。吴父去世后，公司发给吴某某的母亲张某3万元抚恤金，该款由女儿代为保管。儿子吴某某得知姐姐拿到抚恤金后，多次要求分割，遭到拒绝后，吴某某遂诉至法院，要求继承该笔抚恤金。

江西省新干县人民法院审理了该起遗产继承纠纷案，驳回了原告吴某某要求分割父亲抚恤金的诉讼请求。

一审法院认为，抚恤金是被供养人在供养人死亡后依法取得的生活保障金。依据《因工死亡职工供养亲属范围规定》，因工死亡职工的配偶、子女、父母、祖父母、外祖父母、孙子女、外孙子女、兄弟姐妹，依靠因工死亡职工生前提供主要生活来源，并已完全丧失劳动能力；工亡职工配偶男年满60周岁、女年满55周岁等七种情形之一的，可按规定申请供养亲属抚恤金。根据我国《继承法》规定，抚恤金并不属于吴父的个人遗产。吴某某姐弟均已满18周岁，且具有完全劳动能力，只有母亲张某符合抚恤金供养条件。因此，公司为张某发放的3万元抚恤金不属于吴父的遗产范围，应属于张某的个人合法财产，不能予以继承。为此，法院依法驳回了吴某某的诉讼请求。[①]

解析：上述案例中主要涉及两个法律问题，一是因工死亡职工供养亲属的范围界定，二是供养亲属抚恤金的申请条件。关于这两个问题，我国劳动和社会保障部颁布了《因工死亡职工供养亲属范围界定》(第18号令)，并于2004年1月1日起实施。具体见本讲附录。

---

① 参见徐建国：《父亲工作中发病身亡 成年子女诉争抚恤金被驳》，中国法院网，访问地址：http://www.chinacourt.org/article/detail/2014/01/id/1173210.shtml，最后访问时间2014年3月20日。

(十七) 非法用工单位伤亡人员一次性赔偿

现实生活中存在大量的非法用工现象,如无照经营、非法使用童工等情形,非法用工单位恶劣的工作环境、简陋的工作设施以及单位为了节省成本不顾职工生命健康的用工意识使得非法用工单位的伤亡情况十分严重,因此为了保护此类人员的利益,为他们提供更加规范合法的赔偿请求依据,维护其个人或者近亲属的求偿权,人力资源和社会保障部令第9号公布了修订的《非法用工单位伤亡人员一次性赔偿办法》,该办法自2011年1月1日起施行。劳动和社会保障部2003年9月23日颁布的《非法用工单位伤亡人员一次性赔偿办法》同时废止。

1. 非法用工单位伤亡人员

非法用工单位伤亡人员是指无营业执照或者未经依法登记、备案的单位以及被依法吊销营业执照或者撤销登记、备案的单位受到事故伤害或者患职业病的职工,或者用人单位使用童工造成的伤残、死亡童工。

上述所列单位必须按照本办法的规定向伤残职工或者死亡职工的近亲属、伤残童工或者死亡童工的近亲属给予一次性赔偿。

2. 一次性赔偿

一次性赔偿包括受到事故伤害或者患职业病的职工或童工在治疗期间的费用和一次性赔偿金。一次性赔偿金数额应当在受到事故伤害或者患职业病的职工或童工死亡或者经劳动能力鉴定后确定。

3. 劳动能力鉴定

劳动能力鉴定按照属地原则由单位所在地设区的市级劳动能力鉴定委员会办理。劳动能力鉴定费用由伤亡职工或童工所在单位支付。

职工或童工受到事故伤害或者患职业病,在劳动能力鉴定之前进行治疗期间的生活费按照统筹地区上年度职工月平均工资标准确定,医疗费、护理费、住院期间的伙食补助费以及所需的交通费等费用按照《工伤保险条例》规定的标准和范围确定,并全部由伤残职工或童工所在单位支付。

4. 一次性赔偿金支付标准

一级伤残的为赔偿基数的16倍,二级伤残的为赔偿基数的14倍,三级伤残的为赔偿基数的12倍,四级伤残的为赔偿基数的10倍,五级伤残的为赔偿基数的8倍,六级伤残的为赔偿基数的6倍,七级伤残的为赔偿基数的4倍,八级伤残的为赔偿基数的3倍,九级伤残的为赔偿基数的2倍,十级伤残的为赔偿基数的1倍。前述所称赔偿基数,是指单位所在工伤保险统筹地区上年度职工年平均工资。

受到事故伤害或者患职业病造成死亡的,按照上一年度全国城镇居民人均可支配收入的20倍支付一次性赔偿金,并按照上一年度全国城镇居民人均可支配收入的10倍一次性支付丧葬补助等其他赔偿金。

5. 拒不支付的责任

单位拒不支付一次性赔偿的,伤残职工或者死亡职工的近亲属、伤残童工或者死亡童工的近亲属可以向人力资源和社会保障行政部门举报。经查证属实的,人力资源和社会保障行政部门应当责令该单位限期改正。伤残职工或者死亡职工的近亲属、伤残童工或者死亡童工的近亲属就赔偿数额与单位发生争议的,按照劳动争议处理的有关规定处理。

附:

因工死亡职工供养亲属范围界定

劳动和社会保障部令第18号

因工死亡职工供养亲属范围在该规定出台前认定争议较多,当事人和社保部门甚至法院在认定供养范围时意见偏差较大,因此该规定对于范围的明确有利于解决职工因工死亡后的抚恤金的分配问题:

第一条 为明确因工死亡职工供养亲属范围,根据《工伤保险条例》第三十七条第一款第二项的授权,制定本规定。

第二条 本规定所称因工死亡职工供养亲属,是指该职工的配偶、子女、父母、祖父母、外祖父母、孙子女、外孙子女、兄弟姐妹。

本规定所称子女,包括婚生子女、非婚生子女、养子女和有抚养关系的继子女,其中,婚生子女、非婚生子女包括遗腹子女;

本规定所称父母,包括生父母、养父母和有抚养关系的继父母;

本规定所称兄弟姐妹,包括同父母的兄弟姐妹、同父异母或者同母异父的兄弟姐妹、养兄弟姐妹、有抚养关系的继兄弟姐妹。

第三条 上条规定的人员,依靠因工死亡职工生前提供主要生活来源,并有下列情形之一的,可按规定申请供养亲属抚恤金:

(1) 完全丧失劳动能力的;

(2) 工亡职工配偶男年满60周岁、女年满55周岁的;

(3) 工亡职工父母男年满60周岁、女年满55周岁的;

(4) 工亡职工子女未满18周岁的;

(5) 工亡职工父母均已死亡,其祖父、外祖父年满60周岁,祖母、外祖母年满55周岁的;

(6) 工亡职工子女已经死亡或完全丧失劳动能力,其孙子女、外孙子女未满18周岁的;

(7) 工亡职工父母均已死亡或完全丧失劳动能力,其兄弟姐妹未满18周岁的。

第四条 领取抚恤金人员有下列情形之一的,停止享受抚恤金待遇:

(1) 年满 18 周岁且未完全丧失劳动能力的；

(2) 就业或参军的；

(3) 工亡职工配偶再婚的；

(4) 被他人或组织收养的；

(5) 死亡的。

第五条 领取抚恤金的人员,在被判刑收监执行期间,停止享受抚恤金待遇。刑满释放仍符合领取抚恤金资格的,按规定的标准享受抚恤金。

第六条 因工死亡职工供养亲属享受抚恤金待遇的资格,由统筹地区社会保险经办机构核定。

因工死亡职工供养亲属的劳动能力鉴定,由因工死亡职工生前单位所在地设区的市级劳动能力鉴定委员会负责。

第七条 本办法自 2004 年 1 月 1 日起施行。

第六讲　失业保险权

一、失业保险权概述

(一) 失业保险权的概念

劳动者的失业保险权是劳动者在社会保障体系中享有的重要权利之一。是指因失业而暂时中断生活来源的劳动者,国家通过立法强制建立社会统筹基金,在法定期间内提供物质帮助,以维持其基本生活需要的一项社会保险权利。

失业问题随着市场经济竞争的日益增强、经济制度的不断完善以及全球经济状态的起伏多变而愈发严重。失业人群在世界各地迅速扩大,中国处于市场经济的浪潮中也不例外。失业问题不仅关系到失业者个人的家庭生活,更是一个国家现实经济状况的真实写照,是社会秩序稳定的重要因素,因此保障失业人群在失业期间的基本生活是国家社会保障工作的重要内容。

(二) 失业保险权的产生背景

劳动者享有失业保险权源于失业保险制度的兴起。失业保险制度最早起源于欧洲,是欧洲工会为解决其会员失业问题而发放的津贴。随着制度的不断推行,由政府建立的工人自愿参加的失业保险基金会应运而生。1911年英国颁布《国民保险法》,实行强制性失业保险,并最终发展成为世界失业保险的主流,标志着世界上强制性失业社会保险制度的诞生,目前世界上已有70个国家和地区建立了失业保险,其中绝大部分国家和地区实行强制失业保险。

为保障失业人员失业期间的基本生活,促进其再就业,1999年我国国务院发布了《失业保险条例》,条例的出台是对我国失业人群的现实帮助。该条例扩大了失业保险的覆盖范围,将失业保险的实施范围扩大到城镇各类企事业单位及其职工,并且调整了享受失业保险的条件以及给付期限和计发办法。

二、失业保险权实现机制

(一) 失业保险的缴费主体及金额

案例链接 6.1

任某与河南某某投资集团股份有限公司失业保险待遇纠纷案

案号:(2013)山民初字第 1466 号

原告:任某

被告:河南某某投资集团股份有限公司

原告诉称:我于 2010 年 8 月 26 日入职被告公司处担任保安。2011 年 11 月 23 日,双方解除了劳动关系,致使原告失业,在劳动关系存续期间,被告未按规定为我缴纳失业保险费,致使我不能享受失业保险待遇,故提起诉讼,请求被告赔偿因此造成的损失 1.5 万元。

法院认为,原告与被告之间的劳动关系始于 2010 年 8 月 26 日,止于 2011 年 10 月 26 日。在此期间,被告没有履行为原告缴纳失业保险费的义务,导致原告在非本人意愿失业后,不能享受相应的失业保险待遇,因此法院对于原告提出的经济赔偿予以支持。[①]

解析:参照《河南省失业保险条例》第 21 条"失业人员失业前所在单位和本人按规定累计缴费时间满 1 年不足 5 年的,领取失业保险金的期限最长为 12 个月……"的规定,结合本案原告与被告的劳动关系存续期间和按照应当缴费年限的比例,本院酌定为 3 个月,参照《河南省失业保险条例》第 23 条"失业保险金按照当地最低工资标准的 80% 确定"的规定以及 2011 年 10 月 1 日执行的鹤壁市山城区最低工资标准 1080 元/月×80%×3 个月=2592 元。对于原告超出此范围之外的赔偿请求,法院不予支持。

最后法院判决被告赔偿原告经济损失共计 2592 元,驳回原告其他诉讼请求。

案例链接 6.2

案号:重庆江北区法院(2007)江民初字第 440 号

宾馆 1996 年 11 月聘用的农民合同工黄某担任厨师,2005 年 11 月起月工

[①] 参见《任某与河南某某投资集团股份有限公司失业保险待遇纠纷案((2013)山民初字第 1466 号)》,河南法院裁判文书网,访问地址:http://ws.hncourt.org/paperview.php?id=1013063,最后访问时间 2013 年 12 月 3 日。

资为1800元,2006年厨师长张某承包了宾馆厨房,因工资调整为1200元,黄某与张某产生纠纷,2007年1月23日在递交辞职申请后未再到宾馆上班。宾馆未给黄某缴纳失业保险费。该地区失业保险金发放标准为每月310元。[①]

解析:案件争议的焦点:(1)劳动合同是否解除?(2)宾馆是否应赔偿失业保险待遇的损失?

首先,黄某与宾馆的劳动关系已经解除。本案宾馆存在未按劳动合同约定支付黄某劳动报酬的情形,迫使黄某向宾馆递交了解除劳动关系的通知,加之其后黄某实际未去宾馆上班,依照我国《劳动法》第32条第3款规定,劳动者可以根据条件单方依法解除劳动关系,在符合条件的情况下,劳动者解除劳动关系的通知到达用人单位时,就达成解除劳动关系的法律效力,故本案应确认2007年1月23日双方劳动关系解除。因属于用人单位未按劳动合同约定支付劳动报酬,依最高人民法院《关于审理劳动争议案件适用法律若干问题的解释》第15条规定,宾馆应支付未付黄某的劳动报酬以及解除劳动关系的经济补偿金。

其次,宾馆应赔偿黄某失业保险待遇损失。重庆市自1999年1月1日起,就已将农民工纳入失业保险社会统筹,即此时起,宾馆就应为黄某缴纳失业保险费,黄某则可依规定享受一次性生活补助金的失业保险待遇。根据《重庆市失业保险条例》及其《实施办法》,农民合同工一次性生活补助金标准按单位为其实际缴费年限应享受失业保险金标准的50%一次性发放。若按宾馆从1999年1月起为黄某缴纳失业保险费到双方解除劳动关系止计算,缴费累计时间为8年,结合前述规定,黄某应享受50%共计17个月失业保险金的失业保险费待遇,据此宾馆应赔偿黄某失业保险金(一次性生活补助金)2635元(17个月×310元×50%)。

1. 缴费主体

我国《社会保险法》中所称的"职工"在不同的社会保险项目中范围不同。《社会保险法》中失业保险部分规定职工应当参加失业保险,由用人单位和职工按照国家规定共同缴纳失业保险费。因此根据《职业保险条例》的范围界定,我国失业保险的覆盖范围为城镇企业事业单位及其职工。城镇企业,是指国有企业、城镇集体企业、外商投资企业、城镇私营企业以及其他城镇企业。根据《失业保险条例》附则中的规定,省、自治区、直辖市人民政府根据当地实际情况,可以

---

① 参见陈枝辉:《劳动争议疑难案件仲裁审判要点与依据》,法律出版社2012年版,第308页。

决定本条例适用于本行政区域内的社会团体及其专职人员、民办非企业单位及其职工、有雇工的城镇个体工商户及其雇工。

注意：虽然城镇企业事业单位招用的农民合同制工人本人不缴纳失业保险费，仍然享受失业保险权利，但是对于乡镇企业的农民合同制职工来讲，法律没有强制规定乡镇企业为其缴纳失业保险的义务。

2. 缴费金额

失业保险费是失业保险基金的重要组成部分，失业保险基金的来源还包括失业保险基金的利息、财政补贴以及依法纳入失业保险基金的其他资金。城镇企业事业单位按照本单位工资总额的2%缴纳失业保险费。城镇企业事业单位职工按照本人工资的1%缴纳失业保险费。城镇企业事业单位招用的农民合同制工人本人不缴纳失业保险费。

失业保险基金在直辖市和设区的市实行全市统筹；其他地区的统筹层次由省、自治区人民政府规定。省、自治区可以建立失业保险调剂金。

注意：根据《社会保险费征缴暂行条件》的规定，缴费单位和个人应当以货币形式全额缴纳社会保险费，社会保险费不得减免。现实生活中如减免一部分用人单位和个人的费用，或者是向部分企业返还失业保险费等操作行为是不符合国家规定的。

（二）享受失业保险金的条件

案例链接 6.3

张某于2011年初与某广告公司签订劳动合同，担任公司企划部经理，工作10个月后因经营企划理念与公司要求的整体风格不符，在合作不愉快的情况下主动提出辞职并得到单位批准。辞职后的张某一直未能找到工作，此种情况下，张某不能申请失业保险金。原因在于张某是自愿辞职，不符合我国《社会保险法》第45条有关领取失业保险金的条件的规定。

案例链接 6.4

2011年某大型机械设备制造企业遭遇海外市场退货潮，企业经营遭遇困难。为缓解经济压力，减轻企业经营成本以达到减员增效的目的，向企业员工提出了协商解决劳动合同的方案。张某选择了该方案并依法与企业解除了劳动合同，并领取了经济补偿金。之后张某到当地社保部门办理失业保险金领取手续时被告知企业有偿解除劳动合同，已经支付了生活费，社保部门不再发放失业保险金。那么企业有偿解除劳动合同后，社保部门是否还要发放失业保险金？此情况下是可以发放失业保险金的。根据我国《劳动合同法》第36条规定，劳动合同经协商一致可以解除。本案中由于是用人单位提出协商解除劳动合同,应属于非劳动者本人意愿中断就业,符合领取失业保险金的条件。根据劳动部《关于贯彻执行〈中华人民共和国劳动法〉若干问题的意见》(劳部发〔1995〕309号)中第43条的规定:劳动合同解除后,用人单位对符合规定的劳动者支付经济补偿金。不能因劳动者领取了失业救济金而拒绝或克扣经济补偿金,失业保险机构也不得以劳动者领取了经济补偿金为由,停发或减发失业救济金。

案例链接 6.5

湖北汉阳区某灯具厂1998年被房地产公司兼并并改制为股份制公司,李某等121名职工未参股,在各自领取8000元一次性生活费和安置费后解除劳动关系,因不能领取失业保险金遂状告灯具厂。劳动争议委员会认为因用人单位的原因导致职工无法领取失业保险金,由用人单位予以赔偿。

汉阳区法院认为,1999年1月,灯具厂与李某等职工自愿解除了劳动关系,前者已向后者支付了一次性安置费用,根据湖北省劳动厅"关于企业裁员职工买断工龄是否享受失业保险救济"文件以及省政府相关文件规定,均有在解除劳动关系时"领取一次性生活安置费的职工不享受失业保险"的内容。上述政策符合"不重复、不遗漏"的社会保障法律原则,可以参照。双方解除劳动关系后,职工领取了一次性安置费,故法院判决李某等人不应再享受失业保险,灯具厂不应承担赔偿责任。[①]

失业人员符合下列条件的,从失业保险基金中领取失业保险金:(1) 失业前用人单位和本人已经缴纳失业保险费满一年的;(2) 非因本人意愿中断就业的;(3) 已经进行失业登记,并有求职要求的。

其中非因本人意愿中断就业的是指下列人员:(1) 终止劳动合同的;(2) 被用人单位解除劳动合同的;(3) 被用人单位开除、除名和辞退的;(4) 根据我国《劳动法》第32条第2、3项与用人单位解除劳动合同的;(5) 法律、行政法规另有规定的。

也就是说一般情况下,如果员工属于自动辞职离开工作岗位,一般被认为不符合《失业保险条例》关于"非因本人意愿中断就业"的领取失业保险金的条件,因此不享受失业保险待遇。但是如果职工的自动辞职是因为下列原因导致的则可以享受待遇:(1) 用人单位以暴力、胁迫或者非法限制人身自由的手段强迫劳动的;(2) 用人单位未按照劳动合同约定支付劳动报酬或者提供劳动条件的。

[①] 参见陈枝辉:《劳动争议疑难案件仲裁审判要点与依据》,法律出版社2012年版,第320页。

(三) 失业保险金的领取期限与次数

失业人员失业前用人单位和本人累计缴费满 1 年不足 5 年的，领取失业保险金的期限最长为 12 个月；累计缴费满 5 年不足 10 年的，领取失业保险金的期限最长为 18 个月；累计缴费 10 年以上的，领取失业保险金的期限最长为 24 个月。重新就业后，再次失业的，缴费时间重新计算，领取失业保险金的期限与前次失业应当领取而尚未领取的失业保险金的期限合并计算，最长不超过 24 个月。

我国《社会保险法》《失业保险条例》《失业保险金申领发放办法》等法律法规中并没有规定每个人申请失业保险金的次数限制，从理论上讲，经济活动的活跃使得失业现象在个人身上可能不止一次地出现。因此，只要符合上述法律、法规的失业保险金申领条件，就可以按照规定申请。

(四) 失业保险待遇的内容

在失业期间享受失业保险待遇是参保人员参保的应有之义，失业保险待遇主要包括以下内容：

1. 失业保险金

失业保险金是失业保险待遇的首要内容，失业保险金的标准，由省、自治区、直辖市人民政府确定，不得低于城市居民最低生活保障标准。

以上海市为例，对符合领取失业保险金条件的失业人员，根据上海市人力资源和社会保障局关于调整本市失业保险金支付标准的通知（沪人社就发〔2015〕11 号）要求，自 2015 年 4 月 1 日到 2017 年 4 月 1 日两年时间按下列标准计发失业保险金。

(1) 累计缴费年限满 1 年不满 10 年：失业人员年龄 35 岁以下，第 1—12 个月的支付标准为 1255 元/月；第 13—24 个月的支付标准为 1004 元/月；失业人员年龄 35 岁及其以上，第 1—12 个月的支付标准为 1310 元/月；第 13—24 个月的支付标准为 1048 元/月；延长领取期支付标准为 838 元/月。

(2) 累计缴费年限满 10 年不满 25 年：失业人员年龄 45 岁以下，第 1—12 个月的支付标准为 1310 元/月；第 13—24 个月的支付标准为 1048 元/月；延长领取期支付标准为 838 元/月；失业人员年龄 45 岁及其以上，第 1—12 个月的支付标准为 1360 元/月；第 13—24 个月的支付标准为 1088 元/月；延长领取期支付标准为 870 元/月。

(3) 累计缴费年限 25 年以上：失业人员不论年龄，第 1—12 个月的支付标准为 1360 元/月；第 13—24 个月的支付标准为 1088 元/月；延长领取期支付标准为 870 元/月。

2. 基本医疗待遇

根据我国《社会保险法》规定,失业人员在领取失业保险金期间,参加职工基本医疗保险,享受基本医疗保险待遇。失业人员应当缴纳的基本医疗保险费从失业保险基金中支付,个人不缴纳基本医疗保险费。

考虑到女性失业人员的负担,有些地方对于符合计划生育政策的妇女,在领取失业保险金期间生育的,可以领取生育补助金,数额一般为本人月失业保险金标准的 3~4 倍。

3. 医疗补助金

失业人员在领取失业保险金期间患病就医的,可以按照规定向社会保险经办机构申请领取医疗补助金。医疗补助金的标准由省、自治区、直辖市人民政府规定。一般情况下,医疗补助金的标准按照本人领取失业保险金的 10% 按月发放。

具体操作主要涉及两个步骤:首先,因病住院的失业人员,必须持有失业保险经办机构指定医院《入院通知书》向户籍所在区失业保险科提出申请,经审核同意后,到指定医院住院治疗。然后,失业人员出院后本人或者直系亲属持户口本、身份证、失业证、就诊医院的住院医疗药费结算单、出院证明、住院医疗费处方、疾病诊断书等相关原件,到户籍所在区失业保险科申请补助,可给予不超过医疗费 60% 的医疗补助金。失业人员每年领取的失业补助金最多不超过本人一年应领取失业保险金的 4 倍。

4. 丧葬补助金和抚恤金

失业人员在领取失业保险金期间死亡的,参照当地对在职职工死亡的规定,向其遗属发给一次性丧葬补助金和抚恤金。所需资金从失业保险基金中支付。需要注意,个人死亡同时符合领取基本养老保险丧葬补助金、工伤保险丧葬补助金和失业保险丧葬补助金条件的,其遗属只能选择领取其中的一项。

5. 职业培训补助

领取失业保险金期间接受职业培训、职业介绍的补助,补贴办法和标准由省、自治区、直辖市人民政府规定。

(五) 失业保险金领取的手续

案例链接 6.6

马某于 2010 年 6 月应聘为某家电公司的产品技术员,单位和个人都按要求每月缴纳失业保险费。但是由于马某技术水平有限,其负责的技术环节出现缺陷导致出现重大事故,使得单位损失重大。单位遂通知解除与其的劳动关系。马某失业后到有关部门办理领取失业保险金的手续,领取失业保险金的前提是办理失业登记手续,但是由于马某担心解除劳动关系的原因被披露,影响未来就业,所以拒绝提供相关材料进行失业登记。此种情况是否可以享受失业保险待遇?

此种情况是不能享受失业保险待遇的。进行失业登记是申请失业保险待遇的前提,根据我国《失业保险条例》和《社会保险法》的相关规定,申请领取失业保险金必须到社保机构提交规定的材料办理失业登记,否则不能享受失业保险待遇。①

1. 出具证明

职工在失业后就涉及失业保险待遇的手续办理问题,用人单位应当及时为失业人员出具终止或者解除劳动关系的证明,并将失业人员的名单自终止或者解除劳动关系之日起 15 日内告知社会保险经办机构。

2. 进行登记

失业人员应当持本单位为其出具的终止或者解除劳动关系的证明,及时到指定的公共就业服务机构办理失业登记。

3. 领取失业保险金

失业人员凭失业登记证明和个人身份证明,到社会保险经办机构办理领取失业保险金的手续。失业保险金领取期限自办理失业登记之日起计算。具体办理手续如下:

(1) 证明材料。失业人员应在终止或解除劳动合同之日起 60 日内到经办机构按规定办理申领失业保险金手续。失业人员申领失业保险金应填写失业保险金申领表,并出示以下证明材料:① 本人身份证明;② 所在单位出具的终止或解除劳动合同的证明;③ 失业登记及求职证明;④ 经办机构规定的其他材料。

案例链接6.7

甲某于 2010 年被 A 市化工厂聘为合同制职工,甲某的妻子也于同年被该市纺织厂聘为合同制职工。夫妻两人所在单位及本人都一直按规定缴纳失业保险费。2012 年 6 月 10 日,甲某劳动合同到期,被单位解聘后失业,自己到劳务市场找了几次工作都没有成功。2012 年 8 月 15 日,其妻子劳动合同也到期被解聘后失业。到 2012 年 9 月 15 日,受生活所迫两人才想起登记申请失业保险金。当地失业保险机构告知夫妇俩,甲某的妻子可以从 2012 年 9 月 15 日起按

---

① 笔者根据案例自己改编。

月领取失业保险金,但甲某不能领取。原因在于根据我国《社会保险法》第53条第3款规定,失业者申领失业保险金,经审查合格者从办理登记失业之日起按月计发失业保险金,而不是从失业之日起计发,因此甲某妻子失业保险金从9月15日起计发。同时,根据我国《失业保险金申领发放办法》的规定,失业中应在终止或解除劳动合同之日起60日内到受理其单位失业保险业务的经办机构办理失业保险金等级申领手续。甲某本人6月10日为解除劳动合同之日,他应该在8月10日前到受理单位办理手续,逾期视为放弃申领失业保险待遇的权利。而9月15日早已过了法定期限,因此不能申请。若生活确有困难。且符合享受当地最低生活保障的标准,可以申请低保补助。[①]

(2) 审核认定。经办机构自受理失业人员领取失业保险金申请之日起10日内,对申领者的资格进行审核认定。对审核符合领取失业保险金条件的,按规定计算申领者领取失业保险金的数额和期限,在《失业保险金申领表》上填写审核意见和核定金额,并建立失业保险金领取台账,同时将审核结果告知失业人员,发给领取失业保险待遇证件。对审核不符合领取失业保险金条件的,应告知失业人员,并说明原因。

(3) 按月发放。失业保险金应按月发放,由经办机构开具单证,失业人员凭单证到指定银行领取。失业人员领取失业保险金,经办机构应要求本人按月办理领取手续,同时向经办机构如实说明求职和接受职业指导和职业培训情况。对领取失业保险金期限即将届满的失业人员,经办机构应提前一个月告知本人。

(4) 停止发放。失业人员在领取失业保险金期间,发生《失业保险条例》第15条规定情形之一的,经办机构有权即行停止发放失业保险金、支付其他失业保险待遇。

(六) 停止享受失业保险待遇的情形

失业人员在领取失业保险金期间有下列情形之一的,停止领取失业保险金,并同时停止享受其他失业保险待遇:

(1) 重新就业的。重新就业的人员从身份上便不属于失业保险覆盖的范围。

(2) 应征服兵役的。在享受失业保险待遇期间应征服兵役的人员,应根据法律、法规享受服役人员的生活待遇。

---

① 参见岳宗福:《社会保险法:制度解读・案例应用与实务解答》,中国法制出版社2011年版,第187页。

（3）移居境外的。对于移居境外的人来说，基本没有在国内就业的倾向或者接收国内的就业培训等内容。

（4）享受基本养老保险待遇的。享受基本养老保险待遇的失业人员失业前参加基本养老保险并按规定缴费的，在其享受失业保险待遇期间，基本养老保险关系暂时中断，其缴费年限和个人账户可以续存，待重新就业后，应当接续基本养老保险关系。失业人员达到退休年龄时缴费满15年可以从享受失业保险直接过渡到基本养老保险，按其缴费年限享受基本养老保险待遇，应停止享受失业保险待遇。

（5）被判刑收监执行的。

（6）无正当理由，拒不接受当地人民政府指定部门或者机构介绍的适当工作或者提供的培训的。失业保险设置的目的就是促进就业，维持失业人员基本生活，若无正当理由拒绝安排，理应不能享受失业保险待遇。

（7）有法律、行政法规规定的其他情形的。

职工跨统筹地区就业的，其失业保险关系随本人转移，缴费年限累计计算。

（七）职工与单位之间发生失业保险争议的处理

劳动者与用人单位之间发生有关于失业保险的争议属于典型的劳动争议，根据我国《劳动合同法》和《劳动争议调解仲裁法》的规定，当劳动者与用人单位之间发生失业保险争议后，当事人可以向本单位劳动争议调解委员会申请调解；调解不成的，当事人一方要求仲裁的，可以向劳动争议仲裁委员会申请仲裁。当事人一方也可以直接向劳动争议仲裁委员会申请仲裁。对仲裁不服的，可以向人民法院起诉。

（八）个体工商户及其雇员的失业保险问题

个体工商户作为一种商业形式，其用工较为灵活，可以根据需求雇佣帮手或者学徒，也可以自己家庭成员参与经营，因此根据我国《失业保险条例》附则的规定，省、自治区、直辖市人民政府根据当地实际情况，可以决定本条例适用于本行政区域内的社会团体及其专职人员、民办非企业单位及其职工、有雇工的城镇个体工商户及其雇工。现实生活中对于没有雇工的个体工商户，基本没有纳入失业保险的范围。

（九）农民合同制工人一次性生活补助的支付

参保单位招用的农民合同制工人终止或解除劳动关系后申领一次性生活补助时，经办机构应要求其填写一次性生活补助金申领核定表，并提供以下证件和资料：

（1）本人居民身份证件；

（2）与参保单位签订的劳动合同；

（3）参保单位出具的终止或解除劳动合同证明；

（4）经办机构规定的其他证件和资料。经办机构根据提供的资料，以及参保单位缴费情况记录进行审核。经确认后，按规定支付一次性生活补助。

（十）城市居民最低生活保障是否与失业保险金冲突

城市居民最低生活保障与失业保险金两者之间并无冲突。

城市居民最低生活保障制度的受益对象是家庭人均收入低于当地最低生活保障标准的持有非农业户口的城市居民，主要包括三类人员：一是无生活来源、无劳动能力、无法定赡养人或者抚养人的居民；二是领取失业救济金期间或者失业救济期满仍未能重新就业，家庭人均收入低于最低生活保障标准的居民；三是在职人员和下岗人员在领取工资或者最低工资、基本生活费后以及退休人员领取退休金后，其家庭人均收入仍低于最低生活保障标准的居民。

所以失业人员在领取失业保险金期间或者期满后，只要家庭人均收入仍然低于最低生活保障标准的，可以同时申请最低生活保障待遇。

（十一）失业保险关系转迁后待遇审核与支付

案例链接 6.8

A、B 两市为某省两个地级市。王先生于 2001 年从 A 市调动工作到 B 市，2004 年为解决两地分居问题又调动工作到某直辖市。李女士是 A 市一工厂失业职工，2003 年随丈夫迁居 B 市生活，2005 年又随丈夫到某自治区生活。请问王先生和李女士的失业保险关系分别应该如何转移？

对于王先生来说，王先生属于职工在职期间的工作调动。2001 年是在同一省内不同统筹地区之间调动。按照有关规定，他应该到 A 市经办机构开具转迁证明，并应在 A 市停止缴纳失业保险费的当月起，按 B 市经办机构核定的缴费基数缴纳失业保险费，转出前后的缴费时间合并计算，B 市经办机构应及时办理有关手续，并提供相应服务，失业保险费是否转移，由该省人力资源和社会保障行政部门确定。2004 年他是跨省、直辖市调动工作，其办理失业保险关系转迁的程序同上，不过其在转出前在该省 B 市缴纳的失业保险费不转移。

对于李女士来说，李女士属于在失业期间失业保险关系的转迁。2003 年，她需要在省内不同统筹地区之间转迁失业保险关系，她的保险费用的处理由该省人力资源和社会保障行政部门规定，她可以凭 A 市经办机构的证明材料到 B 市经办机构领取失业保险金。2005 年她属于跨省、自治区转迁失业保险关系，其失业保险费用因随失业保险关系由某省 B 市划转到某自治区的相应统筹地区,需划转的失业保险费用包括失业保险金、医疗补助金和职业培训、职业介绍补贴;其中医疗补助和职业培训、职业介绍补贴按失业人员应享有的失业保险金总额的一半计算。①

根据失业保险金申领发放办法的规定,对于失业保险关系的转移主要包括以下内容:

(1) 对失业人员失业前所在单位与本人户籍不在同一统筹地区的,其失业保险金的发放和其他失业保险待遇的提供由两地劳动保障行政部门进行协商,明确具体办法。协商未能取得一致的,由上一级劳动保障行政部门确定。

(2) 领取失业保险金的失业人员跨统筹地区流动的,转出地经办机构审核通过后,应及时为其办理失业保险关系转迁手续,开具《失业人员失业保险关系转迁证明》及其他相关证明材料交失业人员本人。

其中,失业人员跨省、自治区、直辖市流动的,转出地经办机构还应按规定将失业保险金、医疗补助金和职业培训、职业介绍补贴等失业保险费用随失业保险关系相应划转。其中,医疗补助金和职业培训、职业介绍补助按失业人员应享受的失业保险金总额的一半计算。

(3) 失业人员失业保险关系在省、自治区范围内跨统筹地区流动的,失业保险费用的处理由省级劳动保障行政部门规定。

(4) 转入地经办机构对失业人员提供的《失业人员失业保险关系转迁证明》等其他相关证明材料进行审核,并按规定支付失业保险待遇。

(十二) 职业培训和职业介绍补贴审核与支付

(1) 劳动保障部门认定的再就业培训或创业培训定点机构按相关规定对失业人员开展职业培训后,由培训机构提出申请,并提供培训方案、教学计划、失业证复印件、培训合格失业人员花名册等相关材料。经办机构进行审核后,按规定向培训机构拨付职业培训补贴。

(2) 劳动保障部门认定的职业介绍机构按相关规定对失业人员开展免费职业介绍后,由职业介绍机构提出申请,并提供失业人员求职登记记录、失业证复印件、用人单位劳动合同复印件、介绍就业人员花名册等相关材料。经办机构进行审核后,按规定向职业介绍机构拨付职业介绍补贴。

(3) 失业人员在领取失业保险金期间参加职业培训的,可以按规定申领职

---

① 参见岳宗福:《社会保险法:制度解读·案例应用与实务答疑》,中国法制出版社 2011 年版,第 188 页。

业培训补贴。失业人员应提供经经办机构批准的本人参加职业培训的申请报告、培训机构颁发的结(毕)业证明和本人支付培训费用的有效票据。经办机构进行审核后,按规定计算应予报销的数额,予以报销。

(十三) 能否用失业保险基金对企业特困职工、退休人员等给予一次性补助

根据劳动和社会保障部办公厅 2000 年发布的《关于不得擅自扩大失业保险开支项目的通知》(劳社厅发明电〔2000〕1号)失业保险基金是专项基金,对这项基金的开支项目,《失业保险条例》已有明确规定。不得擅自扩大失业保险基金开支项目,确保基金的安全与完整。已经超出规定使用失业保险基金的地区,要及时进行纠正。

所以根据《通知》内容,失业保险基金不能用于企业特困职工退休人员和生活困难的下岗职工给予一次性补助。

(十四) 退役军人失业保险有关问题

为维护退役军人失业保险权利,2013 年《关于退役军人失业保险有关问题的通知》(参见本讲附录)规定,针对退役军人不同的情形对退役军人所享有的失业保险的权利作了详细规定。

附：

关于退役军人失业保险有关问题的通知

人社部发〔2013〕53号

各省、自治区、直辖市人力资源社会保障、财政厅(局),新疆生产建设兵团人力资源社会保障、财务局,各军区、各军兵种、总装备部、军事科学院、国防大学、国防科学技术大学、武警部队:

为贯彻落实《中华人民共和国社会保险法》和《中华人民共和国军人保险法》,维护退役军人失业保险权益,现就军人退出现役后失业保险有关问题通知如下:

一、计划分配的军队转业干部和复员的军队干部,以及安排工作和自主就业的退役士兵(以下简称退役军人)参加失业保险的,其服现役年限视同失业保险缴费年限。军人服现役年限按实际服役时间计算到月。

二、退役军人离开部队时,由所在团级以上单位后勤(联勤、保障)机关财务部门,根据其实际服役时间开具《军人服现役年限视同失业保险缴费年限证明》(以下简称《缴费年限证明》)并交给本人。

三、退役军人在城镇企业事业等用人单位就业的,由所在单位或者本人持《缴费年限证明》及军官(文职干部)转业(复员)证,或者士官(义务兵)退出现役证,到当地失业保险经办机构办理失业保险参保缴费手续。失业保险经办机构将视同缴费年限记入失业保险个人缴费记录,与入伍前和退出现役后参加失业保险的缴费年限合并计算。

四、军人入伍前已参加失业保险的,其失业保险关系不转移到军队,由原参保地失业保险经办机构保存其全部缴费记录。军人退出现役后继续参加失业保险的,按规定办理失业保险关系转移接续手续。

五、根据《关于自主择业的军队转业干部安置管理若干问题的意见》(〔2001〕国转联8号),自主择业的军队转业干部在城镇企业事业等用人单位就业后,应当依法参加失业保险并缴纳失业保险费,其服现役年限不再视同失业保险缴费年限,失业保险缴费年限从其在当地实际缴纳失业保险费之日起累计计算。

六、退役军人参保缴费满一年后失业的,按规定享受失业保险待遇。

七、本通知自2013年8月1日起执行。本通知执行前已退出现役的军人,其失业保险按原有规定执行。

八、本通知由人力资源社会保障部、总后勤部负责解释。

附件:军人服现役年限视同失业保险缴费年限证明(略)

人力资源社会保障部　财政部　总参谋部　总政治部　总后勤部
2013年7月30日

第七讲　生育保险权

一、生育保险权概述

生育保险权是社会保险权的一部分,是指妇女在怀孕和分娩时,国家通过强制方式筹集生育保险基金,使其享受收入补偿、医疗服务和生育休假的社会保险权利。国家通过立法赋予劳动者生育保险权有助于帮助参保妇女在生育期间维持身体和生活的健康,有助于保护女性职工的平等就业权,同时有助于社会人口的健康繁衍以及人口素质的提高。

怀孕生产是人类自然性的典型体现,是人类生息繁衍的重要活动,而妇女是生育活动的直接承担者,在怀孕生产以及哺乳期间要经历身体上的变化,在这期间妇女往往不能参与劳动,在过去很多妇女因为生育而失去工作或者生活失去保障,生育保险的推行,帮助妇女解决了后顾之忧,从长远的角度,维持了社会的稳定与和谐。

案例链接 7.1

合肥市庐阳区某打印服务部是刘某开办的个体工商户,经营打字复印服务,于2001年11月5日登记成立,于2013年1月10日登记注销。2011年8月17日,单某到该打印服务部从事CAD打图员工作,月工资标准1800元。单某工作期间,双方未签订劳动合同。打印服务部未为单某办理社会保险。2012年4月20日至7月19日,单某产假休息,打印服务部未支付此间的工资。2013年2月25日,刘某通知单某终止工作。2013年4月1日,单某以打印服务部为被申请人向合肥市庐阳区劳动争议仲裁委员会申请劳动仲裁。2013年4月27日,该委以某打印服务部于2013年1月10日已经注销为由,决定不予受理。2013年5月22日,单某以刘某为被申请人向庐阳区仲裁委申请仲裁。2013年5月30日,该委以刘某系自然人为由,再次决定不予受理。2013年6月8日,单某起诉至一审法院,请求判令刘某支付其产假期间的工资5400元。

法院认为,根据我国《劳动法》规定,女职工生育享受不少于90天的产假。我国《社会保险法》规定,职工应当参加生育保险,由用人单位按照国家规定缴纳生育保险费。用人单位已经缴纳生育保险费的,其职工享受生育保险待遇,所需资金从生育保险基金中支付。某打印服务部未为单某缴纳生育保险费,导致单某无法从生育保险基金中享受生育保险待遇,单某因此造成的损失,应由某打印服务部进行赔偿。故合肥市中级人民法院终审判决刘某应当支付单某3个月产假工资5400元。[①]

上述案例中,刘某因为没有按照法律规定为其职工单某缴纳生育保险费,因此最终需要由刘某的某服务部来承担刘某的产假工资。那么,什么是职工的生育保险?如何缴纳生育保险费,以及缴纳生育保险后职工可以享受怎样的生育保险待遇?下文将进行探讨。

二、生育保险费的缴纳

我国《社会保险法》规定职工应当参加生育保险,由用人单位按照国家规定缴纳生育保险费,职工不缴纳生育保险费。但是并未对职工的范围作出具体规定,通常各省市都会在其制定的生育保险规定中对职工的范围加以列举,以此避免用人单位刻意规避缴费义务。以广东省为例,广东省为了使职工在生育期间获得基本的医疗和生活保障,均衡用人单位生育费用负担,促进公平就业,制定了广东省《职工生育保险规定》,并在第2条明确列举了职工的范围,即广东省行政区域内的国家机关、企业、事业单位、社会团体、民办非企业单位、基金会、律师事务所、会计师事务所等组织和有雇工的个体工商户及其全部职工和雇工参加生育保险,适用广东省《职工生育保险规定》。

根据《企业职工生育保险试行办法》第4条规定,生育保险费的提取比例是由各地人民政府根据计划内生育人数和生育津贴、生育医疗费用确定,并可根据费用支出情况适时调整,但最高不得超过工资总额的1%。根据人力资源社会保障部、财政部于2015年7月27日发布的《关于适当降低生育保险费率的通知》的规定,各地应根据生育保险基金的收支和结余情况,按照"以支定收、收支平衡"的原则,适当调整生育保险基金费率。对于生育保险基金累计结余超过9个月的统筹地区,应将生育保险基金费率调整到用人单位职工工资总额的0.5%以内。

三、生育保险待遇的内容

用人单位已经缴纳生育保险费的,其职工享受生育保险待遇;职工未就业配偶按照国家规定享受生育医疗费用待遇。所需资金从生育保险基金中支付。

生育保险待遇包括生育医疗费用和生育津贴。生育津贴是指女职工因生

---

① 参见《刘某诉单某劳动争议上诉案》,合肥市中级人民法院(2014)合民一终字第00037号,律商网,访问地址:https://hk.lexiscn.com/,最后访问时间2016年10月15日。

育、哺乳请长假而离开工作岗位、失去工资收入、由社会保险经办机构定期向其提供的现金补助。生育津贴是用来保障生育职工在产假期间其自身和婴儿的日常生活,即通常说的产假工资。

生育医疗费用包括下列各项:(1)生育的医疗费用,通常包括女职工在孕产期内因怀孕、分娩发生的医疗费用,包括符合国家和省规定的产前检查的费用、终止妊娠的费用、分娩住院期间的接生费、手术费、住院费、药费及诊治妊娠合并症、并发症的费用。(2)计划生育的医疗费用,通常包括职工放置或者取出宫内节育器,施行输卵管、输精管结扎或者复通手术、人工流产、引产术等发生的医疗费用。(3)法律、法规规定的其他项目费用。

职工有下列情形之一的,可以按照国家规定享受生育津贴:(1)女职工生育享受产假;(2)享受计划生育手术休假;(3)法律、法规规定的其他情形。生育津贴按照职工所在用人单位上年度职工月平均工资计发。

案例链接 7.2

原告:扬州某某农业科技公司上海分公司(以下简称某某上海分公司)

原告:扬州某某农业科技公司(以下简称某某公司)

被告:刘某,女

法院审理查明:2011年4月8日原告某某公司与被告刘某签订了期限自2011年4月7日至2012年4月6日止的劳动合同一份,约定底薪为2100元。被告实际在原告某某上海分公司担任前台、仓库管理员,之后转为客服。2012年5月27日被告生育一子。被告系外省市城镇户籍,原告按过渡政策为被告缴纳了2012年1月至2012年7月期间的本市城镇社会保险费。2012年7月24日被告向上海市普陀区劳动人事争议仲裁委员会申请仲裁,要求原告支付产假工资及生育补贴。同年9月17日该会作出普劳人仲(2012)办字第1519号裁决书,裁决原告应支付被告2012年5月12日至2012年9月16日期间产假工资10000元、生育补贴3000元。裁决后,原告认为被告在怀孕期间属于自动离职,因此不应承担其产假期间的工资,遂起诉至法院,法院经审理认为被告刘某并无自动离职的依据。

法院判决:(1)原告某某公司应于判决生效之日起10日内支付被告刘某2012年5月12日至2012年9月16日期间产假工资人民币10000元;(2)原告某某公司应于判决生效之日起10日内支付被告刘某生育补贴人民币3000元。[①]

---

① 参见《扬州某某农业科技发展有限公司诉刘某生育保险待遇纠纷一案》,上海市普陀区人民法院(2012)普民一(民)初字第6943号,律商网,访问地址:https://hk.lexiscn.com/,最后访问时间2016年10月25日。

四、生育津贴的发放标准

根据我国《社会保险法》的规定,生育津贴按照职工所在用人单位上年度职工月平均工资计发。《女职工劳动保护特别规定》第 8 条也规定,女职工产假期间的生育津贴,对已经参加生育保险的,按照用人单位上年度职工月平均工资的标准由生育保险基金支付;对未参加生育保险的,按照女职工产假前工资的标准由用人单位支付。

很多省市的地方规定均要求用人单位补足生育津贴与本人实际工资的差额。生育津贴高于本人产假工资标准的,用人单位不得克扣;生育津贴低于本人产假工资标准的,差额部分由用人单位补足。

以上海为例,《上海市人民政府关于贯彻实施〈社会保险法〉调整本市现行有关生育保险政策的通知》将《上海市城镇生育保险办法》中关于从业妇女生育生活津贴计发基数的规定作出调整:"从业妇女的月生育生活津贴标准,为本人生产或者流产当月所在用人单位上年度职工月平均工资。从业妇女生产或者流产时所在用人单位的上年度职工月平均工资高于本市上年度全市职工月平均工资 300%的,按 300%计发","从业妇女生产或者流产时所在用人单位的上年度职工月平均工资高于本市上年度全市职工月平均工资 300% 以上的,高出部分由用人单位补差。"此通知是上海市为贯彻《社会保险法》的实施工作,就有关生育保险政策作了相应调整。

另根据我国 2012 年实施的《女职工劳动保护特别规定》规定,女职工正常生产的产假为 98 天,因此女职工享受生育津贴的期限不得短于 98 天。此外,难产的,增加产假 15 天;生育多胞胎的,每多生育 1 个婴儿,增加产假 15 天。女职工怀孕未满 4 个月流产的,享受 15 天产假;怀孕满 4 个月流产的,享受 42 天产假。

案例链接 7.3

法院查明:被告朱某于 2010 年 7 月 26 日进入原告某公司工作,双方签订的劳动合同期限为 2010 年 7 月 26 日至 2013 年 7 月 25 日,合同约定被告月基本工资 4000 元、综合津贴 800 元。被告于 2012 年 5 月 24 日难产生育一女,同年 10 月 18 日产假期满后回公司工作。原告公司 2011 年度职工月平均工资为 26008.10 元,上海市社会保险事业基金结算管理中心按上海市 2011 年度在职职工月平均工资 300%的标准(12993 元)向被告支付 4.5 个月生育生活津贴 58468.50 元。2013 年 5 月 22 日,被告朱某向上海市劳动人事争议仲裁委员会申请仲裁,要求原告公司支付公司 2011 年度月平均工资与上海市职工月平均工资的差额共计 58567.95 元。仲裁裁决:某公司于本裁决书生效之日起 7 日内向朱某支付生育生活津贴差额计人民币 58567.95 元。某公司不服裁决诉至上海市黄浦区人民法院。

法院判决:原告某公司应于本判决生效之日起 7 日内支付被告朱某生育生活津贴差额人民币 58567.95 元。①

上海市黄浦区法院认为,女职工生育按照法律、法规的规定享有产假。对已经参加本市城镇生育保险的女职工,产假期间享受生育保险待遇。根据我国 2011 年 7 月 1 日施行的《社会保险法》第 56 条之规定,生育津贴按照职工所在用人单位上年度职工月平均工资计发。《上海市人民政府关于贯彻实施〈社会保险法〉调整本市现行有关生育保险政策的通知》将《上海市城镇生育保险办法》中关于从业妇女生育生活津贴计发基数的规定作出调整。此通知是上海市为贯彻《社会保险法》的实施工作,就有关生育保险政策作了相应调整,与《社会保险法》并无冲突。本案中,某公司 2011 年年度职工月平均工资为 26008.10 元,高于上海市 2011 年度在职职工月平均工资 300%标准(12993 元),故高出部分根据规定应当由原告公司补差,故原告某公司应当支付被告朱某 4.5 个月的生育生活津贴差额 58567.95 元。

五、违反生育保险规定的法律责任

根据《企业职工生育保险试行办法》的规定,企业必须按期缴纳生育保险费。对逾期不缴纳的,按日加收 2‰的滞纳金。滞纳金转入生育保险基金。滞纳金计入营业外支出,纳税时进行调整。企业虚报、冒领生育津贴或生育医疗费的,社会保险经办机构应追回全部虚报、冒领金额,并由劳动行政部门给予处罚。企业欠付或拒付职工生育津贴、生育医疗费的,由劳动行政部门责令企业限期支付;对职工造成损害的,企业应承担赔偿责任。用人单位违反本规定,侵害女职工合法权益的,女职工可以依法投诉、举报、申诉,依法向劳动人事争议调解仲裁机构申请调解仲裁,对仲裁裁决不服的,依法向人民法院提起诉讼。用人单位违反本规定,侵害女职工合法权益,造成女职工损害的,依法给予赔偿;用人单位及其直接负责的主管人员和其他直接责任人员构成犯罪的,依法追究刑事责任。

① 参见《某公司诉朱某生育保险待遇纠纷一案》,上海市黄浦区人民法院(2013)黄浦民一(民)初字第 4238 号,律商网,访问地址:https://hk.lexiscn.com/,最后访问时间 2016 年 10 月 11 日。

六、我国进入"全面两孩"时代

继 2015 年 10 月党在十八届五中全会上提出全面开放两孩政策后,2015 年 12 月 27 日,全国人大常委会表决通过了修订的《人口与计划生育法》,"全面两孩"于 2016 年 1 月 1 日起正式实施。本次对《人口与计划生育法》的修订重点明确,主要解决社会热议的"全面两孩"问题。国家卫计委副主任王培安在就"全面两孩"政策答记者问时表示,当前,我国人口发展出现转折性变化。一是人口总量增长的势头明显减弱,育龄妇女数量逐步减少,特别是 20—29 岁生育旺盛期妇女数量下降较快。群众生育意愿发生转变,少生优生成为社会生育观念的主流。二是人口结构性问题日益突出,劳动年龄人口开始减少,老龄化程度不断加深,出生人口性别比长期持续偏高。三是家庭规模缩小,养老抚幼、互助互济等传统功能弱化。这些变化,给经济社会发展和人口安全带来新的挑战。《人口与计划生育法》也正是在这种背景下为解决两孩问题出台的。

2015 年修订的《人口与计划生育法》改变了计划生育时代我国长期坚持的一系列做法,鼓励一对夫妻生育两个孩子,取消了独生子女相关奖励,取消了晚婚假及晚育假,并取消了强制避孕,改为育龄夫妻自主选择计划生育避孕节育措施,预防和减少非意愿妊娠。伴随着修订的《人口与计划生育法》的实施,"独生子女"时代下晚婚晚育假期、《独生子女父母光荣证》等具有强烈时代烙印的标记正在成为过去式。

修订的《人口与计划生育法》不再鼓励晚婚晚育,取消了原有的晚婚假和晚育假的奖励,虽然规定符合规定生育子女的夫妻,可以获得延长生育假的奖励,但是并未明确如何奖励。2015 年 12 月 30 日,广东省第十二届人大常委会第二十二次会议表决通过了《广东省人口与计划生育条例(修订)》。修订后的《条例》规定,提倡一对夫妻生育两个子女,同时规定符合法律法规生育的,产妇可享受 30 天奖励假。广东因此成为全国首个修订计划生育地方性法规的地区,并率先规定了奖励假期的天数,使得奖励假具有了实际操作性。

根据修订的《人口与计划生育法》规定,在 2016 年 1 月 1 日之后生育一个子女的夫妻,不再获得《独生子女父母光荣证》。但是,在国家提倡一对夫妻生育一个子女期间,自愿终身只生育一个子女的夫妻,仍将获得《独生子女父母光荣证》。获得《独生子女父母光荣证》的夫妻,按照国家和省、自治区、直辖市有关规定享受独生子女父母奖励。法律、法规或者规章规定给予获得《独生子女父母光荣证》的夫妻奖励的措施中由其所在单位落实的,有关单位应当执行。获得《独生子女父母光荣证》的夫妻,独生子女发生意外伤残、死亡的,按照规定获得扶助。在国家提倡一对夫妻生育一个子女期间,按照规定应当享受计划生育家庭老年人奖励扶助的,继续享受相关奖励扶助。

　　由于生育两个子女,女性生育周期必然增长,生育风险也伴随着生育年龄的增长在不断增大,这种生育风险不仅仅是女性在身体上所承受的生产风险,也包括女性因年龄增长、身体机能下降导致的职业竞争力的下降等职场风险,在这种情况下社会有理由为女职工生育提供更多的服务,在保证原有的生育医疗服务的基础上,有必要继续完善生育保险内容,扩大生育保险的适用范围,让生育保险制度更好地发挥作用,让女职工更多享受生育保险权利带来的福利。

第八讲　劳动报酬权

一、劳动报酬权概述

(一) 概念

劳动报酬权是劳动者享有的核心权利,是人权的重要内容之一。它不仅是劳动者维持其个人生存和家庭生活最重要的保障,也是社会对其劳动的承认和评价,更是保障人作为人应有的尊严与价值的重要权利。

现阶段有关劳动报酬权的概念主要存在以下几种观点:常凯教授认为:"劳动报酬权又称劳动分配权或劳动工资权。劳动报酬权是劳动者在劳动关系中享有的基本的和核心的权利。"[1]王全兴教授认为:"工资权是与劳动者的劳动给付义务相对应的一项权利,正因为劳动者有工资权,劳动才得以成为劳动者的谋生手段。"[2]董保华教授认为:"劳动报酬权,是指劳动者依劳动法律关系,履行劳动义务,由用人单位根据按劳分配原则及劳动力价值支付的报酬。它是劳动者让渡劳动力支配权而取得的权利。"[3]郑尚元教授认为:"劳动报酬权,是指劳动者在产业雇佣劳动过程中付出了劳动,就享有从用人单位取得劳动报酬的权利。"[4]虽然存在不同的概念解释,但在本质上劳动者一方只要在用人单位的安排下按照约定完成一定的工作量,就有权要求按劳动取得报酬。获得劳动报酬之后,劳动者根据生产和生活的需要来购买相应的产品和服务,以维持家庭功能的正常运转。

一般情况下,只要存在雇佣关系,就会产生给付劳动报酬与获得劳动报酬这一对权利义务关系。雇佣关系在中国古代很早就已出现,至少在战国时期,雇佣关系已经相当普遍。关于雇佣劳动的收入,古代一般称之为"庸值""雇价(或作贾)""雇资"等等。汉代法律对受雇人月收入有明确的限制,因此又称为"平贾"。明清时期,雇工的报酬包括口粮均按白银支给,称为"工银"。对于各级官员的报酬,汉代称为"薪俸"。由于当时的"薪俸"并不是按月支给而是按年计算,因此叫

---

[1] 常凯:《劳权论——当代中国劳动关系的法律调整研究》,中国劳动社会保障出版社2004年版,第163页。
[2] 王全兴:《劳动法》,法律出版社2004年版,第234页。
[3] 关怀、林嘉:《劳动法》,中国人民大学出版社2006年版,第90页。
[4] 郑尚元:《劳动法学》,中国政法大学出版社2004年版,第68页。

做"年俸"。南朝宋代以后,有了按月发俸的形式,因此又称为"月俸"。明代中叶以后,商品经济有了一定的发展,货币形式日趋流行,才逐渐改为薪金,当时称之为"紫薪银"。现在有人称工资为"薪水",就是从"紫薪银"这一名称演变而来的。① 现代社会,人们对劳动报酬的理解有了重要的发展,已不仅局限于按月领取的固定收入。由于人口的急剧膨胀以及失业人员的不断增加给社会稳定带来了极大的隐患,人们在寻求平等就业机会的前提下正努力寻求获得公平的劳动报酬。然而现实生活中由于各方面原因,目前我国劳动者劳动报酬权受侵害的现象十分严重,主要有劳动报酬水平低,劳动报酬增长幅度缓慢,克扣、拖欠工资现象严重,同工不同酬,拒不支付加班加点期间的劳动报酬等。我国劳动仲裁部门和各级人民法院受理的劳动报酬争议案件数量呈现迅速上升的趋势,其中劳动报酬的追索案件已成为劳动类纠纷的最主要部分。

(二) 劳动报酬权的制度环境

世界范围内正通过多种途径对获得劳动报酬权进行保护。《世界人权宣言》、联合国《经济、社会和文化权利公约》都对获得劳动报酬权给予明确规定。我国《宪法》《劳动法》《劳动合同法》也明确规定劳动者享有获得劳动报酬的权利,《世界人权宣言》第 23 条规定:人人有权工作、自由选择职业、享受公正和合适的工作条件并享受免于失业的保障。人人有同工同酬的权利,不受任何歧视。

每一个工作的人,有权享受公正和合适的报酬,保证使他本人和家属有一个符合人的生活条件,必要时并辅以其他方式的社会保障。

联合国《经济、社会和文化权利公约》第 7 条关于劳动报酬权规定:缔约各国承认人人有权享受公正和良好的工作条件,特别要保证最低限度给予所有人公平的工资和同值工作同酬而没有任何歧视,保证休息、闲暇和工作时间的合理限制,定期给薪休假以及公共假日报酬。

我国《宪法》第 6 条第 2 款也对劳动报酬权进行了规定:国家在社会主义初级阶段,坚持按劳分配为主体、多种分配方式并存的分配制度;在公民的基本权利和义务一章中确认劳动报酬权是公民的基本权利之一,规定:国家在发展生产的基础上,提高劳动报酬和福利待遇;同时 48 条第 2 款规定,国家保护妇女的权利和利益,实行男女同工同酬。

我国《劳动法》用专章规定了工资内容。其中第 46 条第 1 款规定:工资分配应当遵循按劳分配原则,实行同工同酬。第 50 条规定,工资应当以货币形式按

---

① 参见郭建:《中国财产法史稿》,中国政法大学出版社 2005 年版,第 274—280 页;王彩莲、尉文明、张安顺主编:《新劳动法教程》,青岛海洋大学出版社 1995 年版,第 114—115 页。

月支付给劳动者本人,不得克扣或者无故拖欠。第51条规定:劳动者在法定休假日和婚丧假期间以及依法参加社会活动期间,用人单位应当依法支付工资。

此外,国家劳动行政管理部门为保障劳动者劳动报酬权的实现也发布了一系列部门规章,如于1995年1月1日起实施的《工资支付暂行规定》以及劳动部随后发布的《对〈工资支付暂行规定〉有关问题的补充规定》中对工资支付的办法、禁止克扣或无故拖欠劳动者的工资、对工资支付的监督作了较为详细的规定。

二、我国有关工资的规定

(一) 工资的概念与支付时间

我国《工资支付暂行规定》中规定,工资是指用人单位依据劳动合同的规定,以各种形式支付给劳动者的工资报酬。工资支付主要包括:工资支付项目、工资支付水平、工资支付形式、工资支付对象、工资支付时间以及特殊情况下的工资支付。工资应当以法定货币支付。不得以实物及有价证券替代货币支付。用人单位应将工资支付给劳动者本人。劳动者本人因故不能领取工资时,可由其亲属或委托他人代领。用人单位可委托银行代发工资。用人单位必须书面记录支付劳动者工资的数额、时间、领取者的姓名以及签字,并保存两年以上备查。用人单位在支付工资时应向劳动者提供一份其个人的工资清单。

工资必须在用人单位与劳动者约定的日期支付。如遇节假日或休息日,则应提前在最近的工作日支付。工资至少每月支付一次,实行周、日、小时工资制的可按周、日、小时支付工资。

案例链接 8.1

拖 欠 工 资

2006年12月31日辛某与某科技公司劳动合同期满后仍然继续在该科技公司上班。因科技公司未按劳动合同的约定于2007年2月3日发放辛某2007年1月份工资,辛某于2007年2月6日申请仲裁。

争议焦点:(1)劳动关系认定?(2)辛某能否解约?

(1) 本案事实劳动关系的认定。在辛某与科技公司的劳动合同期满后,辛某继续为科技公司提供劳动,科技公司未在合理期限内明确提出异议,双方依法已形成事实劳动关系。

(2) 科技公司构成拖欠工资。科技公司在劳动关系存续期间未按原劳动合同约定支付劳动报酬,迫使辛某提出解除劳动关系,科技公司应当依法支付辛某劳动报酬和经济补偿。根据我国《劳动争议调解仲裁法》第9条规定,用人单位违反国家规定,拖欠或者未足额支付劳动报酬,或者拖欠工伤医疗费、经济补偿或者赔偿金的,劳动者可以向劳动行政部门投诉,劳动行政部门应当依法处理。

对完成一次性临时劳动或某项具体工作的劳动者,用人单位应按有关协议或合同规定在其完成劳动任务后即支付工资。

劳动关系双方依法解除或终止劳动合同时,用人单位应在解除或终止劳动合同时一次付清劳动者工资。

对于一些特殊人群的工资支付,如受过行政处分的劳动者、学徒工、复员军人等,原劳动部于1995年发布的《对〈工资支付暂行规定〉有关问题的补充规定》中作出了相应规定。

(1) 劳动者受行政处分后仍在原单位工作(如留用察看、降级等)或受刑事处分后重新就业的,应主要由用人单位根据具体情况自主确定其工资报酬;劳动者受刑事处分期间,如收容审查、拘留(羁押)、缓刑、监外执行或劳动教养期间,其待遇按国家有关规定执行。

(2) 学徒工、熟练工、大中专毕业生在学徒期、熟练期、见习期、试用期及转正定级后的工资待遇由用人单位自主确定。

(3) 新就业复员军人的工资待遇由用人单位自主确定;分配到企业的军队转业干部的工资待遇,按国家有关规定执行。

劳动者与用人单位因工资支付发生劳动争议的,当事人可依法向劳动争议仲裁机关申请仲裁。对仲裁裁决不服的,可以向人民法院提起诉讼。①

案例链接8.2

陈某诉××县热水水电站等追索劳动报酬案

案号:(2013)汝民初字第294号

原告:陈某

被告:××县热水水电站。法定代表人朱某某,该站站长

被告:朱某某

法院经审理查明:被告××县热水水电站系被告朱某某投资的个人独资企业。2007年2月1日至2010年1月31日,被告朱某某聘请原告陈某在××县热水水电站从事发电工作,约定每月工资600元整,原告在该电站上班36个月。2008年12月31日,被告朱某某向原告出具尚欠原告2007年2月至2008年12月的发电工资13800元的欠条;2010年2月12日,被告朱某某向原告出具尚欠原告2009年、2010年的发电工资7800元以及代刘某某上班工资3080元的欠

---

① 参见王洪秦:《辛某要求解除劳动合同并索赔案》,载《仲裁实录》2007年第17期。

条;经双方清算后,合计拖欠原告工资24680元,并约定在2010年6月30日前付清,如超期以后的每月按1.5%计算利息,两张欠条除朱某某亲笔签名外,还加盖了××县热水水电站的公章。到期后原告催讨未果,原告诉至本院,请求依法判决。

法院认为,原告陈某要求被告××县热水水电站和被告朱某某支付劳动报酬并按照约定支付利息诉讼请求符合法律规定,依法应予支持。被告××县热水水电站系被告朱某某投资的个人独资企业,两被告应共同对原告陈四某承担清偿责任。经本院主持调解,因两被告未到庭,未能达成一致意见。依照《中华人民共和国劳动合同法》第30条、《中华人民共和国个人独资企业法》第2条和第22条、《中华人民共和国民事诉讼法》第144条的规定,判决如下:

由被告××县热水水电站和被告朱某某在本判决生效后10日内支付原告陈某劳动报酬24680元及自2010年7月1日至2013年8月31日的利息14067.60元(38个月×1.5%/月×24680元),合计38747.60元。2013年9月1日以后至履行之日止的利息另行计算。

本案案件受理费免收。

如未按本判决指定的期间履行给付金钱义务,应当按照《中华人民共和国民事诉讼法》第232条之规定,加倍支付延期履行期间的债务利息。①

案例链接8.3

鲁某某诉杭州某某纺织服装有限公司追索劳动报酬案

案号:(2013)杭萧民初字第4202号

原告:鲁某某

被告:杭州某某纺织服装有限公司

原告鲁某某诉称:原告系被告公司员工,至今被告拖欠原告2013年4、5月份的劳动报酬共计7000元,该款被告至今未付。原告曾就此向杭州市萧山区劳动仲裁委员会申请仲裁,该委员会以被告非正常经营等理由不予受理,故起诉请求判令被告立即支付原告前述劳动报酬。

被告某某纺织服装有限公司未作答辩。

法院认定的事实与原告鲁某某起诉主张的事实一致。

法院认为:原、被告之间的劳动关系合法有效。被告尚欠原告劳动报酬7000元未付属实,原告要求被告支付该劳动报酬的诉讼请求,符合法律规定,本

---

① 参见《陈某诉××县热水水电站等追索劳动报酬纠纷案》,案号:湖南省汝城县人民法院(2013)汝民初字第294号,中国裁判文书网,访问地址:http://wenshu.court.gov.cn/content/content,最后访问时间2016年10月23日。

院予以支持。被告经本院传票传唤,无正当理由未到庭参加诉讼,视为对原告主张的事实及诉讼请求自行放弃抗辩的权利。据此,依照《中华人民共和国劳动合同法》第30条第1款以及《中华人民共和国民事诉讼法》第144条之规定,判决如下:

杭州某某纺织服装有限公司在本判决生效后10日内支付鲁某某劳动报酬人民币7000元。

如果杭州某某纺织服装有限公司未按本判决指定的期间履行给付金钱义务,应当依照《中华人民共和国民事诉讼法》第253条之规定,加倍支付迟延履行期间的债务利息。

案件受理费10元,减半收取5元,由杭州某某纺织服装有限公司负担,予以免交。①

(二) 工资的构成与形式

在实践中,工资一般由基本工资和辅助工资两部分构成。基本工资是指劳动者在法定或者约定的工作时间内提供正常劳动所得的报酬,它构成劳动者所得工资额的基本组成部分,如计时工资、计件工资等。根据我国现行立法,国家机关的基本工资制度由法规和政策规定;企业的基本工资制度由企业内部劳动规则和集体合同规定;事业单位的基本工资制度,部分由法规和政策规定,部分由本单位自主规定。基本工资构成工资的主干,是最低工资法、工资集体协商制度的主要调整对象。辅助工资是指基本工资以外的、在工资构成中处于辅助地位的工资组成部分。它通常是用人单位对劳动者支出的、超出正常劳动之外的劳动耗费所给予的报酬。常见的有奖金、津贴、加班加点工资等。②

国家统计局《关于工资总额组成的规定》中规定工资总额由下列六个部分组成:(1) 计时工资;(2) 计件工资;(3) 奖金;(4) 津贴和补贴;(5) 加班加点工资;(6) 特殊情况下支付的工资。

1. 计时工资

计时工资是指根据劳动者的实际工作时间、工资等级以及其他工资检验标准来支付劳动者劳动报酬的工资形式。计时工资因为直接以劳动时间计量报酬,内容和形式简明,所以适应性强;并且考核和计量比较容易实行,具有很强的适应性和及时性,有利于管理考核。

在计算计时工资时主要考虑几方面因素,首先是计量劳动与支付报酬的时

---

① 参见北大法宝司法判例。
② 参见王全兴:《劳动法》,法律出版社2008年版,第289页。

间单位,通常为月工资标准、日工资标准和小时工资标准;其次要制定相应的计量劳动量与相应报酬的技术标准,计时工资制主要取决于劳动者本人技术业务水准或本人所在岗位(职务)相应的工资标准,而不直接取决于劳动对象的技术业务水准,因为强调劳动者个人技术水平,因此有利于员工不断学习以提高自己的技术业务水平和劳动熟练程度,提高劳动工作质量,在增强个人能力的同时使单位整体业务水平得到全面提高;最后实际计算出劳动者所付出的实际有效劳动时间。但是,以劳动时间作为计算工资的依据,不能完全将工资与劳动的数量质量画等号。

2. 计件工资

计件工资是在一定生产条件下,按照劳动者生产合格产品的数量和预先规定的计件单价计量来支付劳动者劳动报酬的一种工资形式,是计时工资的转化形式。计件工资的适用范围主要在于劳动工序相对独立、产品量或者工作量能够精确计算、产品质量有明确标准并能科学测定、生产过程能正常进行、管理制度比较健全的企业。计件工资主要包括:

(1) 直接计件工资和间接计件工资。前者指计件工人按完成合格产品的数量和计件单价来支付工资;后者指按工人所服务的计件工人的工作成绩或所服务单位的工作成绩来计算支付工资。

(2) 有限计件工资和无限计件工资。前者指对实行计件工资的工人规定其超额工资不得超过本人标准工资总额的一定百分比;后者指对实行计件工资的工人超额工资不加限制。

(3) 超额计件工资和累进计件工资。前者指对完成的定额任务实行计时工资制,而对超过定额任务的部分按同一计件单价计发工资;后者指工人完成定额的部分按同一计件单价计算工资,超过定额的部分,则按累进递增的单价计算工资。

(4) 计件奖励工资。产品数量或质量达到某一水平就给予一定奖励。

(5) 包工工资和提成工资。前者指把一定质量要求的产品、预先规定完成的期限和工资额包给个人或集体,按要求完成即支付工资;后者指按企业的营业额或纯利润的一定比例提取工资总额,然后根据职工的技能水平和实际工作量计发工资。

3. 奖金

奖金是指用人单位支付给职工的带有奖励性质的超额劳动报酬和增收节支的劳动报酬。奖金最突出的特性是奖励性质,因此主要是按照劳动者付出的超额劳动来支付,是计时工资的重要辅助形式,奖金充分体现了按劳分配的原则,能够很大程度地激发劳动者工作的积极性和创造性。奖金可分为月度奖金、季度奖金和年度奖金;经常性奖金和一次性奖金;集体奖金和个人奖金;综合奖金和单项奖金。奖金的发放条件通常由用人单位内部的奖惩规则或者集体合同加以规定。

4. 津贴和补贴

津贴是为了补偿职工在特殊劳动条件下所付出的额外劳动消耗和生活费用或者因其他原因而支付给职工的劳动报酬。常见的津贴有：(1)为补偿劳动者在特殊劳动条件下的劳动消耗和额外劳动消耗而设置的津贴，如矿山井下津贴、高温津贴、夜班津贴、高空津贴等；(2)为特种保健要求而设置津贴，如保健津贴、有毒有害岗位津贴等；(3)为鼓励职工钻研科学技术、努力工作而设置的津贴，如科研津贴等；(4)为奖励职工特殊贡献而设立的奖励性津贴，如为奖励学者、科技人员以及作出突出贡献的专家而设置的政府特殊津贴等。与津贴不同，补贴是为了保障职工的工资水平不受物价等特殊因素的影响而支付给职工的劳动补助，补贴主要是保证劳动者的生活水平不会收到物价等因素的较大冲击。

5. 加班加点工资

根据劳动法和国家的有关规定，用人单位由于生产或其他需要，在延长劳动者工作时间的情况下应当支付高于劳动者正常工作时间也就是加班时间的工资报酬，即加班工资。加班加点工资是针对劳动者加班、加点后，对其在标准上班时间外的工作进行支付劳动报酬的一种工资形式。实行标准工时制的，加班是指休息日和法定节假日上班时间，加点是指每天超过8小时之外的上班时间。

案例链接 8.4

加班超时的工资给付

周某2007年3月22日入职担任某科技公司质量工程师，约定3个月试用期月薪3500元，2008年1月1日签订劳动合同约定转正后月薪3800元。2008年12月30日双方劳动合同终止。周某以单位发布的《关于调整员工上下班作息时间的通知》主张2007年3月22日至同年8月31日期间平时工作日超时加班工资，及上述期间周六休息日加班工资。

案件争议焦点：(1)平时工作日加班工资如何计算？(2)周六休息日加班工资如何计算？

首先，平时工作日加班工资的计算。用人单位因工作需要安排劳动者延长工作时间或者在休息日加班的，应支付加班工资。本案中，周某要求公司支付2007年3月22日至同年8月31日期间平时工作日超时加班工资，并提供了《关于调整员工上下班作息时间的通知》予以证明，根据该通知所述公司单位员工2007年8月31日前的工作时间为上午8:00至下午17:00，扣除午餐时间1小时后，实际每天工作8.5小时，故现周某要求公司支付该超时加班工资，应予以支持。

其次,周六休息日加班工资。某科技公司承认周某在周六的加班,故理应支付加班工资,其中 2007 年 3 月 22 日至同年 8 月 31 日每周六加班为 8.5 小时,2007 年 9 月 1 日至同年 12 月 31 日期间每周六加班为 8 小时。至于加班工资基数应按照试用期内 3500 元,试用期后 3800 元计算。①

案例链接 8.5

弹性工作制的加班费

2005 年张某到某单位从事保安工作,工作时间实行轮班制,即每上一天班(24 小时)后休息一天(24 小时)。后来张某离开工作岗位,并向法院起诉请求单位支付超时加班工资。

法院认为,由于张某从事的是保安工作,其工作性质、工作时间具有特殊性,参照劳动部《关于企业实行不定时工作制和综合计算工时工作的审批办法》第 4 条第 3 项"其他因生产特点、工作特殊需要或者职责范围的关系,适合实行不定时工作制的职工"的规定,应认定张某的工作时间实行的是不定时工作制,所以张某向法院起诉主张的超时工作工资的理由不成立。②

解析:加班加点工资的计算应以标准工资为基数,而非以包含随意性很大的辅助工资在内的工资收入为基数。最低工资不包括加班加点工资。根据《工资支付暂行规定》用人单位在劳动者完成劳动定额或规定的工作任务后,根据实际需要安排劳动者在法定标准工作时间以外工作的,应按以下标准支付工资:

(1) 用人单位依法安排劳动者在日法定标准工作时间以外延长工作时间的,按照不低于劳动合同规定的劳动者本人小时工资标准的 150% 支付劳动者工资。

(2) 用人单位依法安排劳动者在休息日工作,而又不能安排补休的,按照不低于劳动合同规定的劳动者本人日或小时工资标准的 200% 支付劳动者工资。

(3) 用人单位依法安排劳动者在法定休假节日工作的,按照不低于劳动合同规定的劳动者本人日或小时工资标准的 300% 支付劳动者工资。

(4) 实行计件工资的劳动者,在完成计件定额任务后,由用人单位安排延长工作时间的,应根据上述规定的原则,分别按照不低于其本人法定工作时间计件单价的 150%、200%、300% 支付其工资。

---

① 参见找法网,访问地址:http://shangxiaoninglvshi.findlaw.cn/lawyer/jdal/d71763.html,最后访问时间 2014 年 1 月 12 日。

② 参见四川省成都市中级人民法院民事判决书(2008)成民终字第 67 号,法律图书馆,访问地址:http://www.law-lib.com/cpws/cpws_view.asp?id=200401220041,最后访问时间 2014 年 1 月 12 日。

第八讲 劳动报酬权

6. 特殊情况下支付的工资

特殊情况下支付的工资是指用人单位依照法律、法规规定或者劳动合约,在特殊时间内或特殊工作情况下支付给劳动者的工资,主要包括延长工作时间的工资、履行国家和社会义务期间的工资、休假期间工资、停工期间的工资等。

(1) 劳动者在法定工作时间内依法参加社会活动期间,用人单位应视同其提供了正常劳动而支付工资。社会活动包括:依法行使选举权或被选举权;当选代表出席乡(镇)、区以上政府、党派、工会、青年团、妇女联合会等组织召开的会议;出任人民法庭证明人;出席劳动模范、先进工作者大会;《工会法》规定的不脱产工会基层委员会委员因工作活动占用的生产或工作时间;其他依法参加的社会活动。

(2) 劳动者依法享受年休假、探亲假、婚假、丧假期间,用人单位应按劳动合同规定的标准支付劳动者工资。

(3) 非因劳动者原因造成单位停工、停产在一个工资支付周期内的,用人单位应按劳动合同规定的标准支付劳动者工资。超过一个工资支付周期的,若劳动者提供了正常劳动,则支付给劳动者的劳动报酬不得低于当地的最低工资标准;若劳动者没有提供正常劳动,应按国家有关规定办理。

(4) 用人单位依法破产时,劳动者有权获得其工资。在破产清偿中用人单位应按《中华人民共和国企业破产法》规定的清偿顺序,首先支付欠付本单位劳动者的工资。

经劳动行政部门批准实行综合计算工时工作制的,其综合计算工作时间超过法定标准工作时间的部分,应视为延长工作时间,并应按本规定支付劳动者延长工作时间的工资。

注意:实行不定时工时制度的劳动者,不执行上述规定。

《关于工资总额组成的规定》中不仅作出了肯定性列举,还作出了否定性列举,指出下列各项不列入工资总额的范围:

(1) 根据国务院发布的有关规定颁发的发明创造奖、自然科学奖、科学技术进步奖和支付的合理化建议和技术改进奖以及支付给运动员、教练员的奖金;

(2) 有关劳动保险和职工福利方面的各项费用;

(3) 有关离休、退休、退职人员待遇的各项支出;

(4) 劳动保护的各项支出;

(5) 稿费、讲课费及其他专门工作报酬;

(6) 出差伙食补助费、误餐补助、调动工作的旅费和安家费;

(7) 对自带工具、牲畜来企业工作职工所支付的工具、牲畜等的补偿费用;

(8) 实行租赁经营单位的承租人的风险性补偿收入;

(9) 对购买本企业股票和债券的职工所支付的股息(包括股金分红)和利息;

(10) 劳动合同制职工解除劳动合同时由企业支付的医疗补助费、生活补助费等;

(11) 因录用临时工而在工资以外向提供劳动力单位支付的手续费或管理费;

(12) 支付给家庭工人加工费和按加工订货办法支付给承包单位的发包费用;

(13) 支付给参加企业劳动的在校学生的补贴;

(14) 计划生育独生子女补贴。

(三) 工资的基本职能

(1) 保障职能。工资作为大部分劳动者及其家庭收入的最重要来源,是维持生活的最基本且最重要的保障,若没有及时、足额地领取工资,个人及家庭生活就会失去保障,生活就会面临困境,因此保障职能是工资首要的基本职能。

(2) 补偿功能。工资的补偿功能不同于工资的保障职能,保障职能是对劳动者基本生存、生活的保障,补偿是指对职工在劳动过程中体力和脑力消耗的补偿。劳动者在工作过程中消耗了大量的体能、精力和智力,为了尽快恢复身体机能,劳动者必须得到相应的补偿用于恢复身体活力,才能保证劳动力的再生产。因此,工资中的补偿功能对劳动者恢复充足的生产力来说至关重要。

(3) 激励职能。在现实生活中劳动者需要通过工资的获得来进行物质及精神文化产品的购买,因此工资的多少决定着劳动者在生活中的购买力,决定着劳动者物质和精神文化生活水平的高低,因此按劳分配、多劳多得的工资分配原则是对职工劳动的一种价值评价,对职工劳动的积极性具有很大的激励作用。

(4) 调节职能。工资是国家用来进行宏观调控、调节经济的重要杠杆,对劳动力总体布局、劳动力市场、国民收入分配、产业结构变化等都具有直接或间接的调节作用。以劳动者流动为例,工资水平的高低在很大程度上影响了生产力跨行业、跨区域甚至跨国界的流动,进而影响行业整体布局,对国家进行产业结构调整,宏观经济调控具有重要作用。

(5) 统筹与监督职能。对于各行业、各地区劳动者工资水平以及工资发放状况的统筹与监督可以直观地反映该行业、该地区劳动者的整体生活水平以及该行业和地区的经济活力程度,有助于国家对经济发展的全局进行监督和调控,帮助企业和政府不断提高行业和地区的竞争力。

(四) 哪些情形下用人单位可以代扣劳动者的工资

案例链接 8.6

王某大专毕业后被某食品加工公司聘为业务员,签订了3年期的劳动合同,合同约定试用期2个月,试用期工资每月2000元,公司为其缴纳五险一金。

2009年7月,王某代表公司与农户签订水果收购协议,约定2个月后交货,并支付10万元预付款。到了交货时间,农户的水果仍未成熟无法采摘,导致延期交货。公司得知消息后责怪王某办事考虑不周全,没有预见性,影响了公司业务的正常运转,并决定扣发王某当月工资和奖金。

王某不服,认为延期交货的责任不在于自己,公司扣发工资的行为是违法的,随后申请仲裁。仲裁委审理后认为食品加工公司扣发工资和奖金的决定没有正当合法依据,遂裁决要求公司补发王某被扣发的工资和奖金。[①]

解析:劳动者的工资是劳动者维持个人及家庭生活的最主要的经济来源,因此用人单位一般情况下是不得克扣劳动者工资的。但为了维护社会的稳定,及时解决社会纠纷,减少社会交易环节和成本,所以若出现下列情况之一的,用人单位可以代扣劳动者工资:

(1) 用人单位代扣代缴的个人所得税;
(2) 用人单位代扣代缴的应由劳动者个人负担的各项社会保险费用;
(3) 法院判决、裁定中要求代扣的抚养费、赡养费;
(4) 法律、法规规定可以从劳动者工资中扣除的其他费用。

注意:因劳动者本人原因给用人单位造成经济损失的,用人单位可按照劳动合同的约定要求其赔偿经济损失。经济损失的赔偿,可从劳动者本人的工资中扣除。但每月扣除的部分不得超过劳动者当月工资的20%。若扣除后的剩余工资部分低于当地月最低工资标准,则按最低工资标准支付。

(五) 用人单位在何种情况下需要支付赔偿金

各级劳动行政部门(现在主要指人力资源和社会保障部门)有权监察用人单位工资支付的情况。用人单位有下列侵害劳动者合法权益行为的,由劳动行政部门责令其支付劳动者工资和经济补偿,并可责令其支付赔偿金:

(1) 克扣或者无故拖欠劳动者工资的;
(2) 拒不支付劳动者延长工作时间工资的;
(3) 低于当地最低工资标准支付劳动者工资的。

---

① 笔者根据案例自己改编。

经济补偿和赔偿金的标准,按国家有关规定执行。

注意:"克扣"是指用人单位无正当理由扣减劳动者应得工资(即在劳动者已提供正常劳动的前提下用人单位按劳动合同规定的标准应当支付给劳动者的全部劳动报酬)。不包括以下减发工资的情况:(1)国家的法律、法规中有明确规定的;(2)依法签订的劳动合同中有明确规定的;(3)用人单位依法制定并经职代会批准的厂规、厂纪中有明确规定的;(4)企业工资总额与经济效益相联系,经济效益下浮时,工资必须下浮的(但支付给劳动者工资不得低于当地的最低工资标准);(5)因劳动者请事假等相应减发工资等。

"无故拖欠"工资的情形是指用人单位无正当理由超过规定付薪时间未支付劳动者工资。不包括:(1)用人单位遇到非人力所能抗拒的自然灾害、战争等原因、无法按时支付工资;(2)用人单位确因生产经营困难、资金周转受到影响,在征得本单位工会同意后,可暂时延期支付劳动者工资,延期时间的最长限制可由各省、自治区、直辖市劳动行政部门根据各地情况确定。其他情况下拖欠工资均属无故拖欠。

各级劳动行政部门要定期或者不定期地对各行业中用工不规范的企业进行检查,尤其是如建筑业这样的纠纷高发行业更要重点监测,从日常工资发放中做好监督管理,出现问题及时指明并限期整改,以免事件积少成多,引发大规模群体性事件。

我国《劳动合同法》第85条也对赔偿金作出了规定,用人单位有下列情形之一的,由劳动行政部门责令限期支付劳动报酬、加班费或者经济补偿;劳动报酬低于当地最低工资标准的,应当支付其差额部分;逾期不支付的,责令用人单位按应付金额50%以上100%以下的标准向劳动者加付赔偿金:

(1)未按照劳动合同的约定或者国家规定及时足额支付劳动者劳动报酬的;

(2)低于当地最低工资标准支付劳动者工资的;

(3)安排加班不支付加班费的;

(4)解除或终止劳动合同,未依照本法规定向劳动者支付经济补偿的。

(六)企业职工的福利费

企业职工福利费是企业对职工劳动补偿的辅助形式,是指企业为职工提供的除职工工资、奖金、津贴、纳入工资总额管理的补贴、职工教育经费、社会保险费和补充养老保险费(年金)、补充医疗保险费及住房公积金以外的福利待遇支出,包括发放给职工或为职工支付的以下各项现金补贴和非货币性集体福利:

(1)为职工卫生保健、生活等发放或支付的各项现金补贴和非货币性福利,包括职工因公外地就医费用、暂未实行医疗统筹企业职工医疗费用、职工供养直系亲属医疗补贴、职工疗养费用、自办职工食堂经费补贴或未办职工食堂统一供应午餐支出、符合国家有关财务规定的供暖费补贴、防暑降温费等。

（2）企业尚未分离的内设集体福利部门所发生的设备、设施和人员费用，包括职工食堂、职工浴室、理发室、医务所、托儿所、疗养院、集体宿舍等集体福利部门设备、设施的折旧、维修保养费用以及集体福利部门工作人员的工资薪金、社会保险费、住房公积金、劳务费等人工费用。

（3）职工困难补助，或者企业统筹建立和管理的专门用于帮助、救济困难职工的基金支出。

（4）离退休人员统筹外费用，包括离休人员的医疗费及离退休人员其他统筹外费用。企业重组涉及的离退休人员统筹外费用，按照《财政部关于企业重组有关职工安置费用财务管理问题的通知》（财企〔2009〕117号）执行。国家另有规定的，从其规定。

（5）按规定发生的其他职工福利费，包括丧葬补助费、抚恤费、职工异地安家费、独生子女费、探亲假路费，以及符合企业职工福利费定义但没有包括在本通知各条款项目中的其他支出。

注意：

（1）企业为职工提供的交通、住房、通讯待遇，已经实行货币化改革的，按月按标准发放或支付的住房补贴、交通补贴或者车改补贴、通讯补贴，应当纳入职工工资总额，不再纳入职工福利费管理；尚未实行货币化改革的，企业发生的相关支出作为职工福利费管理，但根据国家有关企业住房制度改革政策的统一规定，不得再为职工购建住房。

（2）企业给职工发放的节日补助、未统一供餐而按月发放的午餐费补贴，应当纳入工资总额管理。

（3）企业职工福利一般应以货币形式为主。对以本企业产品和服务作为职工福利的，企业要严格控制。国家出资的电信、电力、交通、热力、供水、燃气等企业，将本企业产品和服务作为职工福利的，应当按商业化原则实行公平交易，不得直接供职工及其亲属免费或者低价使用。

三、最低工资制度

（一）最低工资的概念和适用范围

案例链接 8.7

学徒工工资是否适用最低工资标准

2007年7月徐某高中毕业后通过介绍在当地一家汽车修理厂做学徒，并与汽修厂签订了3年的劳动合同，该合同规定，前两年为学徒期，汽修厂每月给徐某支付学徒工资700元。

2008年1月,徐某得知2008年当地最低工资标准为月薪850元,遂到单位申请增加自己的工资,在遭到拒绝后提出仲裁申请。仲裁委经审理作出裁决,用人单位汽修厂依照最低工资标准给徐某发放学徒工资,汽修厂应按最低工资补发2007年7月至2008年3月的工资不足部分,并且汽修厂向徐某支付相当于不足当地最低工资标准部分的25%的经济补偿金。[①]

解析:为了维护劳动者取得劳动报酬的合法权益,保障劳动者个人及其家庭成员的基本生活,我国制定了《最低工资规定》。规定所称最低工资标准,是指劳动者在法定工作时间或依法签订的劳动合同约定的工作时间内提供了正常劳动的前提下,用人单位依法应支付的最低劳动报酬。其中正常劳动,是指劳动者按依法签订的劳动合同约定,在法定工作时间或劳动合同约定的工作时间内从事的劳动。劳动者依法享受带薪年休假、探亲假、婚丧假、生育(产)假、节育手术假等国家规定的假期间,以及法定工作时间内依法参加社会活动期间,视为提供了正常劳动。

我国的最低工资制度适用于在中华人民共和国境内的企业、民办非企业单位、有雇工的个体工商户和与之形成劳动关系的劳动者。国家机关、事业单位、社会团体和与之建立劳动合同关系的劳动者,也依照最低工资制度执行。

在劳动者提供正常劳动的情况下,用人单位应支付给劳动者的工资在剔除下列各项以后,不得低于当地最低工资标准,也就是说下列各项不得作为最低工资的组成部分:(1) 延长工作时间工资;(2) 中班、夜班、高温、低温、井下、有毒有害等特殊工作环境、条件下的津贴;(3) 法律、法规和国家规定的劳动者福利待遇等。

注意:用人单位如果实行计件工资或提成工资等工资形式,在科学合理的劳动定额基础上,其支付劳动者的工资不得低于相应的最低工资标准。

上述规定适用的前提是劳动者提供正常劳动,所以如果劳动者由于本人原因造成在法定工作时间内或依法签订的劳动合同约定的工作时间内未提供正常劳动的,不适用上述规定。

(二) 最低工资标准

我国《劳动法》第48条规定国家实行最低工资保障制度。最低工资的具体标准由省、自治区、直辖市人民政府规定,报国务院备案。用人单位支付劳动者的工资不得低于当地最低工资标准。虽然最低工资的具体标准没有统一规定,

---

① 参见谢恒:《劳动者权益保护案例》,山西教育出版社2010年版,第228页。

但是在最低工资标准的形式上,《最低工资规定》规定了月最低工资标准和小时最低工资标准两种形式。月最低工资标准适用于全日制就业劳动者,小时最低工资标准适用于非全日制就业劳动者。

根据我国《劳动法》的规定,确定和调整最低工资标准应当综合参考下列因素:(1)劳动者本人及平均赡养人口的最低生活费用;(2)社会平均工资水平;(3)劳动生产率;(4)就业状况;(5)地区之间经济发展水平的差异。

具体到两种标准形式,如果确定和调整月最低工资标准,应参考当地就业者及其赡养人口的最低生活费用、城镇居民消费价格指数、职工个人缴纳的社会保险费和住房公积金、职工平均工资、经济发展水平、就业状况等因素。如果确定和调整小时最低工资标准,应在颁布的月最低工资标准的基础上,考虑单位应缴纳的基本养老保险费和基本医疗保险费因素,同时还应适当考虑非全日制劳动者在工作稳定性、劳动条件和劳动强度、福利等方面与全日制就业人员之间的差异。

(三)最低标准工资的制定程序

省、自治区、直辖市范围内的不同行政区域可以有不同的最低工资标准。

(1)方案初步拟定。最低工资标准的确定和调整方案,由省、自治区、直辖市人民政府劳动保障行政部门会同同级工会、企业联合会或者企业家协会研究拟订,并将拟订的方案报送人社部。方案内容包括最低工资确定和调整的依据、适用范围、拟订标准和说明。

(2)征求意见。人社部在收到拟订方案后,应征求全国总工会、中国企业联合会或者企业家协会的意见。人社部对方案可以提出修订意见,若在方案收到后14日内未提出修订意见的,视为同意。

(3)批准、发布和报备。省、自治区、直辖市劳动保障行政部门应将本地区最低工资标准方案报省、自治区、直辖市人民政府批准,并在批准后7日内在当地政府公报上和至少一种全地区性报纸上发布。省、自治区、直辖市劳动保障行政部门应在发布后10日内将最低工资标准报人社部。

(4)适时调整。最低工资标准发布实施后,当制定最低工资标准的各项参考因素如当地最低生活费用、职工平均工资、经济发展水平、就业状况等因素发生变化,或者城镇居民消费价格指数累计变动较大时,应当适时调整。最低工资标准每两年至少调整一次。

(5)公示。用人单位应在最低工资标准发布后10日内将该标准向本单位全体劳动者公示。

(四) 最低工资标准测算方法

1. 确定最低工资标准应考虑的因素

确定最低工资标准一般考虑城镇居民生活费用支出、职工个人缴纳社会保险费、住房公积金、职工平均工资、失业率、经济发展水平等因素。可用公式表示为：$M=f(C、S、A、U、E、a)$，其中各字母分别代表各自含义：M—最低工资标准；C—城镇居民人均生活费用；S—职工个人缴纳社会保险费、住房公积金；A—职工平均工资；U—失业率；E—经济发展水平；a—调整因素。

2. 确定最低工资标准的通用方法

第一，比重法。即根据城镇居民家计调查资料，确定一定比例的最低人均收入户为贫困户，统计出贫困户的人均生活费用支出水平，乘以每一就业者的赡养系数，再加上一个调整数。

第二，恩格尔系数法。即根据国家营养学会提供的年度标准食物谱及标准食物摄取量，结合标准食物的市场价格，计算出最低食物支出标准，除以恩格尔系数，得出最低生活费用标准，再乘以每一就业者的赡养系数，再加上一个调整数。以上方法计算出月最低工资标准后，再考虑职工个人缴纳社会保险费、住房公积金、职工平均工资水平、社会救济金和失业保险金标准、就业状况、经济发展水平等进行必要的修正。

举例：某地区最低收入组人均每月生活费支出为 210 元，每一就业者赡养系数为 1.87，最低食物费用为 127 元，恩格尔系数为 0.604，平均工资为 900 元。

(1) 按比重法计算得出该地区月最低工资标准为：月最低工资标准 $=210\times 1.87+a=393+a$(元) 公式(1)

(2) 按恩格尔系数法计算得出该地区月最低工资标准为：月最低工资标准 $=127\div 0.604\times 1.87+a=393+a$(元) 公式(2)

公式(1)与(2)中 a 的调整因素主要考虑当地个人缴纳养老、失业、医疗保险费和住房公积金等费用。

另，按照国际上一般月最低工资标准相当于月平均工资的 40—60%，则该地区月最低工资标准范围应在 360 元—540 元之间。

小时最低工资标准 $=$〔(月最低工资标准$\div 20.92\div 8$)$\times$(1+单位应当缴纳的基本养老保险费、基本医疗保险费比例之和)〕$\times$(1+浮动系数)

浮动系数的确定主要考虑非全日制就业劳动者工作稳定性、劳动条件和劳动强度、福利等方面与全日制就业人员之间的差异。

各地可参照以上测算办法，根据当地实际情况合理确定月、小时最低工资标准。

(五) 最低工资标准的实施监督

设定最低工资标准的目的维持劳动者生活的最低标准,是劳动者在工资方面的最低待遇,如果用人单位连最低的工资标准都无法满足,那么劳动者的生存将会面临巨大的困难,对社会的稳定也将产生冲击,因此必须对最低工资标准的实施情况进行严格的监督。县级以上地方人民政府劳动保障行政部门负责对本行政区域内用人单位执行本规定情况进行监督检查;各级工会组织依法对《最低工资规定》执行情况进行监督,发现用人单位支付劳动者工资违反本规定的,有权要求当地劳动保障行政部门处理;用人单位应在最低工资标准发布后10日内将该标准向本单位全体劳动者公示如果违反该条规定,则由劳动保障行政部门责令其限期改正。

如果用人单位支付给劳动者的工资低于《最低工资规定》中对最低工资的标准的规定,则由劳动保障行政部门责令其限期补发所欠劳动者工资,并可责令其按所欠工资的1至5倍支付劳动者赔偿金。

四、工资与劳动报酬的关系

根据我国《工资支付暂行规定》中对工资的认定,工资是指用人单位依据劳动合同的规定,以各种形式支付给劳动者的工资报酬。而有关劳动报酬的概念我国主要是一些学者自拟的概念,并没有法律法规规章进行相关定义,但从文字表述看,工资应属于劳动报酬的一部分,劳动报酬的范围要大于工资的范围。20世纪80年代以来,我国法律法规规章中同时使用"工资""劳动报酬""工资报酬"等概念。在劳动法理论研究中,我国学者也分别使用"工资""劳动报酬"等概念,但对"工资""劳动报酬"的含义及其相互关系的认识存在一定的混乱。这里以国内知名学者的观点为例进行说明。[1] 第一种观点:工资与劳动报酬同义。叶静漪教授认为:工资,又称薪金、薪水,是指基于劳动关系,用人单位根据劳动者提供的劳动数量和质量,按照法律规定或劳动合同约定,以货币形式直接支付给劳动者的劳动报酬。[2] 第二种观点:工资在广义上与劳动报酬同义。王全兴教授认为:工资,又称薪金。其广义,即职工劳动报酬,是指劳动关系中,职工因履行劳动义务而获得的,由用人单位以法定方式支付的各种形式的物质补偿。其狭义,仅指职工劳动报酬中的基本工资(或称标准工资)。[3] 第三种观点:工资在狭

---

[1] 胡玉浪:《劳动报酬权研究》,知识产权出版社2009年版,第79页。
[2] 贾俊玲:《劳动法学》,中央广播电视大学出版社2003年版,第124页。
[3] 王全兴:《劳动法》,法律出版社2004年版,第231页。

义上与劳动报酬同义。黎建飞教授认为：劳动报酬即我们通常所说的工资，有广义、狭义之分。广义的工资，泛指人们从事各种劳动而获得的货币收入或有价物。它既包括国家公职人员的各种收入，也包括公民个人因加工承揽、委托、运输、约稿等所获得的各种劳动收入。狭义的工资，专指劳动法中所调整的劳动者基于劳动关系取得的各种劳动收入，它包括计时工资、计件工资、奖金、津贴和补贴、延长工作时间的工资报酬以及特殊情况下支付的工资等。① 第四种观点：工资是劳动报酬的一个组成部分。林嘉教授认为：工资是指用人单位依据国家有关规定或劳动合同的约定，以货币形式直接支付给本单位劳动者的劳动报酬，工资是劳动者劳动报酬的重要组成部分，是工薪劳动者的基本生活来源。劳动报酬是劳动者通过劳动而获得的报酬。除工资外，劳动报酬还包括劳务费、佣金、稿酬等。但工资与劳务费、佣金、稿酬等相比有许多不同之处。如前者属劳动法的范畴，由劳动法调整，实行按劳分配、同工同酬的原则；而后者属民法的范畴，由民法调整，实行自愿、公平、等价有偿的原则。②

从工资概念和劳动报酬概念的含义看，劳动报酬概念的内涵比工资概念丰富，相应地对劳动者利益的保护也更有利。如国际劳工组织《男女同工同酬公约》第1条规定："报酬"一语指普通的、基本的或最低限度的工资或薪金以及任何其他因工人的工作而由雇主直接地或间接地以现金或实物支付给工人的酬金。可见，《公约》中"报酬"的含义覆盖了基于雇佣关系而产生的全部薪酬，既包括直接成分，也包括间接成分，其含义比通常所指的数额固定并且定期支付的"工资"一词来得丰富。也就是说，劳动报酬的含义，"除了工资以外，还可能包括奖金、佣金、认股权、人寿保险、养老金计划、医疗保险、住房补贴等一切与劳动关系有关的好处或权益"。③

无论工资与劳动报酬之间在学理上是完全的相同还是有范围上的包容关系，不可否认的是在现实生活中对于大部分劳动者来讲，享受获得报酬的权利即是在工资待遇上能够得到最公平最及时的满足，工资对于大部分劳动者而言是维持个人及家庭生活的来源，准时足额地领取工资待遇是进行物质生活和精神生活的最重要的经济活动，所以，坚持严格遵守我国现有法律法规规章中规定的工资制度，坚持在实践中不断完善我国的工资制度是一项漫长而重要的工作。

---

① 黎建飞：《劳动与社会保障法教程》，中国人民大学出版社2007年版，第253页。
② 关怀、林嘉：《劳动法》，中国人民大学出版社2006年版，第212页。
③ 周长征：《劳动法原理》，科学出版社2004年版，第159页。

五、工资集体协商制度

(一) 工资集体协商制度的产生背景

工资集体协商制度诞生于西方社会,随着资本主义社会经济和社会化大生产的发展而产生,是劳资双方不断调整劳动关系的必然结果。18世纪下半叶,西欧的工业革命加剧了劳资矛盾,促进了工会组织的建立,出现了集体协商的萌芽,英国已经出现了由企业主和工人代表经过协商之后签订的雇佣条件协定。到19世纪末20世纪初,工人运动深入发展,劳资矛盾日益尖锐,工人罢工运动不断高涨,为了缓和矛盾,欧洲一些国家在立法上逐渐放宽了对集体谈判的限制,纷纷颁布集体谈判的相关法律,如德国1918年颁布的《团体协约法》,法国1919年制定的《劳动契约法》等。集体谈判的大规模发展是在一战以后,1932年美国通过的"诺里斯-拉瓜迪亚"法案,1933年的《全国产业复兴法》,1935年的《社会保障法》和1938年的《公平劳工标准法》,这一系列法律法规的颁布,标志着工资集体谈判的法律地位被正式确定。同时集体谈判逐步成为工人参与企业民主和社会决策过程的主要形式,也成为西方国家劳资双方解决冲突的最主要手段。第二次世界大战后,几乎所有资本主义国家的企业都推行了工资集体谈判制度,立法上也有了相对完善的规定。

工资集体协商制度逐渐成为各国解决劳资纠纷的重要途径,对于我国来讲,这项制度虽已起步并实施十几年,但社会效果不明显,很多时候由于工会职能受到限制等原因使得集体协商沦为一种形式公平,而偏离了实质公平。我们需要注意到,工资集体协商制度是劳动者维护其正当要求和合法权益的重要途径,健全和完善该制度对我国形成健康的劳动力产业链具有现实和深远的意义。

(二) 工资集体协商的含义及内容

工资集体协商制度是市场经济条件下,建设和谐劳资关系的重要制度安排。为规范工资集体协商和签订工资集体协议的行为,保障劳动关系双方的合法权益,促进劳动关系的和谐稳定,依据《中华人民共和国劳动法》和国家有关规定,原劳动和社会保障部制定了《工资集体协商试行办法》。

工资集体协商,是指职工代表与企业代表依法就企业内部工资分配制度、工资分配形式、工资收入水平等事项进行平等协商,在协商一致的基础上签订工资协议的行为。

工资协议,是指专门就工资事项签订的专项集体合同。已订立集体合同的,工资协议作为集体合同的附件,并与集体合同具有同等效力。依法订立的工资协议对企业和职工双方具有同等约束力。双方必须全面履行工资协议规定的义务,任何一方不得擅自变更或解除工资协议。职工个人与企业订立的劳动合同中关于工资报酬的标准,不得低于工资协议规定的最低标准。县级以上劳动保障行政部门依法对工资协议进行审查,对协议的履行情况进行监督检查。

工资集体协商一般包括以下内容:(1)工资协议的期限;(2)工资分配制度、工资标准和工资分配形式;(3)职工年度平均工资水平及其调整幅度;(4)奖金、津贴、补贴等分配办法;(5)工资支付办法;(6)变更、解除工资协议的程序;(7)工资协议的终止条件;(8)工资协议的违约责任;(9)双方认为应当协商约定的其他事项。

对于上述第(3)项提到的协商职工年度平均工资水平的问题,需要注意协商的过程及结果应符合国家有关工资分配的宏观调控政策,并综合参考下列因素:(1)地区、行业、企业的人工成本水平;(2)地区、行业的职工平均工资水平;(3)当地政府发布的工资指导线、劳动力市场工资指导价位;(4)本地区城镇居民消费价格指数;(5)企业劳动生产率和经济效益;(6)国有资产保值增值;(7)上年度企业职工工资总额和职工平均工资水平;(8)其他与工资集体协商有关的情况。

(三) 工资集体协商代表

(1)代表的确定。工资集体协商的代表应依照法定程序产生。协商双方享有平等的建议权、否决权和陈述权。其中,职工一方由工会代表。未建工会的企业由职工民主推举代表,并得到半数以上职工的同意。企业代表由法定代表人和法定代表人指定的其他人员担任。协商双方可书面委托本企业以外的专业人士作为本方协商代表。委托人数不得超过本方代表的1/3。

(2)首席代表的确定。协商双方各确定一名首席代表。职工首席代表应当由工会主席担任,工会主席可以书面委托其他人员作为自己的代理人;未成立工会的,由职工集体协商代表推举。企业首席代表应当由法定代表人担任,法定代表人可以书面委托其他管理人员作为自己的代理人。

(3)执行主席的确定。协商双方的首席代表在工资集体协商期间轮流担任协商会议执行主席。协商会议执行主席的主要职责是负责工资集体协商有关组织协调工作,并对协商过程中发生的问题提出处理建议。

(4)保密等责任。协商代表应遵守双方确定的协商规则,履行代表职责,并负有保守企业商业秘密的责任。协商代表任何一方不得采取过激、威胁、收买、欺骗等行为。

(5) 接受质询。协商代表应了解和掌握工资分配的有关情况,广泛征求各方面的意见,接受本方人员对工资集体协商有关问题的质询。

注意:由企业内部产生的协商代表参加工资集体协商的活动应视为提供正常劳动,享受的工资、奖金、津贴、补贴、保险福利待遇不变。其中,职工协商代表的合法权益受法律保护。企业不得对职工协商代表采取歧视性行为,不得违法解除或变更其劳动合同。

(四) 工资集体协商程序

(1) 提出要求。职工和企业任何一方均可提出进行工资集体协商的要求。工资集体协商的提出方应向另一方提出书面的协商意向书,明确协商的时间、地点、内容等。另一方接到协商意向书后,应于20日内予以书面答复,并与提出方共同进行工资集体协商。

(2) 提供材料。在不违反有关法律、法规的前提下,协商双方有义务按照对方要求,在协商开始前5日内,提供与工资集体协商有关的真实情况和资料。

(3) 审议并通过。工资协议草案应提交职工代表大会或职工大会讨论审议。工资集体协商双方达成一致意见后,由企业行政方制作工资协议文本。工资协议经双方首席代表签字盖章后成立。

(五) 工资协议审查

工资协议签订后,应于7日内由企业将工资协议一式三份及说明,报送劳动保障行政部门审查。劳动保障行政部门应在收到工资协议15日内,对工资集体协商双方代表资格、工资协议的条款内容和签订程序等进行审查。

劳动保障行政部门经审查对工资协议无异议,应及时向协商双方送达《工资协议审查意见书》,工资协议即行生效。劳动保障行政部门对工资协议有修改意见,应将修改意见在《工资协议审查意见书》中通知协商双方。双方应就修改意见及时协商,修改工资协议,并重新报送劳动保障行政部门。

工资协议向劳动保障行政部门报送经过15日后,协议双方未收到劳动保障行政部门的《工资协议审查意见书》,视为已经劳动保障行政部门同意,该工资协议即行生效。协商双方应于5日内将已经生效的工资协议以适当形式向本方全体人员公布。

工资集体协商一般情况下一年进行一次。职工和企业双方均可在原工资协议期满前60日内,向对方书面提出协商意向书,进行下一轮的工资集体协商,做好新旧工资协议的相互衔接。

六、拒不支付劳动报酬罪

案例链接 8.8

2015年8月,全国总工会就2015年上半年我国劳动关系领域的劳动违法案件进行了梳理,并从中挑选出十起拖欠劳动报酬典型案件集中发布。通过分析这十起典型欠薪案件的类别不难发现,建筑施工、加工制造等劳动密集型企业仍是占欠薪主体。

一、中铁一局及湖北利川开福劳务有限公司欠薪案

2015年2月2日,湖北利川开福劳务有限公司32名农民工投诉被拖欠工资。长春市总工会法律援助中心经调查发现,中铁一局承建长春市北郊污水处理厂环保项目,将土建工程分包给开福劳务有限公司,32名在该项目务工的农民工工资被拖欠已长达一年,中铁一局与农民工双方就拖欠数额存在争议,市总法律援助中心于2月5日召集中铁一局、开福劳务公司及农民工代表等进行协商处理。经逐笔核实,各方对所拖欠104.49万元工资没有异议,并达成由中铁一局长春污水项目部分三笔支付全部欠薪的协议。第一笔574997元和第二笔204068.51元已于2015年2月13日前支付,第三笔265865.5元,于2015年10月31日保修金到期后进行支付。

二、上海森磊鞋业有限公司欠薪案

2015年5月5日,上海森磊鞋业有限公司职工到上海市奉贤区金汇镇社区事务受理中心集体上访,要求政府部门出面解决被森磊公司拖欠的2015年3月至4月的工资。奉贤区劳动监察大队会同金汇镇政府、镇总工会等及时赶往森磊公司,安抚职工,调查取证。经查,5月4日,森磊公司张贴告示称,公司法定代表人王伟国因犯罪已被黄浦区人民法院判刑,与公司有关的债权债务以及其他一切纠纷请通过法律途径处理。森磊公司拖欠68名职工2015年3月至4月的工资共计50万元。在金汇镇政府督促下,企业方和职工代表通过协商达成协议,约定2015年6月7日支付2015年3月份的欠薪,2015年7月31日支付2015年4月份的欠薪。至2015年6月底,森磊公司已支付欠薪总额的70%。①

---

① 参见《全国总工会公布2015年上半年拖欠劳动报酬典型案件》,中工网,访问地址:http://acftu.workercn.cn/27/201508/04/150804175210550.shtml,最后访问时间2016年3月20日,这里仅选取两起。

(一) 概念及产生背景

拒不支付劳动报酬罪是《刑法修正案（八）》中的新增罪名，是指以转移财产、逃匿等方法逃避支付劳动者的劳动报酬或者有能力支付而不支付劳动者的劳动报酬，数额较大，经政府有关部门责令支付仍不支付的行为。传统观点认为，欠薪行为仅仅为欠债，本质上是一种民事行为，没有必要将其上升为刑事犯罪。但是我国存在着严重的拒不支付劳动报酬的行为，最为常见的是农民工工资被拖欠，虽年年整治，但效果甚微，尤其年关将至时，事件便集中爆发，各类农民工冒着生命危险维权的案例屡见各类新闻媒体。为依法惩治拒不支付劳动报酬犯罪，维护劳动者的合法权益，最终拒不支付劳动报酬的部分行为进入了刑法的调整范围。

人力资源和社会保障部相关负责人在《关于审理拒不支付劳动报酬刑事案件适用法律若干问题的解释》出台后表示，近年来，各地各部门高度重视保障工资支付工作，但由于多方面原因，欠薪问题仍未能从根本上得到解决。特别是2012年以来，受国际国内经济增长下行压力加大等因素影响，因欠薪引发的举报投诉案件、劳动争议案件和群体性事件数量仍处于高位，少数地方甚至发生因追讨被拖欠工资致伤致死的恶性事件。从各地反映情况看，欠薪问题还呈现出一些新特点：一是案件数量有所增加，2012年全国各级劳动保障监察机构共查处欠薪案件21.8万件，为622.5万劳动者追发工资等待遇200.8亿元，分别较上年增长5%、16.7%和29.5%。二是涉及领域呈扩大趋势，除建设领域欠薪问题仍频发高发外，加工制造、船舶修造、纺织等与外贸出口紧密关联的企业，尤其是劳动密集型中小企业欠薪问题明显增多。三是问题处置难度不断增大，一些企业欠薪往往涉及人数多、数额大，一旦处理不妥，容易激化矛盾。在这种形势下，该司法解释的出台，表明了国家对于查处欠薪犯罪的重视和决心，有利于将法律规定落到实处，有效震慑和查处违法犯罪行为，切实维护劳动者合法权益和社会稳定。

2012年12月29日，因拖欠农民工工资12万元后逃匿，包工头胡某被四川省成都市双流县人民法院一审判处有期徒刑一年，并处罚金2万元。此案是我国《刑法修正案（八）》自2012年5月1日正式实施以来，四川首例拒不支付劳动报酬的刑事案件，该案件具有很强的现实意义。拒不支付劳动报酬行为入刑以来，全国各地法院审理并宣判了大量拒不支付劳动报酬罪。以下两个案例是典型的雇主因各种理由拒不支付劳动者的劳动报酬而经过法院依法判决被告犯拒不支付劳动报酬罪的案例。

案例链接 8.9

曹某拒不支付劳动报酬案

案号:(2013)温瓯刑初字第 405 号
公诉机关:浙江省温州市瓯海区人民检察院
被告人:曹甲、曹乙

法院经审理查明:被告人曹甲与曹乙(已被判刑)系夫妻关系,二人在街道某某号共同经营温州市瓯海××皮鞋加工厂(以下简称加工厂),被告人曹甲系该加工厂工商登记的经营者。2011 年 11 月,被告人曹乙明知该加工厂无法支付员工工资未采取任何措施进行解决,并任由其手机停机,曹甲则在未支付该加工厂三十余位员工工资(2011 年 9 月份至 12 月份)的情况下于 2011 年 12 月 16 日逃离该加工厂并关闭其手机等联系方式,致使上述员工无法联系被告人曹甲及曹乙。加工厂员工由于未取得工资于 2011 年 12 月 21 日到温州市鹿城区世纪广场请愿。同日,温州市瓯海区人力资源和社会保障局在加工厂门口张贴劳动保障监察限期改正指令书,但被告人曹甲与曹乙未在指定期限内支付员工工资。经登记,被告人曹甲与曹乙共拖欠员工工资 20 余万。

法院认为,被告人曹甲以逃匿等方法逃避支付劳动者的劳动报酬,数额较大,经政府有关部门责令支付仍不支付,其行为已构成拒不支付劳动报酬罪。公诉机关指控的罪名成立。被告人曹甲归案后如实供述自己的罪行,予以从轻处罚。辩护人提出相关辩护意见予以采纳。依照《中华人民共和国刑法》第 276 条之一第 1 款、第 25 条第 1 款、第 67 条第 3 款之规定,判决如下:

被告人曹甲犯拒不支付劳动报酬罪,判处有期徒刑 6 个月,并处罚金 2000 元。

(刑期从判决执行之日起计算,判决执行以前先行羁押的,羁押 1 日折抵刑期 1 日,即自 2012 年 12 月 17 日起至 2013 年 6 月 16 日止;罚金限判决生效之日起 10 日内缴纳。)[①]

案例链接 8.10

浙江某某服装有限公司等拒不支付劳动报酬案

案号:(2012)杭萧刑初字第 2542 号
公诉机关:杭州市萧山区人民检察院
被告单位:浙江某某服装有限公司,法定代表人俞某甲
被告单位:杭州某某有限公司,法定代表人俞某甲

---

① 参见北大法宝。

被告人：俞某甲

法院经审理查明：2011年10月份，被告单位浙江某某服装有限公司、杭州某某有限公司出现不能按时支付公司员工工资、公司员工多次到杭州市萧山区萧山经济技术开发区管理委员会上访反映的情况。时任两公司法定代表人、实际经营负责人的被告人俞某甲亦向萧山经济技术开发区管理委员会表示企业经营困难。2011年11月9日、10日萧山经济技术开发区管理委员会借款给浙江某某服装有限公司123.88万余元、杭州某某有限公司86.50万余元用于支付所欠员工工资，2011年11月21日两公司归还上述借款。在此期间，杭州某某有限公司大额支付周某甲125万余元，浙江某某服装有限公司大额支付周某甲148万余元、周某乙150万元、俞某丙100万元、周某丙190万元。

2011年11、12月份，浙江某某服装有限公司、杭州某某有限公司再次出现无法按时支付职工报酬、员工多次到萧山经济技术开发区管理委员会上访反映的情况。萧山经济技术开发区劳动保障监察中队于2011年11月28日向两公司下达《限期整改指令书》，责令按时发放职工工资；萧山区劳动和社会保障局于2011年12月22日向浙江某某服装有限公司下达《劳动保障监察限期改正指令书》，责令依法支付职工工资。与此同时，被告人俞某甲个人欠杭州某某有限公司的款项未归还，两公司对其他企业尚有债权未收取，被告人俞某甲亦没有采取其他积极有效措施支付职工劳动报酬。2011年12月2日至21日，萧山经济技术开发区管理委员会为维护社会稳定，代浙江某某服装有限公司垫付职工劳动报酬261万余元，代杭州某某有限公司垫付职工劳动报酬183万余元。目前，除2012年2月27日从浙江某某服装有限公司中国工商银行杭州江南支行账户内扣押2115396.60元外，两公司未归还其余垫付款项。

法院认为：被告单位浙江某某服装有限公司、杭州某某有限公司、被告人俞某甲以转移财产等方法逃避支付劳动者的劳动报酬，数额较大，经政府有关部门责令支付仍不支付，其行为均已构成拒不支付劳动报酬罪。公诉机关指控罪名成立。被告人俞某甲归案后如实供述自己的罪行，可以从轻处罚。采纳其辩护人提出的相关辩护意见。据此，依照《中华人民共和国刑法》第276条之一第1款、第2款、第31条、第67条第3款、第52条、第53条之规定，判决如下：

（1）被告单位浙江某某服装有限公司犯拒不支付劳动报酬罪，判处罚金15万元。（罚金限在判决生效后10日内缴纳）

（2）被告单位杭州某某有限公司犯拒不支付劳动报酬罪，判处罚金10万元。（罚金限在判决生效后10日内缴纳）

（3）被告人俞某甲犯拒不支付劳动报酬罪，判处有期徒刑1年6个月，并处罚金5万元。

(刑期从判决执行之日起计算。判决执行以前先行羁押的,羁押1日折抵刑期1日。即自2012年2月9日起至2013年8月8日止。罚金限在判决生效后10日内缴纳。)①

(二) 拒不支付劳动报酬罪的犯罪主体

拒不支付劳动报酬罪的犯罪主体不仅是具有合格的用工主体资格的单位和个人,即通常所说的企业和个人,对于那些不具备用工主体资格的单位或者个人,违法用工且拒不支付劳动者的劳动报酬,数额较大,经政府有关部门责令支付仍不支付的,同样应当以拒不支付劳动报酬罪追究刑事责任。

用人单位的实际控制人实施拒不支付劳动报酬行为,构成犯罪的,应当依照《刑法》第276条之一的规定追究刑事责任。

单位拒不支付劳动报酬,构成犯罪的,依照《关于审理拒不支付劳动报酬刑事案件适用法律若干问题的解释》中规定的相应个人犯罪的定罪量刑标准,对直接负责的主管人员和其他直接责任人员定罪处罚,并对单位判处罚金。

(三) 拒不支付劳动报酬罪中的劳动报酬

拒不支付劳动报酬罪中劳动者的劳动报酬是指劳动者依照《劳动法》和《劳动合同法》等法律的规定应得的,包括工资、奖金、津贴、补贴、延长工作时间的工资报酬及特殊情况下支付的工资等在内的报酬。从法律上明确界定该罪认定劳动报酬的范围,有助于案件立案、调查、审判工作的开展,同时也为劳动者搜集必要的证据指明了方向。

(四) 何为"以转移财产、逃匿等方法逃避支付劳动者的劳动报酬"

根据最高人民法院《关于审理拒不支付劳动报酬刑事案件适用法律若干问题的解释》的规定,以逃避支付劳动者的劳动报酬为目的,具有下列情形之一的,应当认定为《刑法》第276条之一第1款规定的"以转移财产、逃匿等方法逃避支付劳动者的劳动报酬":

(1) 隐匿财产、恶意清偿、虚构债务、虚假破产、虚假倒闭或者以其他方法转移、处分财产的;

(2) 逃跑、藏匿的;

(3) 隐匿、销毁或者篡改账目、职工名册、工资支付记录、考勤记录等与劳动

---

① 参见北大法宝。

报酬相关的材料的；

(4) 以其他方法逃避支付劳动报酬的。

(五) 如何理解本罪中的"数额较大"

最高人民法院的解释中对于"数额较大"作了具体的规定,包括拒不支付1名劳动者3个月以上的劳动报酬且数额在5000元至2万元以上的；拒不支付10名以上劳动者的劳动报酬且数额累计在3万元至10万元以上的。各省、自治区、直辖市高级人民法院可以根据本地区经济社会发展状况,在上述规定的数额幅度内,研究确定本地区执行的具体数额标准,报最高人民法院备案。

(六) 如何理解"经政府有关部门责令支付仍不支付"

经人力资源社会保障部门或者政府其他有关部门依法以限期整改指令书、行政处理决定书等文书责令支付劳动者的劳动报酬后,在指定的期限内仍不支付的,应当认定为《刑法》第276条之一第1款规定的"经政府有关部门责令支付仍不支付",但有证据证明行为人有正当理由未知悉责令支付或者未及时支付劳动报酬的除外。

行为人逃匿,无法将责令支付文书送交其本人、同住成年家属或者所在单位负责收件的人的,如果有关部门已通过在行为人的住所地、生产经营场所等地张贴责令支付文书等方式责令支付,并采用拍照、录像等方式记录的,应当视为"经政府有关部门责令支付"。

(七) 什么情形下视为造成严重后果

拒不支付劳动者的劳动报酬,符合"数额较大"的规定,并具有下列情形之一的,应当认定为拒不支付劳动报酬罪所要求的"造成严重后果"：

(1) 造成劳动者或者其被赡养人、被扶养人、被抚养人的基本生活受到严重影响、重大疾病无法及时医治或者失学的；

(2) 对要求支付劳动报酬的劳动者使用暴力或者进行暴力威胁的；

(3) 造成其他严重后果的。

(八) 拒不支付劳动报酬尚未造成严重后果该如何处罚

拒不支付劳动者的劳动报酬,尚未造成严重后果,在刑事立案前支付劳动者的劳动报酬,并依法承担相应赔偿责任的,可以认定为情节显著轻微危害不大,不认为是犯罪；在提起公诉前支付劳动者的劳动报酬,并依法承担相应赔偿责任的,可以减轻或者免除刑事处罚；在一审宣判前支付劳动者的劳动报酬,并依法承担相应赔偿责任的,可以从轻处罚。

对于免除刑事处罚的,可以根据案件的不同情况,予以训诫、责令具结悔过或者赔礼道歉。

拒不支付劳动者的劳动报酬,造成严重后果,但在宣判前支付劳动者的劳动报酬,并依法承担相应赔偿责任的,可以酌情从宽处罚。

第九讲　劳动保护权

一、劳动保护权概述

(一) 劳动保护权的概念

劳动者享受劳动保护的权利是劳动者的应有权利,是劳动者基本人权之一。广义上的劳动保护权是指劳动者在各方面合法权益受到保护的权利。狭义的劳动保护权是指劳动者在劳动过程中的生命安全和身体健康享有受到法律保护的权利,又称为劳动安全卫生权或者职业安全卫生权。本章所阐述的是狭义的劳动保护权,是劳动者基于劳动关系而产生的权利。

随着行业门类的不断增多,社会分工的精细化程度加深,劳动者在劳动过程中可能遭遇的风险种类和危险程度也逐渐增多、加深。现实生活中劳动者因为在劳动过程中遭遇各种风险导致的人身损害屡见不鲜,其中很重要的原因是用人单位安全生产工作不到位所带来的隐患。例如,在劳动过程中由于人员的管理疏忽、操作瑕疵导致劳动者遭受直接的肉体伤害事件常见的有工伤事故、矿山井下瓦斯爆炸、建筑工地的高空坠落等;因为生产工具、工作场所环境污染严重等物理化学性质的风险导致劳动者遭受长期慢性的身体损伤的情况,以尘肺病为代表的职业病最为突出。这些风险在采矿、机械制造等工业行业尤为突出,一些轻工业如纺纱、造纸等行业也屡有事故曝光。如果不采取相应有效的劳动防护措施,就会直接损害劳动者的安全和健康,甚至会影响生产的正常进行。

劳动保护作为企业健康发展的重要组成部分,在不断完善社会主义市场经济的当今社会,已经越来越受到重视。我国安全生产监督管理工作的好坏,直接关系到我国日常生产工作的正常与否,和人们的日常生活息息相关。因此研究我国安全生产监管有着很强的实用价值。现阶段我国安全事故总体形势严峻,重特大事故造成了严重的社会危害,高危行业重特大事故问题仍然突出。

(二) 劳动保护权的特征

劳动保护权作为劳动者的应有权利,与劳动者其他权利相比具有其特殊性。

1. 权利保护主体的特殊性

劳动保护权的保护主体主要是用人单位,用人单位拥有充足的人财物资源,而劳动者又是在为单位工作、创造价值,用人单位理所当然地应当承担劳动者在劳动保护方面的主要责任,根据劳动者工作岗位的需求配置符合要求的劳动保护用品,并根据劳动者的年龄、性别、家庭状况等因素作出调整,以达到保护劳动者身体健康以及劳动安全的目的。当然,劳动者自身在权利的保护方面也承担重要责任,很多劳动者自身风险意识较低,为了省事方便,在用人单位提醒和监督之下仍然不能按照要求进行安全生产自我保护,最终导致事故发生,因此,在劳动保护方面,用人单位和劳动者个人都应承担相应义务。

2. 权利保护的对象是劳动者的生命健康和安全

劳动保护权保护的最重要的权益就是劳动者的生命健康以及安全,劳动者的健康包括身体健康和心理健康两部分,劳动者在劳动过程中由于工作原因可能会面临各种程度的不安全因素对于身体的侵害,比如各种类型的职业病以及高空作业坠落等。此外,由于劳动者工作环境、自身性格等因素的影响,会出现一些患上心理疾病的劳动者,长期的精神压力过大、工作环境嘈杂、自然环境恶劣等原因导致劳动者身心健康都受到严重的损害。这些事件的共同特点是损害来自于劳动过程,劳动者缺乏必要的劳动保护,劳动者的生命健康和安全因为缺乏相应的保护而遭受严重威胁甚至致命伤害,因此,劳动保护权所保护的对象是劳动者的生命健康和安全。

3. 权利保护的范围限于劳动过程

本章所讲的劳动保护权是狭义的劳动保护权,因此劳动保护的范围仅限于劳动者在劳动的过程中,而不包括劳动过程之外的时间,比如劳动者的家庭生活时间、休息休假时间内产生的各种风险都不属于劳动保护的范围。

4. 权利保护内容的法定性

由于劳动保护不仅关系到大量劳动者的身体健康,而且关系到社会秩序的安稳有序,因此我国制定了很多相关的法律用以规范劳动保护行为,劳动保护立法中所确定的法律规范具有强制性,多是强制性规范和禁止性规范,用人单位必须严格遵守,不得随意修改变更。

5. 权利保护内容的技术性

强大的技术支撑是劳动者的生命健康得以保护的重要因素。在开展劳动保护的过程中,很多活动都具有技术性,比如在矿道井下安装相应的排风照明设施,给喷漆工人配备专业的防毒面具等。这些劳动保护措施的实施不仅需要有充足的资金支持,更需要先进的技术设备作保障,没有技术的支撑,很多项目的劳动保护都会变成一纸空文。

(三) 劳动保护权的内容

劳动保护权是劳动者权利中内容较为丰富的一种权利,根据我国《劳动法》《劳动合同法》《安全生产法》等相关法律、行政法规的规定,中国劳动者享有的劳动保护权主要包括：

1. 获得安全卫生工作条件的权利

劳动者有权在安全卫生的生产环境中从事劳动的权利，安全卫生的工作条件是劳动者有尊严、体面工作，保障劳动者健康安全的重要因素，如果工作场所难以保障劳动者的生命健康安全，劳动者有权选择拒绝工作。我国《劳动法》第53条规定，劳动安全卫生设施必须符合国家规定的标准。新建、改建、扩建工程的劳动安全卫生设施必须与主体工程同时设计、同时施工、同时投入生产和使用。依据这项权利，用人单位必须建立、健全安全卫生制度，严格执行国家安全卫生标准，安装安全卫生设施，使劳动工具、劳动场所和劳动环境保持安全和卫生的状态，如果用人单位无法达到要求，不仅不利于用人单位的生产经营，更是对基本人权的侵犯。

2. 获得并使用劳动保护用品的权利

劳动保护用品在劳动保护过程中发挥重要作用，用人单位为需要防护用品的劳动者配备安全有效的劳动保护用品是用人单位的职责所在，是安全生产和保障劳动者生命安全健康的重要措施。我国《劳动法》第54条规定，用人单位必须为劳动者提供符合国家规定的劳动安全卫生条件和必要的劳动防护用品。有些劳动场所和岗位，即使按照国家规定符合安全卫生标准，但实际上也难以完全实现对劳动者的保护，因此法律规定，对特定场合、岗位、职业的劳动者，用人单位应当提供必要且有效的劳动保护用品，并做好劳保用品的更新换代工作，国家应定期、不定期地对生产劳动防护用品的企业进行产品质量抽查并向社会及时公布(见资料链接9.1)。

3. 休息休假权

劳动保护不仅是为劳动者提供外在硬件技术的支持，也应关注劳动者自身的能力恢复，保护身体机能的健康。因此为了使劳动者能够恢复体力和脑力，《劳动法》规定了严格的工作时间和休息时间，并通过严格限制加班和延长劳动时间的规定，保证该项权利的实现。

4. 定期健康检查权

现有工作种类中很多具有高度危险性，这些危险典型的有核辐射、粉尘污染等，长期在这种恶劣的工作环境下生活即使配备了必要的防护措施也需要定期进行身体检查，以防止身体出现疾病。为了切实保护劳动者的身体健康，我国《劳动法》规定，对从事有职业性危害作业的劳动者和未成年工，用人单位应当定期进行健康检查。因此，定期健康检查是劳动保护权的内容。

5. 依法获得特殊保护的权利

我国《劳动法》第七章规定，国家对女职工和未成年工实行特殊劳动保护。比如禁止安排女职工从事矿山井下、国家规定的第四级体力劳动强度的劳动和其他禁忌从事的劳动。不得安排女职工在经期从事高处、低温、冷水作业和国家规定的第三级体力劳动强度的劳动。不得安排未成年工从事矿山井下、有毒有害、国家规定的第四级体力劳动强度的劳动和其他禁忌从事的劳动。因此,取得法律规定的特殊保护的各项待遇和条件,是女职工和未成年劳动者劳动保护权的重要内容。

6. 拒绝权

为了保护劳动者的生命安全和身体健康不受人为因素的侵害,我国《劳动法》还确立了以保障劳动者切实实现的拒绝权。如劳动者对用人单位管理指挥人员违章指挥,强令冒险作业,有权拒绝执行;用人单位安排女职工和未成年劳动者从事国家规定禁忌范围内的劳动时,女职工和未成年劳动者有权拒绝。

资料链接 9.1

国家安全监管总局办公厅关于呼吸类特种劳动防护用品生产企业抽查情况的通报

安监总厅规划函〔2013〕153号

一、专项抽查的总体情况

本次抽查注重产品的代表性,抽查了辽宁、北京、河北、江苏、上海、广东等14个省(市)的67家取得特种劳动防护用品安全标志的生产企业,共抽检了357个批次的过滤式防颗粒物呼吸器、自吸过滤式防毒面具等呼吸类劳动防护产品。按照产品的不同性能要求,对抽检产品的防尘、防毒性能进行了全面检验。重点对自吸过滤式防颗粒物呼吸器的过滤效率、(总)泄漏率、吸气阻力、呼气阻力、呼气阀气密性等9项指标,自吸过滤式防毒面具面罩的呼气阀气密性、泄漏率等8项指标,自吸过滤式防毒面具过滤件的通气阻力、防护时间等8项指标进行了检验。

二、抽查发现的主要问题及处理情况

本次抽检产品合格率总体较高,生产企业质量控制较好。抽检的357个批次中,344个批次合格,13个批次不合格,合格率为96.4%。抽检的67家企业中,59家的生产条件满足特种劳动防护用品安全标志管理规定要求,对产品的安全性能和质量控制较好,符合国家和行业有关标准的要求,合格率为88.1%。本次抽查发现的主要问题有:

(1)部分产品的原材料不合格。有的企业疏于质量管理,对原材料把关不严,造成产品安全性能达不到标准要求。如部分自吸过滤式防颗粒物呼吸器使用的过滤棉质量不合格,致使产品过滤效率、泄漏率等均达不到标准要求。

(2)部分产品的结构设计不合理。有的面罩部件与呼气阀片之间密合性不好,与使用者面部贴合不够紧密,致使产品泄漏率、呼气阀气密性等性能达不到标准要求。

(3) 生产企业的技术水平差异较大。不同生产企业在技术装备、人员配备、工艺控制、管理能力等方面存在一定差距,特别是一些小生产企业技术水平较低,专业人员流动性大,技术水平和能力不够稳定。有的企业工艺控制和生产管理不够严格,造成产品性能不够稳定,如部分防毒过滤件存在药剂装填量不足、装填均匀度不好、装填不密实等问题,造成过滤件防护时间达不到规定要求。

针对抽查发现的问题,依照《劳动防护用品监督管理规定》(国家安全监管总局令第 1 号)、《特种劳动防护用品安全标志实施细则》,撤销了上海×公司等 4 家企业的安全标志证书,撤销了北京市×厂等 4 家企业相关产品的安全标志。①

(四) 劳动保护关系中各方主体的权利和义务

1. 政府的劳动保护职责

根据宪法的规定,政府及其有关部门对劳动者的安全和健康在宏观上负有保护职责。具体包括:(1) 制定劳动保护法规和劳动安全卫生标准,并监督用人单位执行。(2) 政府职能部门应当把劳动安全卫生管理和服务工作,纳入各自的日常职责范围;通过日常的审批、鉴定、考核、认证、事故查处职能活动等,督促用人单位做好劳动保护工作。(3) 通过劳动保护监察活动,监督、检查用人单位遵守劳动保护法,制止、纠正并制裁劳动保护中的违法行为。(4) 组织和推动劳动保护科研工作及其成果开发、推广和应用。(5) 向企业直接提供或支持提供劳动保护设施。

2. 用人单位的劳动保护义务

用人单位必须按照劳动保护法的要求,对本单位劳动者承担劳动保护义务。主要包括以下内容:(1) 向劳动者提供符合劳动安全卫生标准的劳动条件。(2) 对劳动者进行劳动保护教育和劳动保护技术培训。(3) 建立和实施劳动保护管理制度。(4) 保护职工休息权的实现。(5) 为女职工和未成年工提供特殊劳动保护。(6) 接受政府有关部门、工会组织和职工群众的监督。

3. 劳动者的劳动保护权利和义务

劳动者是劳动保护关系中的受保护者,其劳动安全卫生权利主要包括:(1) 有权获得符合标准的劳动安全卫生条件。(2) 有权获得法定的休息休假权。(3) 有权获得本岗位安全卫生知识、技术的学习和培训。(4) 有权拒绝单位提出的违章操作要求,在劳动条件恶劣、隐患严重的情况下,有权拒绝作业和

---

① 参见国家安全生产监督管理总局网站,访问地址:http://www.chinasafety.gov.cn/newpage/Contents/Channel_6288/2013/1023/222379/content_222379.htm,最后访问时间 2014 年 3 月 20 日。

主动撤离工作现场。(5)有权对单位执行劳动保护法的情况进行监督并提出意见和建议,同时职工负有学习和掌握劳动保护知识、技术,严格遵守操作技术规程的义务。①

二、安全生产法律保护

(一) 我国安全生产现状

劳动者劳动保护权的实现很大程度上依赖于安全生产。安全生产是我国进行劳动保护的重要内容,劳动者在工作过程中能否得到安全的防护很大程度上取决于劳动生产过程是否安全。我国安全生产所面临的主要问题是劳动者在劳动生产过程中面临的安全防护隐患,现阶段我国安全生产主要存在以下突出问题:事故总量大且特大事故多;职业危害严重;与发达国家相比差距大;生产安全事故引发的生态环境问题突出。造成安全生产形势严峻的原因主要有以下几个方面:(1)一些地方政府和企业不能正确处理安全生产与经济发展的关系;(2)安全生产基础总体比较薄弱;(3)安全生产责任落实不到位;(4)安全生产监管还存在许多薄弱环节;(5)安全生产支撑体系不健全。

为加强安全生产工作,防止和减少生产安全事故,保障人民群众生命和财产安全,促进经济社会持续健康发展,2014年8月31日第十二届全国人民代表大会常务委员会第十次会议通过了修订的《安全生产法》,该法结合我国安全生产管理中出现的各种问题对原法中的落后条款进行大量修正,进一步强化生产经营单位的安全生产主体责任,建立事故预防和应急救援的制度,建立安全生产标准化制度,推行注册安全工程师制度,推进安全生产责任保险制度等大量新的制度,并于2014年12月1日正式实施。截至2015年10月31日,全国各类安全生产事故起数和死亡人数同比分别下降11.6%和13.6%,较大事故同比分别下降12.5%和11.8%,重特大事故起数和死亡人数同比分别下降9.1%和5.1%。② 安全生产形势总体稳定、持续好转的背后,正是安全生产法治化水平的不断提高。

需要警醒的是,我国修订的《安全生产法》虽然在法律制度上对安全生产中存在的问题进行了完善,但是2015年8月天津港重大安全事故却给人们敲响了警钟,安全事故看似由偶然因素引起,实则由风险管理的失控逐步演变为安全隐

---

① 参见王全兴:《劳动法》,法律出版社2008年版,第320—321页。
② 《人民日报:加快提升安全生产法治化水平》,国家安全生产监督总局网站,访问地址:http://www.chinasafety.gov.cn/newpage/Contents/Channel_21356/2015/1201/261054/content_261054.htm,最后访问时间2016年3月1日。

患,并最终导致了事故的发生,事故中暴露的违规经营、执法不严、监管不力、贪赃枉法等问题警告我们,在安全生产道路上任重而道远。法律的生命在于实施,完善的法律还需要有良好的执行才能发挥最大的功效,否则只是一纸空文而无法解决安全生产中存在的各种问题,劳动者的安全生产保护权更无从享有。

根据人力资源和社会保障部 2016 年 7 月 25 日颁布的《企业劳动保障守法诚信等级评价办法》(人社部规〔2016〕1 号,本节以下简称《办法》),自 2017 年 1 月 1 日起,如果社会保障行政部门在日常巡视检查、书面材料审查、举报投诉等劳动监察中发现企业存在违反女职工和未成年人特殊保护等违法违规行为,将会面临在企业劳动保障守法诚信等级评价中评为 B 级甚至 C 级的风险。

根据《办法》规定,人力资源社会保障行政部门综合考察以下九种情形对企业作出评价:(1) 制定内部劳动保障规章制度的情况;(2) 与劳动者订立劳动合同的情况;(3) 遵守劳务派遣规定的情况;(4) 遵守禁止使用童工规定的情况;(5) 遵守女职工和未成年工特殊劳动保护规定的情况;(6) 遵守工作时间和休息休假规定的情况;(7) 支付劳动者工资和执行最低工资标准的情况;(8) 参加各项社会保险和缴纳社会保险费的情况;(9) 其他遵守劳动保障法律、法规和规章的情况。

评价等级划分为 A、B、C 三级:(1) 企业遵守劳动保障法律、法规和规章,未因劳动保障违法行为被查处的,评为 A 级。(2) 企业因劳动保障违法行为被查处,但不属于 C 级所列情形的,评为 B 级。(3) 企业存在下列情形之一的,评为 C 级。① 因劳动保障违法行为被查处三次以上(含三次)的;② 因劳动保障违法行为引发群体性事件、极端事件或造成严重不良社会影响的;③ 因使用童工、强迫劳动等严重劳动保障违法行为被查处的;④ 拒不履行劳动保障监察限期整改指令、行政处理决定或者行政处罚决定的;⑤ 无理抗拒、阻挠人力资源社会保障行政部门实施劳动保障监察的;⑥ 因劳动保障违法行为被追究刑事责任的。

资料链接 9.2

2015 年 8 月 12 日,位于天津市滨海新区天津港的瑞海公司危险品仓库发生火灾爆炸事故,造成 165 人遇难(其中参与救援处置的公安现役消防人员 24 人、天津港消防人员 75 人、公安民警 11 人,事故企业、周边企业员工和居民 55 人)、8 人失踪(其中天津消防人员 5 人,周边企业员工、天津港消防人员家属 3 人),798 人受伤(伤情重及较重的伤员 58 人、轻伤员 740 人),304 幢建筑物、12428 辆商品汽车、7533 个集装箱受损。截至 2015 年 12 月 10 日,依据《企业职工伤亡事故经济损失统计标准》等标准和规定统计,已核定的直接经济损失 68.66 亿元。本次事故对事故中心区及周边局部区域大气环境、水环境和土壤环境造成不同程度的污染。

事故的直接原因是：瑞海公司危险品仓库运抵区南侧集装箱内硝化棉由于湿润剂散失出现局部干燥，在高温（天气）等因素的作用下加速分解放热，积热自燃，引起相邻集装箱内的硝化棉和其他危险化学品长时间大面积燃烧，导致堆放于运抵区的硝酸铵等危险化学品发生爆炸。

国务院调查组针对此次爆炸案提出了十个方面的防范措施和建议，即坚持安全第一的方针，切实把安全生产工作摆在更加突出的位置；推动生产经营单位落实安全生产主体责任，任何企业均不得违法违规变更经营资质；进一步理顺港口安全管理体制，明确相关部门安全监管职责；完善规章制度，着力提高危险化学品安全监管法治化水平；建立健全危险化学品安全监管体制机制，完善法律法规和标准体系；建立全国统一的监管信息平台，加强危险化学品监控监管；严格执行城市总体规划，严格安全准入条件；大力加强应急救援力量建设和特殊器材装备配备，提升生产安全事故应急处置能力；严格安全评价、环境影响评价等中介机构的监管，规范其从业行为；集中开展危险化学品安全专项整治行动，消除各类安全隐患。[1]

资料链接 9.3

根据国际劳工组织的报告，目前全世界就业总人数为 27 亿人，每年因职业事故造成的死亡人数约 21 万人（指劳动者工伤事故死亡人数，不包括交通事故和职业病死亡），由职业事故和职业危害引发的财产损失、赔偿、工作日损失、生产中断、培训和再培训、医疗费用等损失，约占全球国内生产总值的 4%。

世界各国既采用事故死亡人数的绝对指标，也采用反映事故死亡人数与经济发展关系的相对性指标，如从业人员 10 万人事故死亡率、单位国内生产总值事故死亡率、百万工时事故死亡率，以及道路交通万车死亡率、煤炭百万吨死亡率等来反映国家地区或某些行业领域的安全状况。如果这些指标居高不下，则意味着为经济发展付出了高昂的生命代价。

从业人员 10 万人死亡率，近 20 年来世界各国均呈下降趋势。1990 年大部分国家在 15 左右，2000 年平均降至 10 以下，2002 年降至 8 以下。但是各国情况很不均衡。先进工业化国家 10 万人死亡率普遍较低，目前平均值为 4 左右，其中英国最低，在 1 以下；澳大利亚其次，由 1992 年的 7 下降到 2002 年的 2；德国居第三位，自 1990 年的 5.1 下降到 2002 年的 2.9；美国由 1992 年的 5.3 下降到 2002 年的 4.2；日本 2002 年为 4.5。发展中国家一般在 10 以上，其中巴西为 15 左右，非洲等经济相对落后国家则更高。同口径测算，我国目前为 9 左右。

---

[1] 参见《天津港爆炸事故调查报告》，访问地址：http://news.xinhuanet.com/yuqing/2016-02/06/c_128708029.htm，最后访问时间 2016 年 3 月 25 日。

采矿业、建筑业和运输业是各国生产安全事故死亡较多的行业领域,约占全部事故死亡的 50%—60%。因此产业结构的调整优化,对降低事故死亡起着重要作用。先进工业化国家已普遍形成了服务业比重很高、工业和制造业比重其次、农业比重很低(平均约占 5%)、高风险行业从业人员较少的产业格局。2001 年美国采矿、建筑和运输业等行业的从业人数,仅占总从业人数的 15.4%,尽管这 3 个行业的 10 万人死亡率分别为 24、12 和 11,远高于其他行业,但由于服务和金融等低危险性行业就业人数占较高比重,使得总的 10 万人死亡率较低,平均为 4.2。①

(二) 我国《安全生产法》中的劳动保护要求

1. 生产经营单位的安全生产保障

在对劳动者提供劳动保护的过程中,生产经营单位的角色最为重要。生产经营单位在生产经营活动以及劳动力的使用过程中具有绝对的主导地位,掌握着单位人力、物力、财力资源的分配,因此单位作为用工的主体,在提供安全生产保障方面具有社会和个人无可替代的作用。按照法律的规定,生产经营单位应当具备《安全生产法》和有关法律、法规和国家标准或者行业标准规定的安全生产条件,不具备安全生产条件的,不得从事生产经营活动。

(1) 人力保障。人力保障是指在对劳动者提供劳动保护的过程中,法律赋予单位主要责任人和专职人员相应的法律职责,通过法律强制力来规范其职能,使其重视对单位劳动者的保护。安全生产工作应当以人为本,坚持安全发展,坚持安全第一、预防为主、综合治理的方针,强化和落实生产经营单位的主体责任,建立生产经营单位负责、职工参与、政府监管、行业自律和社会监督的机制。生产经营单位的安全生产责任制应当明确各岗位的责任人员、责任范围和考核标准等内容。

根据我国《安全生产法》的规定,生产经营单位的主要负责人对本单位的安全生产工作全面负责。生产经营单位的主要负责人对本单位安全生产工作负有下列职责:① 建立、健全本单位安全生产责任制;② 组织制定本单位安全生产规章制度和操作规程;③ 组织制定并实施本单位安全生产教育和培训计划;④ 保证本单位安全生产投入的有效实施;⑤ 督促、检查本单位的安全生产工作,及时消除生产安全事故隐患;⑥ 组织制定并实施本单位的生产安全事故应急救援预案;⑦ 及时、如实报告生产安全事故。

---

① 参见国家安监总局网站,访问地址:http://www.gov.cn/gzdt/2007-02/14/content_527114.htm,最后访问时间 2014 年 3 月 20 日。

对于特殊行业,法律规定了专职人员来进行安全生产管理。矿山、金属冶炼、建筑施工、道路运输单位和危险物品的生产、经营、储存单位,应当设置安全生产管理机构或者配备专职安全生产管理人员。上述单位以外的其他生产经营单位,从业人员超过一百人的,应当设置安全生产管理机构或者配备专职安全生产管理人员;从业人员在一百人以下的,应当配备专职或者兼职的安全生产管理人员。

(2) 资金保障。改善劳动条件、改进劳动技术、维修设置相关的机器设备以及为劳动者购置有效的劳动保护用品都需要大量的资金支持,很多时候企业为了压缩成本,不愿意为劳动者及时更新劳保用品,更不愿意为劳动者工作环境和条件的改善更新机器设备和先进的防护设置。因此,为了保证单位为劳动者提供足够的劳动保护资金支持,法律规定生产经营单位应当具备的安全生产条件所必需的资金投入,由生产经营单位的决策机构、主要负责人或者个人经营的投资人予以保证,并对由于安全生产所必需的资金投入不足导致的后果承担责任。有关生产经营单位应当按照规定提取和使用安全生产费用,专门用于改善安全生产条件。安全生产费用在成本中据实列支。

(3) 智力、能力保障。现代生产技术相对于过去虽有极大的提升,但风险仍然广泛存在,在矿上等高危行业工作需要劳动者具备扎实的安全生产技能和较高的自我防范意识才能够满足工作需求。同时对于一些新工艺、新技术、新设备的使用,劳动者必须经过严格的学习和培训才能安全正确地掌握其操作步骤和方法,以防止身体受到侵害。因此,生产经营单位的主要负责人和安全生产管理人员必须具备与本单位所从事的生产经营活动相应的安全生产知识和管理能力。

对于危险物品的生产、经营、储存单位以及矿山、金属冶炼、建筑施工、道路运输单位的主要负责人和安全生产管理人员,应当由主管的负有安全生产监督管理职责的部门对其安全生产知识和管理能力考核合格。考核不得收费。

危险物品的生产、储存单位以及矿山、金属冶炼单位应当有注册安全工程师从事安全生产管理工作。鼓励其他生产经营单位聘用注册安全工程师从事安全生产管理工作。注册安全工程师按专业分类管理,具体办法由国务院人力资源和社会保障部门、国务院安全生产监督管理部门会同国务院有关部门制定。

生产经营单位应当对从业人员进行安全生产教育和培训,保证从业人员具备必要的安全生产知识,熟悉有关的安全生产规章制度和安全操作规程,掌握本岗位的安全操作技能,了解事故应急处理措施,知悉自身在安全生产方面的权利和义务。未经安全生产教育和培训合格的从业人员,不得上岗作业。

生产经营单位使用被派遣劳动者的,应当将被派遣劳动者纳入本单位从业人员统一管理,对被派遣劳动者进行岗位安全操作规程和安全操作技能的教育和培训。劳务派遣单位应当对被派遣劳动者进行必要的安全生产教育和培训。

生产经营单位接收中等职业学校、高等学校学生实习的,应当对实习学生进行相应的安全生产教育和培训,提供必要的劳动防护用品。学校应当协助生产经营单位对实习学生进行安全生产教育和培训。

生产经营单位应当建立安全生产教育和培训档案,如实记录安全生产教育和培训的时间、内容、参加人员以及考核结果等情况。

生产经营单位采用新工艺、新技术、新材料或者使用新设备,必须了解、掌握其安全技术特性,采取有效的安全防护措施,并对从业人员进行专门的安全生产教育和培训。

生产经营单位的特种作业人员必须按照国家有关规定经专门的安全作业培训,取得相应资格,方可上岗作业。

特种作业人员的范围由国务院安全生产监督管理部门会同国务院有关部门确定。

(4) 设施保障。生产经营单位新建、改建、扩建工程项目的安全设施,必须与主体工程同时设计、同时施工、同时投入生产和使用。安全设施投资应当纳入建设项目概算。

矿山、金属冶炼建设项目和用于生产、储存、装卸危险物品的建设项目,应当按照国家有关规定进行安全评价。建设项目安全设施的设计人、设计单位应当对安全设施设计负责。

矿山、金属冶炼建设项目和用于生产、储存、装卸危险物品的建设项目的安全设施设计应当按照国家有关规定报经有关部门审查,审查部门及其负责审查的人员对审查结果负责。矿山、金属冶炼建设项目和用于生产、储存、装卸危险物品的建设项目的施工单位必须按照批准的安全设施设计施工,并对安全设施的工程质量负责。矿山、金属冶炼建设项目和用于生产、储存危险物品的建设项目竣工投入生产或者使用前,应当由建设单位负责组织对安全设施进行验收;验收合格后,方可投入生产和使用。安全生产监督管理部门应当加强对建设单位验收活动和验收结果的监督核查。

2. 安全生产劳动保护的其他事项

(1) 警示标志。生产经营单位应当在有较大危险因素的生产经营场所和有关设施、设备上,设置明显的安全警示标志。

(2) 安全设备的维护。安全设备的设计、制造、安装、使用、检测、维修、改造和报废,应当符合国家标准或者行业标准。生产经营单位必须对安全设备进行经常性维护、保养,并定期检测,保证正常运转。维护、保养、检测应当做好记录,并由有关人员签字。

(3) 危险设施的监管。生产经营单位使用的危险物品的容器、运输工具,以及涉及人身安全、危险性较大的海洋石油开采特种设备和矿山井下特种设备,必须按照国家有关规定,由专业生产单位生产,并经具有专业资质的检测、检验机构检测、检验合格,取得安全使用证或者安全标志,方可投入使用。检测、检验机构对检测、检验结果负责。

(4) 工艺设备淘汰制度。国家对严重危及生产安全的工艺、设备实行淘汰制度,具体目录由国务院安全生产监督管理部门会同国务院有关部门制定并公布。法律、行政法规对目录的制定另有规定的,适用其规定。省、自治区、直辖市人民政府可以根据本地区实际情况制定并公布具体目录,对上述规定以外的危及生产安全的工艺、设备予以淘汰。生产经营单位不得使用应当淘汰的危及生产安全的工艺、设备。

(5) 危险物的监管。生产、经营、运输、储存、使用危险物品或者处置废弃危险物品的,由有关主管部门依照有关法律、法规的规定和国家标准或者行业标准审批并实施监督管理。生产经营单位生产、经营、运输、储存、使用危险物品或者处置废弃危险物品,必须执行有关法律、法规和国家标准或者行业标准,建立专门的安全管理制度,采取可靠的安全措施,接受有关主管部门依法实施的监督管理。

生产经营单位对重大危险源应当登记建档,进行定期检测、评估、监控,并制定应急预案,告知从业人员和相关人员在紧急情况下应当采取的应急措施。生产经营单位应当按照国家有关规定将本单位重大危险源及有关安全措施、应急措施报有关地方人民政府安全生产监督管理部门和有关部门备案。

(6) 隐患排查制度。生产经营单位应当建立健全生产安全事故隐患排查治理制度,采取技术、管理措施,及时发现并消除事故隐患。事故隐患排查治理情况应当如实记录,并向从业人员通报。县级以上地方各级人民政府负有安全生产监督管理职责的部门应当建立健全重大事故隐患治理督办制度,督促生产经营单位消除重大事故隐患。

(7) 员工宿舍的安全保护。生产、经营、储存、使用危险物品的车间、商店、仓库不得与员工宿舍在同一座建筑物内,并应当与员工宿舍保持安全距离。生产经营场所和员工宿舍应当设有符合紧急疏散要求、标志明显、保持畅通的出口。禁止锁闭、封堵生产经营场所或者员工宿舍的出口。

(8) 其他危险作业。生产经营单位进行爆破、吊装以及国务院安全生产监督管理部门会同国务院有关部门规定的其他危险作业,应当安排专门人员进行现场安全管理,确保操作规程的遵守和安全措施的落实。

(9) 从业人员的安全管理。生产经营单位应当教育和督促从业人员严格执行本单位的安全生产规章制度和安全操作规程;并向从业人员如实告知作业场所和工作岗位存在的危险因素、防范措施以及事故应急措施。生产经营单位必须为从业人员提供符合国家标准或者行业标准的劳动防护用品,并监督、教育从业人员按照使用规则佩戴、使用。

(10) 安全检查。生产经营单位的安全生产管理人员应当根据本单位的生产经营特点,对安全生产状况进行经常性检查;对检查中发现的安全问题,应当立即处理;不能处理的,应当及时报告本单位有关负责人,有关负责人应当及时处理。检查及处理情况应当如实记录在案。生产经营单位的安全生产管理人员在检查中发现重大事故隐患,应及时向本单位有关负责人报告,有关负责人不及时处理的,安全生产管理人员可以向主管的负有安全生产监督管理职责的部门报告,接到报告的部门应当依法及时处理。

(11) 经费保障。生产经营单位应当安排用于配备劳动防护用品、进行安全生产培训的经费。

(12) 安全生产管理协议。两个以上生产经营单位在同一作业区域内进行生产经营活动,可能危及对方生产安全的,应当签订安全生产管理协议,明确各自的安全生产管理职责和应当采取的安全措施,并指定专职安全生产管理人员进行安全检查与协调。

生产经营单位不得将生产经营项目、场所、设备发包或者出租给不具备安全生产条件或者相应资质的单位或者个人。

生产经营项目、场所发包或者出租给其他单位的,生产经营单位应当与承包单位、承租单位签订专门的安全生产管理协议,或者在承包合同、租赁合同中约定各自的安全生产管理职责;生产经营单位对承包单位、承租单位的安全生产工作统一协调、管理,定期进行安全检查,发现安全问题的,应当及时督促整改。

(13) 安全事故的处理。生产经营单位发生生产安全事故时,单位的主要负责人应当立即组织抢救,并不得在事故调查处理期间擅离职守。

(14) 保险保障。生产经营单位必须依法参加工伤保险,为从业人员缴纳保险费。国家鼓励生产经营单位投保安全生产责任保险。

3. 从业人员的权利和义务

在中华人民共和国领域内从事生产经营活动的单位内的从业人员根据《安全生产法》的授权享有一系列的权利并承受相应的义务,生产经营单位使用被派遣劳动者的,被派遣劳动者享有本法规定的从业人员的权利,并应当履行本法规定的从业人员的义务。

从业人员享受权利和承担义务的共同目标就是维护劳动者的合法权益,为劳动者创造一个安全健康的工作条件和工作环境,使劳动者在有良好保护措施以及自我保护意识的前提下能够体面的工作。

对于劳动者来说,签订劳动合同时就要提高自我保护意识,注意合同中应当载明有关保障从业人员劳动安全、防止职业危害的事项,以及依法为从业人员办理工伤保险的事项。生产经营单位不得以任何形式与从业人员订立协议,免除或者减轻其对从业人员因生产安全事故伤亡依法应承担的责任。

(1) 批评建议权。劳动者并非只是被动地接受用人单位的不利安排,在事关自身身体健康与生命安全的权益方面,劳动者必须积极主动发现问题,并通过权利的行使为自己创造一个安全卫生体面的工作环境。从业人员有权了解其作业场所和工作岗位存在的危险因素、防范措施及事故应急措施,有权对本单位的安全生产工作提出建议。

从业人员有权对本单位安全生产工作中存在的问题提出批评、检举、控告;有权拒绝违章指挥和强令冒险作业。生产经营单位不得因从业人员对本单位安全生产工作提出批评、检举、控告或者拒绝违章指挥、强令冒险作业而降低其工资、福利等待遇或者解除与其订立的劳动合同。

(2) 紧急情况处置权。无论在任何环境下工作都有可能遭遇紧急情况,在这种情况下如果从业人员发现直接危及人身安全的紧急情况时,有权停止作业或者在采取可能的应急措施后撤离作业场所。生产经营单位不得因从业人员在前述紧急情况下停止作业或者采取紧急撤离措施而降低其工资、福利等待遇或者解除与其订立的劳动合同。

(3) 获得赔偿权。因生产安全事故受到损害的从业人员,除依法享有工伤保险外,依照有关民事法律尚有获得赔偿的权利的,有权向本单位提出赔偿要求。

(4) 服从安全管理的义务。从业人员在作业过程中,应当严格遵守本单位的安全生产规章制度和操作规程,服从管理,正确佩戴和使用劳动防护用品。

(5) 接受教育和培训的义务。从业人员应当接受安全生产教育和培训,掌握本职工作所需的安全生产知识,提高安全生产技能,增强事故预防和应急处理能力。

(6) 报告义务。从业人员发现事故隐患或者其他不安全因素,应当立即向现场安全生产管理人员或者本单位负责人报告;接到报告的人员应当及时予以处理。

(7) 工会监督权。工会依法对安全生产工作进行监督。生产经营单位的工会依法组织职工参加本单位安全生产工作的民主管理和民主监督,维护职工在安全生产方面的合法权益。生产经营单位制定或者修改有关安全生产的规章制度,应当听取工会的意见。

工会有权对建设项目的安全设施与主体工程同时设计、同时施工、同时投入生产和使用进行监督,提出意见。工会对生产经营单位违反安全生产法律、法规,侵犯从业人员合法权益的行为,有权要求纠正;发现生产经营单位违章指挥、强令冒险作业或者发现事故隐患时,有权提出解决的建议,生产经营单位应当及时研究答复;发现危及从业人员生命安全的情况时,有权向生产经营单位建议组织从业人员撤离危险场所,生产经营单位必须立即作出处理。工会有权依法参加事故调查,向有关部门提出处理意见,并要求追究有关人员的责任。

三、职 业 病

(一) 职业卫生保护权与职业病

职业卫生保护权是劳动者享有的劳动保护权的重要内容。我国《职业病防治法》第4条规定,劳动者依法享有职业卫生保护的权利。用人单位应当为劳动者创造符合国家职业卫生标准和卫生要求的工作环境和条件,并采取措施保障劳动者获得职业卫生保护。劳动者享有下列职业卫生保护权利:(1) 获得职业卫生教育、培训;(2) 获得职业健康检查、职业病诊疗、康复等职业病防治服务;(3) 了解工作场所产生或者可能产生的职业病危害因素、危害后果和应当采取的职业病防护措施;(4) 要求用人单位提供符合防治职业病要求的职业病防护设施和个人使用的职业病防护用品,改善工作条件;(5) 对违反职业病防治法律、法规以及危及生命健康的行为提出批评、检举和控告;(6) 拒绝违章指挥和强令进行没有职业病防护措施的作业;(7) 参与用人单位职业卫生工作的民主管理,对职业病防治工作提出意见和建议。用人单位应当保障劳动者行使前述所列权利。因劳动者依法行使正当权利而降低其工资、福利等待遇或者解除、终止与其订立的劳动合同的,其行为无效。

职业病,是指企业、事业单位和个体经济组织等用人单位的劳动者在职业活动中,因接触粉尘、放射性物质和其他有毒、有害因素而引起的疾病。并非与职业相关的疾病,或者因在工作过程中发生的疾病都叫做职业病,很多办公室一族长期伏案作业导致颈椎病、腰椎间盘疾病、"鼠标手"等都不是法定的职业病范围。国家对职业病的范围有着严格的范围限定,职业病的分类和目录由国务院卫生行政部门会同国务院安全生产监督管理部门、劳动保障行政部门制定、调整并公布。

职业病危害,是指对从事职业活动的劳动者可能导致职业病的各种危害。职业病危害因素包括:职业活动中存在的各种有害的化学、物理、生物因素以及在作业过程中产生的其他职业有害因素。

职业禁忌,是指劳动者从事特定职业或者接触特定职业病危害因素时,比一般职业人群更易于遭受职业病危害和罹患职业病或者可能导致原有自身疾病病情加重,或者在从事作业过程中诱发可能导致对他人生命健康构成危险的疾病的个人特殊生理或者病理状态。

2013年12月,为适应我国职业病防治工作需要,切实保障劳动者的职业健康及其相关权益,促进经济社会的可持续发展,根据《职业病防治法》,卫生部、国家安全监管总局、人力资源和社会保障部以及全国总工会对 2002 年卫生部和原劳动保障部联合印发的《职业病目录》进行修订,形成了最新版的《职业病分类和目录》。

(二) 我国职业病现状

案例链接 9.1

张海超,河南省新密市刘寨镇老寨村村民,2004 年 8 月至 2007 年 10 月在郑州某耐磨有限公司打工,做过杂工、破碎工,其间接触到大量粉尘。2007 年 8 月开始咳嗽,当感冒久治未愈,医院做了胸片检查,发现双肺有阴影,诊断为尘肺病,并被多家医院证实,但职业病法定机构郑州市职业病防治所下的诊断却属于"无尘肺 0＋期(医学观察)合并肺结核",即有尘肺表现。在多方求助无门后,被逼无奈的张海超不顾医生劝阻,执著地要求"开胸验肺",以此证明自己确实患上了"尘肺病"。2009 年 9 月 16 日,张海超证实其已获得郑州某耐磨材料有限公司各种赔偿共计 61.5 万元。①

案例链接 9.2

四川甘洛彝族自治县,从 20 世纪 80 年代到 2003 年都处于混乱无序的开采状态。自 1998 年 27 岁的里克乡乐知村村民罗某"一口气上不来"憋死以来,甘洛县至少有 78 位农民疑似尘肺病死亡。此前这些疑似尘肺病死亡的农民工,都被当地医院误诊为"肺结核"或"铅中毒"。②

案例链接 9.3

著名苹果公司的供应商联建公司要求使用正己烷代替酒精,让员工擦拭苹果手机显示屏。137 名苹果中国供应商员工暴露在正己烷环境,健康遭受不利影响。苹果公司 2011 年 1 月 15 日发布 2010 年的供应链管理报告,首次公开承认中国供应商员工因工作环境致病。正己烷会通过呼吸道、皮肤等途径进入人体,长期接触可导致人体出现慢性中毒症状,严重的可导致晕倒、神志丧失,甚至死亡。③

---

① 参见王毅:《"开胸验肺"民工 120 万赔偿花去 90 万称难支撑几年》,中国法院网,访问地址:http://www.chinacourt.org/article/detail/2015/05/id/1615202.shtml,最后访问时间 2016 年 10 月 16 日。
② 参见张立红:《四川甘洛矿山上百尘肺病患上访索赔多年无果》,新华网,访问地址:http://news.xinhuanet.com/local/2013-02/06/c_124330851.htm,最后访问时间 2016 年 10 月 18 日。
③ 参见丁峰:《苹果承认 137 名中国供应商员工因工作环境致病》,新华网,访问地址:http://news.xinhuanet.com/2011-02/17/c_121089587.htm,最后访问时间 2016 年 10 月 25 日。

案例链接 9.4

2005年至2011年初,佛山皓昕金属首饰有限公司先后两次爆发大规模职业病事件,500多人肺部异常,其中171名工人被确诊为尘肺病。2004年年底公司自生产以后首次安排员工进行体检,结果显示有500多名员工肺部出现异常,肺部出现小阴影、纹理增粗。从2005年至2009年,经省职业病防治院、佛山市职业病防治所的诊断,先后有171名员工确诊为尘肺病一、二期。

皓昕公司职业病事件爆发后,引起部分员工罢工、堵路等维权风潮。公司与部分尘肺病确诊者和肺部异常者签订了补偿协议,许多工人辞工后离开该公司。

2010年初,佛山皓昕公司停产迁至清远,因担心后续检查和治疗没有着落,再次引发尘肺工人和员工的维权行动。经佛山市禅城区劳动、社保、公安等部门协调,皓昕公司设立了2000万元后续救助基金,维权风波暂时得以平息。

数十名工人自2011年对此事件提出控告至今,事情于2013年12月出现转机。禅城区警方近日对工人的举报正式立案,警方认为"有犯罪事实发生,需要追究刑事责任,且属于管辖范围",决定立重大劳动安全事故案进行侦查,这是佛山首例企业因为职业病被立案侦查的案件。[1]

2012年全国职业病报告情况表明,根据30个省、自治区、直辖市(不包括西藏)和新疆生产建设兵团职业病报告,2012年共报告职业病27420例。其中尘肺病24206例,急性职业中毒601例,慢性职业中毒1040例,其他职业病1573例。从行业分布看,煤炭、铁道、有色金属和建材行业的职业病病例数较多,分别为13399例、2706例、2686例和1163例,共占报告总数的72.77%。[2]

(三) 职业病的前期预防

前期预防工作的开展是防控职业病的重要内容,预防的目的在于从源头上控制和消除职业病危害,这就要求用人单位应当依照法律、法规要求,严格遵守国家职业卫生标准,落实职业病预防措施。我国《职业病防治法》中对用人单位的职业卫生要求,职业病防护设施建设,职业病防护设备、应急、救援设施和个人使用的职业病防护用品做了相应规定,并且规定了职业病危害项目申报制度和职业病危害预评价报告制度。

---

[1] 参见郭继江:《控告皓昕公司两年,尘肺工人终获立案》,南都网,访问地址:http://paper.oeeee.com/nis/201312/30/160291.html,最后访问时间2016年10月25日。

[2] 参见《国家卫计委公布2012年全国职业病报告统计情况》,职业卫生网,访问地址:http://www.zywsw.com/news/4990.html,最后访问时间2016年10月23日。

1. 用人单位的设立要求

用人单位如果产生职业病危害,其设立时除应当符合法律、行政法规规定的设立条件外,其工作场所还应当符合下列职业卫生要求:(1)职业病危害因素的强度或者浓度符合国家职业卫生标准;(2)有与职业病危害防护相适应的设施;(3)生产布局合理,符合有害与无害作业分开的原则;(4)有配套的更衣间、洗浴间、孕妇休息间等卫生设施;(5)设备、工具、用具等设施符合保护劳动者生理、心理健康的要求;(6)法律、行政法规和国务院卫生行政部门、安全生产监督管理部门关于保护劳动者健康的其他要求。

2. 建设项目的前期防范

(1)职业病危害项目申报制度。用人单位工作场所存在职业病目录所列职业病的危害因素的,应当及时、如实向所在地安全生产监督管理部门申报危害项目,接受监督。职业病危害因素分类目录由国务院卫生行政部门会同国务院安全生产监督管理部门制定、调整并公布。职业病危害项目申报的具体办法由国务院安全生产监督管理部门制定。

(2)职业病危害预评价报告制度。根据全国人民代表大会常务委员会关于修改《中华人民共和国职业病防治法》的决定,从2016年9月1日起,新建、扩建、改建建设项目和技术改造、技术引进项目(以下统称建设项目)可能产生职业病危害的,建设单位在可行性论证阶段应当进行职业病危害预评价。《职业病防治法》对职业病重点监控单位医疗机构作出了专门规定,医疗机构建设项目可能产生放射性职业病危害的,建设单位应当向卫生行政部门提交放射性职业病危害预评价报告。卫生行政部门应当自收到预评价报告之日起30日内,作出审核决定并书面通知建设单位。未提交预评价报告或者预评价报告未经卫生行政部门审核同意的,不得开工建设。职业病危害预评价报告应当对建设项目可能产生的职业病危害因素及其对工作场所和劳动者健康的影响作出评价,确定危害类别和职业病防护措施。建设项目职业病危害分类管理办法由国务院安全生产监督管理部门制定。建设项目的职业病防护设施所需费用应当纳入建设项目工程预算,并与主体工程同时设计,同时施工,同时投入生产和使用。职业病危害严重的建设项目的防护设施设计,应当经安全生产监督管理部门审查,符合国家职业卫生标准和卫生要求的,方可施工。建设项目在竣工验收前,建设单位应当进行职业病危害控制效果评价。建设项目竣工验收时,其职业病防护设施经安全生产监督管理部门验收合格后,方可投入正式生产和使用。职业病危害预评价、职业病危害控制效果评价由依法设立的取得国务院安全生产监督管理部门或者设区的市级以上地方人民政府安全生产监督管理部门按照职责分工给予资质认可的职业卫生技术服务机构进行。职业卫生技术服务机构所作评价应当客观、真实。

(四) 劳动过程中的防护与管理

1. 制度、资金以及物质保障

劳动过程中的职业病防护是防护的重要环节,用人单位在劳动过程中需要按照法律的要求采取各种措施以应对可能产生的风险,比如应制定科学可行高效的职业病防治管理措施,给予充分的资金保障支持,提供职业病防护用品并做好技术、工艺、设备和材料的更新替代工作等,以保证劳动者在劳动过程中能够得到全方位立体的劳动保护,具体包括以下内容:

(1) 用人单位应当采取下列职业病防治管理措施:① 设置或者指定职业卫生管理机构或者组织,配备专职或者兼职的职业卫生管理人员,负责本单位的职业病防治工作;② 制定职业病防治计划和实施方案;③ 建立、健全职业卫生管理制度和操作规程;④ 建立、健全职业卫生档案和劳动者健康监护档案;⑤ 建立、健全工作场所职业病危害因素监测及评价制度;⑥ 建立、健全职业病危害事故应急救援预案。

(2) 用人单位应当保障职业病防治所需的资金投入,不得挤占、挪用,并对因资金投入不足导致的后果承担责任。

(3) 用人单位必须采用有效的职业病防护设施,并为劳动者提供个人使用的职业病防护用品。用人单位为劳动者个人提供的职业病防护用品必须符合防治职业病的要求;不符合要求的,不得使用。

(4) 用人单位应当优先采用有利于防治职业病和保护劳动者健康的新技术、新工艺、新设备、新材料,逐步替代职业病危害严重的技术、工艺、设备、材料。

2. 职业病的公告与警示制度

(1) 产生职业病危害的用人单位,应当在醒目位置设置公告栏,公布有关职业病防治的规章制度、操作规程、职业病危害事故应急救援措施和工作场所职业病危害因素检测结果;对产生严重职业病危害的作业岗位,应当在其醒目位置,设置警示标识和中文警示说明。警示说明应当载明产生职业病危害的种类、后果、预防以及应急救治措施等内容;对可能发生急性职业损伤的有毒、有害工作场所,用人单位应当设置报警装置,配置现场急救用品、冲洗设备、应急撤离通道和必要的泄险区。对放射工作场所和放射性同位素的运输、贮存,用人单位必须配置防护设备和报警装置,保证接触放射线的工作人员佩戴个人剂量计。对职业病防护设备、应急救援设施和个人使用的职业病防护用品,用人单位应当进行经常性的维护、检修,定期检测其性能和效果,确保其处于正常状态,不得擅自拆除或者停止使用。

(2) 向用人单位提供可能产生职业病危害的设备的,应当提供中文说明书,并在设备的醒目位置设置警示标识和中文警示说明。警示说明应当载明设备性能、可能产生的职业病危害、安全操作和维护注意事项、职业病防护以及应急救治措施等内容;向用人单位提供可能产生职业病危害的化学品、放射性同位素和含有放射性物质的材料的,应当提供中文说明书。说明书应当载明产品特性、主要成分、存在的有害因素、可能产生的危害后果、安全使用注意事项、职业病防护以及应急救治措施等内容。产品包装应当有醒目的警示标识和中文警示说明。贮存上述材料的场所应当在规定的部位设置危险物品标识或者放射性警示标识。

(3)国内首次使用或者首次进口与职业病危害有关的化学材料,使用单位或者进口单位按照国家规定经国务院有关部门批准后,应当向国务院卫生行政部门、安全生产监督管理部门报送该化学材料的毒性鉴定以及经有关部门登记注册或者批准进口的文件等资料。进口放射性同位素、射线装置和含有放射性物质的物品的,按照国家有关规定办理。

(4)用人单位与劳动者订立劳动合同(含聘用合同,下同)时,应当将工作过程中可能产生的职业病危害及其后果、职业病防护措施和待遇等如实告知劳动者,并在劳动合同中写明,不得隐瞒或者欺骗。劳动者在已订立劳动合同期间因工作岗位或者工作内容变更,从事与所订立劳动合同中未告知的存在职业病危害的作业时,用人单位应当向劳动者履行如实告知的义务,并协商变更原劳动合同相关条款。用人单位违反上述规定的,劳动者有权拒绝从事存在职业病危害的作业,用人单位不得因此解除与劳动者所订立的劳动合同。

3. 职业病危害因素的监测、监测与评价

(1)用人单位应当实施由专人负责的职业病危害因素日常监测,并确保监测系统处于正常运行状态。用人单位应当按照国务院安全生产监督管理部门的规定,定期对工作场所进行职业病危害因素检测、评价。检测、评价结果存入用人单位职业卫生档案,定期向所在地安全生产监督管理部门报告并向劳动者公布。

(2)职业病危害因素检测、评价由依法设立的取得国务院安全生产监督管理部门或者设区的市级以上地方人民政府安全生产监督管理部门按照职责分工给予资质认可的职业卫生技术服务机构进行。职业卫生技术服务机构所作检测、评价应当客观、真实。发现工作场所职业病危害因素不符合国家职业卫生标准和卫生要求时,用人单位应当立即采取相应治理措施,仍然达不到国家职业卫生标准和卫生要求的,必须停止存在职业病危害因素的作业;职业病危害因素经治理后,符合国家职业卫生标准和卫生要求的,方可重新作业。

(3)职业卫生技术服务机构依法从事职业病危害因素检测、评价工作,接受安全生产监督管理部门的监督检查。安全生产监督管理部门应当依法履行监督职责。

4. 职业卫生培训制度

(1) 用人单位的主要负责人和职业卫生管理人员应当接受职业卫生培训，遵守职业病防治法律、法规，依法组织本单位的职业病防治工作。

(2) 用人单位应当对劳动者进行上岗前的职业卫生培训和在岗期间的定期职业卫生培训，普及职业卫生知识，督促劳动者遵守职业病防治法律、法规、规章和操作规程，指导劳动者正确使用职业病防护设备和个人使用的职业病防护用品。劳动者应当学习和掌握相关的职业卫生知识，增强职业病防范意识，遵守职业病防治法律、法规、规章和操作规程，正确使用、维护职业病防护设备和个人使用的职业病防护用品，发现职业病危害事故隐患应当及时报告。劳动者不履行前述规定义务的，用人单位应当对其进行教育。

5. 职业健康制度

(1) 职业健康检查。对从事接触职业病危害的作业的劳动者，用人单位应当按照国务院安全生产监督管理部门、卫生行政部门的规定组织上岗前、在岗期间和离岗时的职业健康检查，并将检查结果书面告知劳动者。职业健康检查费用由用人单位承担。用人单位不得安排未经上岗前职业健康检查的劳动者从事接触职业病危害的作业；不得安排有职业禁忌的劳动者从事其所禁忌的作业；对在职业健康检查中发现有与所从事的职业相关的健康损害的劳动者，应当调离原工作岗位，并妥善安置；对未进行离岗前职业健康检查的劳动者不得解除或者终止与其订立的劳动合同。职业健康检查应当由省级以上人民政府卫生行政部门批准的医疗卫生机构承担。

(2) 职业健康监护档案。用人单位应当为劳动者建立职业健康监护档案，并按照规定的期限妥善保存。职业健康监护档案应当包括劳动者的职业史、职业病危害接触史、职业健康检查结果和职业病诊疗等有关个人健康资料。劳动者离开用人单位时，有权索取本人职业健康监护档案复印件，用人单位应当如实、无偿提供，并在所提供的复印件上签章。

6. 急性职业病危害事故的应急救援和控制措施

发生或者可能发生急性职业病危害事故时，用人单位应当立即采取应急救援和控制措施，并及时报告所在地安全生产监督管理部门和有关部门。安全生产监督管理部门接到报告后，应当及时会同有关部门组织调查处理；必要时，可以采取临时控制措施。卫生行政部门应当组织做好医疗救治工作。

对遭受或者可能遭受急性职业病危害的劳动者，用人单位应当及时组织救治、进行健康检查和医学观察，所需费用由用人单位承担。

用人单位不得安排未成年工从事接触职业病危害的作业；不得安排孕期、哺乳期的女职工从事对本人和胎儿、婴儿有危害的作业。

7. 其他注意事项

任何单位和个人不得生产、经营、进口和使用国家明令禁止使用的可能产生职业病危害的设备或者材料；任何单位和个人不得将产生职业病危害的作业转移给不具备职业病防护条件的单位和个人。不具备职业病防护条件的单位和个人不得接受产生职业病危害的作业；用人单位对采用的技术、工艺、设备、材料，应当知悉其产生的职业病危害，对有职业病危害的技术、工艺、设备、材料隐瞒其危害而采用的，对所造成的职业病危害后果承担责任。

(五) 职业病的诊断

我国 2013 年 4 月 10 起施行的《职业病诊断与鉴定管理办法》（卫生部令第 91 号，本节以下简称《办法》）中对职业病的诊断和鉴定机构、职业病的诊断程序以及相关的法律责任作了专门详细的规定。

1. 医疗机构的资质认定

劳动者在怀疑自己得了职业病之后，首先是到有相关资质的医疗机构进行检查确诊。《办法》详细规定了医疗机构的资质以及医生的资质认定，从程序上保证职业病得到权威科学准确的认证，从而维护职工的合法权益。根据《办法》的规定，医疗机构要获得许可，必须满足以下基本条件：(1) 持有《医疗机构执业许可证》；(2) 具有相应的诊疗科目及与开展职业病诊断相适应的职业病诊断医师等相关医疗卫生技术人员；(3) 具有与开展职业病诊断相适应的场所和仪器、设备；(4) 具有健全的职业病诊断质量管理制度。

在符合基本条件的情况下，提交《办法》规定的相应材料，在省级卫生行政部门受理后进行技术评审，作出是否批准的决定。获得许可的职业病诊断机构依法独立行使诊断权，并对其作出的职业病诊断结论负责。职业病诊断机构应当公开职业病诊断程序，方便劳动者进行职业病诊断。

进行职业病诊断的患者的身心已遭受严重的伤害，因此为保护他们的身心不受进一步的伤害，职业病诊断机构及其相关工作人员应当尊重、关心、爱护劳动者，保护劳动者的隐私。

2. 职业病诊断医生的资质

由于职业病的诊断关系到企业的责任承担以及患者的疾病救治的重大问题，因此对于从事职业病诊断的医师，《办法》也规定了以下条件，并要求医生并取得省级卫生行政部门颁发的职业病诊断资格证书：(1) 具有医师执业证书；(2) 具有中级以上卫生专业技术职务任职资格；(3) 熟悉职业病防治法律法规和职业病诊断标准；(4) 从事职业病诊断、鉴定相关工作三年以上；(5) 按规定参加职业病诊断医师相应专业的培训，并考核合格。

职业病诊断医师应当依法在其资质范围内从事职业病诊断工作，不得从事超出其资质范围的职业病诊断工作。省级卫生行政部门应当向社会公布本行政区域内职业病诊断机构名单、地址、诊断项目等相关信息。

3. 劳动者职业病诊断的程序

(1) 诊断地点：劳动者可以选择用人单位所在地、本人户籍所在地或者经常居住地的职业病诊断机构进行职业病诊断。

职业病诊断机构应当按照《职业病防治法》、本《办法》的有关规定和国家职业病诊断标准，依据劳动者的职业史、职业病危害接触史和工作场所职业病危害因素情况、临床表现以及辅助检查结果等，进行综合分析，作出诊断结论。

(2) 职业病诊断需要以下资料：劳动者依法要求进行职业病诊断的，职业病诊断机构应当接诊，并告知劳动者职业病诊断的程序和所需材料。劳动者应当填写职业病诊断就诊登记表，并提交其掌握下列职业病诊断资料：① 劳动者职业史和职业病危害接触史（包括在岗时间、工种、岗位、接触的职业病危害因素名称等）；② 劳动者职业健康检查结果；③ 工作场所职业病危害因素检测结果；④ 职业性放射性疾病诊断还需要个人剂量监测档案等资料；⑤ 与诊断有关的其他资料。

(3) 用人单位提交材料：职业病诊断机构进行职业病诊断时，应当书面通知劳动者所在的用人单位提供其掌握的上述职业病诊断资料，用人单位应当在接到通知后的 10 日内如实提供。用人单位未在规定时间内提供职业病诊断所需要资料的，职业病诊断机构可以依法提请安全生产监督管理部门督促用人单位提供。

4. 劳动者在诊断过程中的权利救济

(1) 在确认劳动者职业史、职业病危害接触史时，当事人对劳动关系、工种、工作岗位或者在岗时间有争议的，职业病诊断机构应当告知当事人依法向用人单位所在地的劳动人事争议仲裁委员会申请仲裁。

(2) 劳动者对用人单位提供的工作场所职业病危害因素检测结果等资料有异议，或者因劳动者的用人单位解散、破产，无用人单位提供上述资料的，职业病诊断机构应当依法提请用人单位所在地安全生产监督管理部门进行调查。

(3) 职业病诊断机构在安全生产监督管理部门作出调查结论或者判定前应当中止职业病诊断。职业病诊断机构需要了解工作场所职业病危害因素情况时，可以对工作场所进行现场调查，也可以依法提请安全生产监督管理部门组织现场调查。经安全生产监督管理部门督促，用人单位仍不提供工作场所职业病危害因素检测结果、职业健康监护档案等资料或者提供资料不全的，职业病诊断机构应当结合劳动者的临床表现、辅助检查结果和劳动者的职业史、职业病危害接触史，并参考劳动者自述、安全生产监督管理部门提供的日常监督检查信息等，作出职业病诊断结论。仍不能作出职业病诊断的，应当提出相关医学意见或者建议。

5. 职业病诊断过程规制

(1) 报告义务。职业病诊断机构发现职业病病人或者疑似职业病病人时,应当及时向所在地卫生行政部门和安全生产监督管理部门报告。确诊为职业病的,职业病诊断机构可以根据需要,向相关监管部门、用人单位提出专业建议。未取得职业病诊断资质的医疗卫生机构,在诊疗活动中怀疑劳动者健康损害可能与其所从事的职业有关时,应当及时告知劳动者到职业病诊断机构进行职业病诊断。

(2) 集体诊断,独立分析。职业病诊断机构在进行职业病诊断时,应当组织三名以上单数职业病诊断医师进行集体诊断。职业病诊断医师应当独立分析、判断、提出诊断意见,任何单位和个人无权干预。

(3) 意见形成。职业病诊断机构在进行职业病诊断时,诊断医师对诊断结论有意见分歧的,应当根据半数以上诊断医师的一致意见形成诊断结论,对不同意见应当如实记录。参加诊断的职业病诊断医师不得弃权。职业病诊断机构可以根据诊断需要,聘请其他单位职业病诊断医师参加诊断。必要时,可以邀请相关专业专家提供咨询意见。

6. 职业病诊断证明书的内容

(1) 诊断证明书。职业病诊断机构作出职业病诊断结论后,应当出具职业病诊断证明书。职业病诊断证明书应当包括以下内容:① 劳动者、用人单位基本信息。② 诊断结论。确诊为职业病的,应当载明职业病的名称、程度(期别)、处理意见。③ 诊断时间。职业病诊断证明书应当由参加诊断的医师共同签署,并经职业病诊断机构审核盖章。职业病诊断证明书一式三份,劳动者、用人单位各一份,诊断机构存档一份。职业病诊断证明书的格式由卫生部统一规定。

(2) 诊断档案。职业病诊断机构应当建立职业病诊断档案并永久保存,档案应当包括:① 职业病诊断证明书;② 职业病诊断过程记录,包括参加诊断的人员、时间、地点、讨论内容及诊断结论;③ 用人单位、劳动者和相关部门、机构提交的有关资料;④ 临床检查与实验室检验等资料;⑤ 与诊断有关的其他资料。

(六) 职业病的鉴定

鉴定程序并非职业病诊断的必经程序,在现实生活中很多劳动者会因为各种原因对职业病诊断机构进行的诊断证明不服,只有产生异议后在规定的时间和地点进行鉴定申请,才有可能启动鉴定程序,鉴定主要包括以下几个步骤:

1. 申请鉴定的时间、地点和次数

当事人对职业病诊断机构作出的职业病诊断结论有异议的,可以在接到职业病诊断证明书之日起 30 日内,向职业病诊断机构所在地设区的市级卫生行政部门申请鉴定。设区的市级职业病诊断鉴定委员会负责职业病诊断争议的首次鉴定。当事人对设区的市级职业病鉴定结论不服的,可以在接到鉴定书之日起 15 日内,向原鉴定组织所在地省级卫生行政部门申请再鉴定。

注意,职业病鉴定实行两级鉴定制,省级职业病鉴定结论为最终鉴定。职业病诊断机构不能作为职业病鉴定办事机构。设区的市级以上地方卫生行政部门应当向社会公布本行政区域内依法承担职业病鉴定工作的办事机构的名称、工作时间、地点和鉴定工作程序。

2. 职业病鉴定专家的选择及回避

(1) 鉴定专家条件。省级卫生行政部门应当设立职业病鉴定专家库(以下简称专家库),并根据实际工作需要及时调整其成员。专家库可以按照专业类别进行分组。专家库应当以取得各类职业病诊断资格的医师为主要成员,吸收临床相关学科、职业卫生、放射卫生等相关专业的专家组成。专家应当具备下列条件:① 具有良好的业务素质和职业道德;② 具有相关专业的高级专业技术职务任职资格;③ 熟悉职业病防治法律法规和职业病诊断标准;④ 身体健康,能够胜任职业病鉴定工作。

(2) 随机抽取。参加职业病鉴定的专家,应当由申请鉴定的当事人或者当事人委托的职业病鉴定办事机构从专家库中按照专业类别以随机抽取的方式确定。抽取的专家组成职业病鉴定专家组(以下简称专家组)。经当事人同意,职业病鉴定办事机构可以根据鉴定需要聘请本省、自治区、直辖市以外的相关专业专家作为专家组成员,并有表决权。

(3) 专家组人员要求。专家组人数为 5 人以上单数,其中相关专业职业病诊断医师应当为本次专家人数的半数以上。疑难病例应当增加专家组人数,充分听取意见。专家组设组长一名,由专家组成员推举产生。职业病鉴定会议由专家组组长主持。

(4) 参与职业病鉴定的专家有下列情形之一的,应当回避:① 是职业病鉴定当事人或者当事人近亲属的;② 已参加当事人职业病诊断或者首次鉴定的;③ 与职业病鉴定当事人有利害关系的;④ 与职业病鉴定当事人有其他关系,可能影响鉴定公正的。

3. 申请鉴定所需材料以及受理

当事人申请职业病鉴定时,应当提供以下资料:① 职业病鉴定申请书;② 职业病诊断证明书,申请省级鉴定的还应当提交市级职业病鉴定书;③ 卫生行政部门要求提供的其他有关资料。

职业病鉴定办事机构应当自收到申请资料之日起 5 个工作日内完成资料审核,对资料齐全的发给受理通知书;资料不全的,应当书面通知当事人补充。资料补充齐全的,应当受理申请并组织鉴定。

职业病鉴定办事机构收到当事人鉴定申请之后,根据需要可以向原职业病诊断机构或者首次职业病鉴定的办事机构调阅有关的诊断、鉴定资料。原职业病诊断机构或者首次职业病鉴定办事机构应当在接到通知之日起 15 日内提交。

4. 专家鉴定程序

(1) 时间要求。职业病鉴定办事机构应当在受理鉴定申请之日起 60 日内组织鉴定、形成鉴定结论,并在鉴定结论形成后 15 日内出具职业病鉴定书。根据职业病鉴定工作需要,职业病鉴定办事机构可以向有关单位调取与职业病诊断、鉴定有关的资料,有关单位应当如实、及时提供。

(2) 陈述、检查和调查。专家组应当听取当事人的陈述和申辩,必要时可以组织进行医学检查。需要了解被鉴定人的工作场所职业病危害因素情况时,职业病鉴定办事机构根据专家组的意见可以对工作场所进行现场调查,或者依法提请安全生产监督管理部门组织现场调查。依法提请安全生产监督管理部门组织现场调查的,在现场调查结论或者判定作出前,职业病鉴定应当中止。

(3) 鉴定原则。职业病鉴定应当遵循客观、公正的原则,专家组进行职业病鉴定时,可以邀请有关单位人员旁听职业病鉴定会。所有参与职业病鉴定的人员应当依法保护被鉴定人的个人隐私。

5. 鉴定结论的作出

(1) 鉴定结论。专家组应当认真审阅鉴定资料,依照有关规定和职业病诊断标准,经充分合议后,根据专业知识独立进行鉴定。在事实清楚的基础上,进行综合分析,作出鉴定结论,并制作鉴定书。鉴定结论应当经专家组 2/3 以上成员通过。职业病鉴定书应当包括以下内容:① 劳动者、用人单位的基本信息及鉴定事由;② 鉴定结论及其依据,如果为职业病,应当注明职业病名称、程度(期别);③ 鉴定时间。鉴定书加盖职业病诊断鉴定委员会印章。

(2) 格式要求。首次鉴定的职业病鉴定书一式四份,劳动者、用人单位、原诊断机构各一份,职业病鉴定办事机构存档一份;再次鉴定的职业病鉴定书一式五份,劳动者、用人单位、原诊断机构、首次职业病鉴定办事机构各一份,再次职业病鉴定办事机构存档一份。职业病鉴定书的格式由卫生部统一规定。职业病鉴定书应当于鉴定结论作出之日起 20 日内由职业病鉴定办事机构送达当事人。

(3) 鉴定结论与诊断结论或者首次鉴定结论不一致的,职业病鉴定办事机构应当及时向相关卫生行政部门和安全生产监督管理部门报告。职业病鉴定办事机构应当如实记录职业病鉴定过程,内容应当包括:① 专家组的组成;② 鉴定时间;③ 鉴定所用资料;④ 鉴定专家的发言及其鉴定意见;⑤ 表决情况;

⑥经鉴定专家签字的鉴定结论;⑦与鉴定有关的其他资料。有当事人陈述和申辩的,应当如实记录。鉴定结束后,鉴定记录应当随同职业病鉴定书一并由职业病鉴定办事机构存档,永久保存。

(七) 职业病待遇

用人单位应当保障职业病病人依法享受国家规定的职业病待遇。用人单位应当按照国家有关规定,安排职业病病人进行治疗、康复和定期检查。用人单位对不适宜继续从事原工作的职业病病人,应当调离原岗位,并妥善安置。用人单位对从事接触职业病危害的作业的劳动者,应当给予适当岗位津贴。

1. 社会保障

职业病病人的诊疗、康复费用,伤残以及丧失劳动能力的职业病病人的社会保障,按照国家有关工伤保险的规定执行。

2. 赔偿权

职业病病人除依法享有工伤保险外,依照有关民事法律,尚有获得赔偿的权利的,有权向用人单位提出赔偿要求。劳动者被诊断患有职业病,但用人单位没有依法参加工伤保险的,其医疗和生活保障由该用人单位承担。

3. 单位变动

职业病病人变动工作单位,其依法享有的待遇不变。用人单位在发生分立、合并、解散、破产等情形时,应当对从事接触职业病危害的作业的劳动者进行健康检查,并按照国家有关规定妥善安置职业病病人。用人单位已经不存在或者无法确认劳动关系的职业病病人,可以向地方人民政府民政部门申请医疗救助和生活等方面的救助。

地方各级人民政府应当根据本地区的实际情况,采取其他措施,使前述规定的职业病病人获得医疗救治。

四、女职工和未成年工特殊劳动保护权

(一) 女职工的特殊劳动保护权

女职工特殊劳动保护权是指女职工由于身体条件和生理特点的特殊性,而在劳动过程中依法享有的特殊的安全和健康保护的权利。该权利受到保护的主要法律依据是《劳动法》《女职工劳动保护特别规定》和《妇女权益保障法》等,我国现阶段对女职工劳动保护的特殊规定主要包含以下内容:

1. 孕期、产期、哺乳期的女职工特殊保护

用人单位不得因女职工怀孕、生育、哺乳降低其工资、予以辞退、与其解除劳

动或者聘用合同。女职工在孕期不能适应原劳动的,用人单位应当根据医疗机构的证明,予以减轻劳动量或者安排其他能够适应的劳动。对怀孕 7 个月以上的女职工,用人单位不得延长劳动时间或者安排夜班劳动,并应当在劳动时间内安排一定的休息时间。

案例链接 9.5

王某 2012 年 6 月进入一家私营企业担任人事专员,签订了劳动合同,月薪为 1.2 万元。2013 年 7 月王某已怀孕 5 个月,随后公司以王某已经怀孕、工作量相应下降为由将其月薪减为 8000 元。

根据我国《劳动合同法》第 35 条第 1 款规定,用人单位与劳动者协商一致,可以变更劳动合同约定的内容。变更劳动合同,应当采用书面形式。我国《妇女权益保障法》第 27 条第 1 款规定,任何单位不得因结婚、怀孕、产假、哺乳等情形,降低女职工的工资,辞退女职工,单方解除劳动(聘用)合同或者服务协议。但是,女职工要求终止劳动(聘用)合同或者服务协议的除外。

保障妇女的合法权益是全社会的共同责任,而且职业女性在经期、孕期、产期、哺乳期应当受特殊保护。劳动合同双方应当按照约定全面履行自己的义务。公司将王某月薪减为 8000 元属于合同的变更,应当与王某协商一致。若未经王某同意,该企业不得为王某减薪。

案例链接 9.6

马小姐是上海一母婴产品销售公司的仓储部仓管。在工作将近一年之际,19 岁的她突然呕吐不止、感觉头晕乏力,经周浦医院诊断为"早孕、妊娠反应",医生还开具了休息两周的诊病证明。马小姐于是向公司请假。领导告诉她,这种未婚先孕的行为违反了公司的规章制度,而且《员工手册》还规定,请病假必须有三甲医院开出的病假单。由于马小姐执意要求休假,公司以未婚先孕严重违反《员工手册》相关规定,并造成严重负面影响为由,解除了和马小姐的劳动合同。

马小姐随后申请劳动仲裁,要求公司恢复劳动关系,支付劳动关系存续期间的工资。仲裁裁决支持了马小姐的请求。

母婴公司不服,向法院起诉。庭审中,公司提交的《员工手册》显示,员工无计划生育,包括未婚先孕的行为属于严重违反公司规章制度,公司将予以停薪留职或开除处分。公司认为,马小姐入职时签署了员工手册确认函,表明她已经知晓了公司的规章制度。马小姐明知故犯,公司解除和她的劳动关系是合法的。

上海市浦东新区人民法院认为,我国《劳动法》及《劳动合同法》中均有女职工在孕期、产期、哺乳期内不得解除劳动合同的规定,该规定并未将未婚女职排除在保护范围之外。马小姐未婚先孕的行为确有不妥,但母婴公司以未婚先孕为由,解除与她的劳动关系,不符合我国劳动法律法规中针对女职工孕期、产期、哺乳期的相关规定,因此,法院对母婴公司作出的解除劳动关系的决定依法予以撤销,并判决公司支付马小姐劳动关系存续期间的工资6150元。①

解析:怀孕女职工在劳动时间内进行产前检查,所需时间计入劳动时间。女职工生育享受98天产假,其中产前可以休假15天;难产的,增加产假15天;生育多胞胎的,每多生育1个婴儿,增加产假15天。女职工怀孕未满4个月流产的,享受15天产假;怀孕满4个月流产的,享受42天产假。

女职工产假期间的生育津贴,对已经参加生育保险的,按照用人单位上年度职工月平均工资的标准由生育保险基金支付;对未参加生育保险的,按照女职工产假前工资的标准由用人单位支付。女职工生育或者流产的医疗费用,按照生育保险规定的项目和标准,对已经参加生育保险的,由生育保险基金支付;对未参加生育保险的,由用人单位支付。

案例链接9.7

原告:舒城某装饰公司

被告:王女士

被告王女士于2012年4月在原告舒城某装饰公司担任文员一职。被告在原告处工作期间,原告一直未与被告签订书面劳动合同,也未为被告办理各项社会保险手续及缴纳各项社会保险费用。同年7月,王女士怀孕。2013年2月1日王女士向公司请产假,2月6日填写自2月17日至6月30日计134天孕产假申请表,获部门经理签字同意,但未获公司负责人批准,公司认为:"如果休产假,只能辞职,按公司规定产假不能超过10天。"

王女士十分生气,回家待产被公司停发工资,双方对此引发争议。同年6月,王女士向当地劳动仲裁委申请仲裁,仲裁裁决:公司向王女士支付2013年3月30日至7月6日共98天产假期间的生育津贴4378.16元、支付申请人部分法定节假日加班工资634.48元、补办基本养老保险手续并从2012年4月13日起补缴至2013年7月24日间的基本养老保险费,支付生育医药费5426.40元、支付未签订劳动合同的双倍工资10834.48元。公司不服该仲裁裁决,于2013年9月向安徽省舒城县人民法院提起诉讼,要求判令不承担被告王女士的生育津贴、生育医疗费、加班工资、双倍工资和缴纳养老保险金的义务,并按照公司规

---

① 参见王治国:《19岁少女未婚先孕被开除,公司决定违法被撤销》,中国法院网,访问地址:http://www.chinacourt.org/article/detail/2013/04/id/950002.shtml,最后访问时间2014年3月21日。

章制度规定王女士应当赔偿给公司造成的损失近2万元,各项共计4万余元。

本案最终经法官主持调解达成一致协议:原告一次性支付被告王女士产假期间的生育津贴、部分法定节假日加班工资、生育医药费、未签订劳动合同的双倍工资及养老保险费原告应负担部分共计 20000 元;被告自行补办基本养老保险手续并补缴基本养老保险费。①

解析:对哺乳未满1周岁婴儿的女职工,用人单位不得延长劳动时间或者安排夜班劳动。用人单位应当在每天的劳动时间内为哺乳期女职工安排1小时哺乳时间;女职工生育多胞胎的,每多哺乳1个婴儿每天增加1小时哺乳时间。

女职工比较多的用人单位应当根据女职工的需要,建立女职工卫生室、孕妇休息室、哺乳室等设施,妥善解决女职工在生理卫生、哺乳方面的困难。

2. 女职工禁忌从事的劳动范围

(1)女职工禁忌从事的劳动范围:① 矿山井下作业;② 体力劳动强度分级标准中规定的第四级体力劳动强度的作业;③ 每小时负重6次以上、每次负重超过20公斤的作业,或者间断负重、每次负重超过25公斤的作业。

(2)女职工在经期禁忌从事的劳动范围:① 冷水作业分级标准中规定的第二级、第三级、第四级冷水作业;② 低温作业分级标准中规定的第二级、第三级、第四级低温作业;③ 体力劳动强度分级标准中规定的第三级、第四级体力劳动强度的作业;④ 高处作业分级标准中规定的第三级、第四级高处作业。

(3)女职工在孕期禁忌从事的劳动范围:① 作业场所空气中铅及其化合物、汞及其化合物、苯、镉、铍、砷、氰化物、氮氧化物、一氧化碳、二硫化碳、氯、己内酰胺、氯丁二烯、氯乙烯、环氧乙烷、苯胺、甲醛等有毒物质浓度超过国家职业卫生标准的作业;② 从事抗癌药物、己烯雌酚生产,接触麻醉剂气体等的作业;③ 非密封源放射性物质的操作,核事故与放射事故的应急处置;④ 高处作业分级标准中规定的高处作业;⑤ 冷水作业分级标准中规定的冷水作业;⑥ 低温作业分级标准中规定的低温作业;⑦ 高温作业分级标准中规定的第三级、第四级的作业;⑧ 噪声作业分级标准中规定的第三级、第四级的作业;⑨ 体力劳动强度分级标准中规定的第三级、第四级体力劳动强度的作业;⑩ 在密闭空间、高压室作业或者潜水作业,伴有强烈振动的作业,或者需要频繁弯腰、攀高、下蹲的作业。

(4)女职工在哺乳期禁忌从事的劳动范围:① 孕期禁忌从事的劳动范围的第1项、第3项、第9项;② 作业场所空气中锰、氟、溴、甲醇、有机磷化合物、有机氯化合物等有毒物质浓度超过国家职业卫生标准的作业。

---

① 参见方芳:《未获产假就回家待产,状告其旷工索赔公司败诉》,中国法院网,访问地址:http://www.chinacourt.org/article/detail/2013/12/id/1168632.shtml,最后访问时间 2014 年 3 月 21 日。

3. 其他特殊保护

（1）用人单位应当加强女职工劳动保护，采取措施改善女职工劳动安全卫生条件，对女职工进行劳动安全卫生知识培训。

（2）在劳动场所，用人单位应当预防和制止对女职工的性骚扰。

（3）妇女的合法权益受到侵害的，有权要求有关部门依法处理，或者依法向仲裁机构申请仲裁，或者向人民法院起诉。对有经济困难需要法律援助或者司法救助的妇女，当地法律援助机构或者人民法院应当给予帮助，依法为其提供法律援助或者司法救助。妇女的合法权益受到侵害的，可以向妇女组织投诉，妇女组织应当维护被侵害妇女的合法权益，有权要求并协助有关部门或者单位查处。有关部门或者单位应当依法查处，并予以答复。妇女组织对于受害妇女进行诉讼需要帮助的，应当给予支持。妇女联合会或者相关妇女组织对侵害特定妇女群体利益的行为，可以通过大众传播媒介揭露、批评，并有权要求有关部门依法查处。

（二）未成年工的特殊劳动保护权

未成年工是指年满16周岁、未满18周岁的劳动者。未成年工的特殊劳动保护权是指由于未成年工处于生长发育的特殊阶段，以及接受义务教育的需要，因而在劳动的过程中依法享有特殊劳动保护的权利。该权利受到保护的主要法律依据是《劳动法》《未成年人保护法》以及《未成年工特殊保护规定》等。我国现阶段对未成年工劳动保护的特殊规定主要包含以下内容：

1. 未成年工禁忌劳动的范围

案例链接 9.8

2009年7月，16岁的张勇与某小型矿业公司签订了3年的劳动合同，合同签订后张勇被安排到资料室进行档案整理，但由于冬季用煤量增大导致井下采掘面人手紧缺，公司要求张勇去井下进行采煤工作，但遭到张勇拒绝。公司没有再继续要求。

2009年11月，公司安排张勇到锅炉房做司炉工作，再次被张勇拒绝。2009年12月10日，公司决定辞退张勇，并送达了辞退通知书，理由是不服从公司安排的工作，严重违反劳动纪律。

张勇不服，随后向当地劳动争议仲裁委员会提出仲裁，请求撤销公司对其辞退决定，并要求公司为其安排符合法律规定范围内的工作。仲裁委审理后进行调解达成调解协议，公司同意撤销对张勇的辞退决定，并安排其负责单位的后勤。[①]

[①] 参见谢恒：《劳动者权益保护案例》，山西教育出版社2010年版，第78页。

解析：我国《劳动法》第 64 条规定，不得安排未成年工从事矿山井下、有毒有害、国家规定的第四级体力劳动强度的劳动和其他禁忌从事的劳动。1995 年 1 月 1 日施行的《未成年工特殊保护规定》具体规定了用人单位不得安排未成年工从事以下范围的劳动：(1)《生产性粉尘作业危害程度分级》国家标准中第一级以上的接尘作业；(2)《有毒作业分级》国家标准中第一级以上的有毒作业；(3)《高处作业分级》国家标准中第二级以上的高处作业；(4)《冷水作业分级》国家标准中第二级以上的冷水作业；(5)《高温作业分级》国家标准中第三级以上的高温作业；(6)《低温作业分级》国家标准中第三级以上的低温作业；(7)《体力劳动强度分级》国家标准中第四级体力劳动强度的作业；(8) 矿山井下及矿山地面采石作业；(9) 森林业中伐木、流放及守林作业；(10) 工作场所接触放射性物质的作业；(11) 有易燃易爆、化学性烧伤和热烧伤等危险性大的作业；(12) 地质勘探和资源勘探的野外作业；(13) 潜水、涵洞、涵道作业和海拔 3000 米以上的高原作业（不包括世居高原者）；(14) 连续负重每小时在 6 次以上并每次超过 20 公斤，间断负重每次超过 25 公斤的作业；(15) 使用凿岩机、捣固机、气镐、气铲、铆钉机、电锤的作业；(16) 工作中需要长时间保持低头、弯腰、上举、下蹲等强迫体位和动作频率每分钟大于 50 次的流水线作业；(17) 锅炉司炉。

2. 禁止招用童工

案例链接 9.9

2013 年 12 月，深圳可立克科技公司被举报涉嫌大量使用童工。可立克科技公司是一家电源及磁性元件研发、生产、销售的企业，主要产品包括电源适配器、仪表电源等。媒体报道招录进来的孩子主要在电源车间工作，负责电源的组装、打包等，也有部分年龄稍长的孩子需要从事焊锡等具有一定危险性的工作。上班时间为上午 8 点至 11 点半，下午 1 点至 5 点半，晚上 6 点半至 10 点半，每天工作 12 个小时。工资不按小时计算，每个月固定为 2000 元，拿现金，没有工资卡，没有任何加班费。

我国劳动法规定，禁止用人单位招用未满 16 周岁的未成年人。文艺、体育和特种工艺单位招用未满 16 周岁的未成年人，必须依照国家有关规定，履行审批手续，并保障其接受义务教育的权利。[①]

3. 患有某种疾病或具有某些生理缺陷的未成年工的特殊保护

患有某种疾病或具有某些生理缺陷（非残疾型）的未成年工，是指有以下一

---

① 参见廖婷婷：《深圳调查"可立克科技涉嫌使用数十名童工"》，新华网，访问地址：http://news.xinhuanet.com/yuqing/2013-12/31/c_125937893.htm，最后访问时间 2014 年 1 月 24 日。

种或一种以上情况者:(1)心血管系统:① 先天性心脏病;② 克山病;③ 收缩期或舒张期二级以上心脏杂音。(2)呼吸系统:① 中度以上气管炎或支气管哮喘;② 呼吸音明显减弱;③ 各类结核病;④ 体弱儿,呼吸道反复感染者。(3)消化系统:① 各类肝炎;② 肝、脾肿大;③ 胃、十二指肠溃疡;④ 各种消化道疝。(4)泌尿系统:① 急、慢性肾炎;② 泌尿系感染。(5)内分泌系统:① 甲状腺机能亢进;② 中度以上糖尿病。(6)精神神经系统:① 智力明显低下;② 精神忧郁或狂暴。(7)肌肉、骨骼运动系统:① 身高和体重低于同龄人标准;② 一个及一个以上肢体存在明显功能障碍;③ 躯干四分之一以上部位活动受限,包括强直或不能旋转。(8)其他:① 结核性胸膜炎;② 各类重度关节炎;③ 血吸虫病;④ 严重贫血,其血色素每升低于 95 克(<9.5g/dL)。

未成年工患有某种疾病或具有某些生理缺陷(非残疾型)时,用人单位不得安排其从事以下范围的劳动:(1)《高处作业分级》国家标准中第一级以上的高处作业;(2)《低温作业分级》国家标准中第二级以上的低温作业;(3)《高温作业分级》国家标准中第二级以上的高温作业;(4)《体力劳动强度分级》国家标准中第三级以上体力劳动强度的作业;(5)接触铅、苯、汞、甲醛、二硫化碳等易引起过敏反应的作业。

4. 未成年工定期健康检查制度

我国《劳动法》第 65 条规定,用人单位应当对未成年工定期进行健康检查。《未成年工特殊保护规定》对健康检查制度作出了细化规定:用人单位应按下列要求对未成年工定期进行健康检查:(1)安排工作岗位之前;(2)工作满一年;(3)年满 18 周岁,距前一次的体检时间已超过半年。未成年工的健康检查,应按《未成年工健康检查表》列出的项目进行。用人单位应根据未成年工的健康检查结果安排其从事适合的劳动,对不能胜任原劳动岗位的,应根据医务部门的证明,予以减轻劳动量或安排其他劳动。

5. 未成年工登记制度

对未成年工的使用和特殊保护实行登记制度。(1)用人单位招收使用未成年工,除符合一般用工要求外,还须向所在地的县级以上劳动行政部门办理登记。劳动行政部门根据未成年工健康检查表、未成年工登记表,核发未成年工登记证。(2)各级劳动行政部门须按《未成年工特殊保护规定》中有关规定,审核体检情况和拟安排的劳动范围。

未成年工须持未成年工登记证上岗。未成年工登记证由国务院劳动行政部门统一印制。

我国社会生活中发生的多起非法用工,如黑砖窑事件、大凉山童工事件等,都是由于法律没有得到有效执行的结果。因此,切实执行法律法规规定的对儿童和未成年工的保护措施,才能真正达到立法目的。

第十讲 休息休假权

一、休息休假权概述

休息休假权是劳动者的法定权利。我国《宪法》规定了劳动者的休息休假权,第43条规定:中华人民共和国劳动者有休息的权利。国家发展劳动者休息和修养的设施,规定职工的工作时间和休假制度。根据我国现行法律,劳动者享受的节假日主要包括:全民法定节假日共计11天,休息日104天,此外还包括年休假、探亲假、产假、病假、事假等假期内容。

作为劳动者,在享有基本工作权利的基础上同时享有与之相辅相成的休息休假权,合理完善的休息休假制度是对人权最基本的保障,是劳动者生产生活最基本的要求,是国家经济、文化等各项事业科学良性发展的制度保障,因此,我国十分重视劳动者的休息休假权利,主要是从行政法规方面作了具体详尽的规定。

虽然我国目前对于各类节假日都有相关规定,但是实践中,侵害劳动者休息休假权的情况仍然较为普遍,主要涉及不支付或者足额支付加班工资、未给予休假待遇等,因此,作为单位来讲,在安排工作时间上既要符合单位运转要求,又不能侵犯劳动者的休息休假权。

我国《劳动法》第四章规定了休息休假权,用人单位不得违反劳动法规定延长劳动者的工作时间。用人单位应当保证劳动者每周至少休息一日。企业因生产特点不能实行《劳动法》第36条、第38条规定的工作、休息制度,经劳动行政部门批准,可以实行其他工作和休息办法。

用人单位在下列节日期间应当依法安排劳动者休假:(1)元旦;(2)春节;(3)国际劳动节;(4)国庆节;(5)法律、法规规定的其他休假节日。

用人单位由于生产经营需要,经与工会和劳动者协商后可以延长工作时间,一般每日不得超过1小时;因特殊原因需要延长工作时间的,在保障劳动者身体健康的条件下延长工作时间每日不得超过3小时,但是每月不得超过36小时。

有下列情形之一的,延长工作时间不受《劳动法》第41条工时延长规定的限制:(1)发生自然灾害、事故或者因其他原因,威胁劳动者生命健康和财产安全,需要紧急处理的;(2)生产设备、交通运输线路、公共设施发生故障,影响生产和公众利益,必须及时抢修的;(3)法律、行政法规规定的其他情形。

有下列情形之一的,用人单位应当按照下列标准支付高于劳动者正常工作时间工资的工资报酬:(1)安排劳动者延长工作时间的,支付不低于工资的150%的工资报酬;(2)休息日安排劳动者工作又不能安排补休的,支付不低于工资的200%的工资报酬;(3)法定休假日安排劳动者工作的,支付不低于工资的300%的工资报酬。

国家实行带薪年休假制度。劳动者连续工作一年以上的,享受带薪年休假。具体办法由国务院规定。

二、带薪年休假制度

休息权是我国《宪法》赋予劳动者的一项基本权利,带薪年休假(以下简称年休假)是劳动者享有休息权的重要体现,是我国社会保障待遇的重要组成部分,是劳动者的重要权益之一。与其他法定节假日相比,劳动者可以根据自身情况选择何时休年假,拥有更多的选择权,因此深受劳动者欢迎。鼓励和发展劳动者享受带薪休假,有利于劳动者增强对单位的归属感,缓解劳动者在工作中产生的压力和消极情绪,激励职工提高工作效率。不断完善带薪年休假制度,有助于推动我国社会保障体系及和谐劳动关系的建立。

(一)带薪年休假概述

我国《职工带薪年休假条例》第2条规定,机关、团体、企业、事业单位、民办非企业单位、有雇工的个体工商户等单位的职工连续工作1年以上的,享受带薪年休假。单位应当保证职工享受年休假。职工在年休假期间享受与正常工作期间相同的工资收入。

上述规定主要包含三个要点,一是明确责任主体,保证职工权利。机关、团体、企业、事业单位、民办非企业单位、有雇工的个体工商户应当给与员工年休假,保证职工享受年休假。二是限定享受年休假前提要件。年休假的前提是员工在公司工作满1年,否则无权享受年休假。三是休假期间的待遇问题。员工在年休假期间,享受正常工作工资。

为了更好地理解和实施上述规定,《企业职工带薪年休假实施办法》规定职工连续工作满12个月以上的,享受带薪年休假。此处的职工连续工作满12个月以上,既包括职工在同一用人单位连续工作满12个月以上的情形,也包括职工在不同用人单位连续工作满12个月以上的情形。其中,劳务派遣单位的职工符合连续工作满12个月以上的,也享受年休假。

(二) 年休假的期限

案例链接 10.1

张某为应届毕业大学生,于 2010 年 7 月 1 日入职深圳某公司,2013 年 6 月 30 日劳动合同期满被公司终止合同,由于公司没有依法支付张某应休未休年休假工资(张某在职期间没有休过年休假),故申请劳动仲裁,要求公司支付 14 天年休假的双倍工资(其中 2010 年 7 月 1 日至 2011 年 6 月 30 日 5 天,2011 年 7 月 1 日至 2011 年 12 月 31 日 2 天,2012 年 1 月 1 日至 2012 年 12 月 31 日 5 天,2013 年 1 月 1 日至 6 月 30 日 2 天)。此案历经劳动争议仲裁、一审及二审程序。

仲裁裁决:全部支持了张某的请求,即上述 14 天年休假的双倍工资。

一审法院:支持了公司方的意见,认为张某最多只有 9 天年休假(其中 2011 年 7 月 1 日至 2011 年 12 月 31 日 2 天,2012 年 1 月 1 日至 2012 年 12 月 31 日 5 天,2013 年 1 月 1 日至 6 月 30 日 2 天)。

二审法院:判决公司按 12 天(即 2011 年 5 天,2012 年 5 天,2013 年 2 天)年休假双倍支付张某应休未休年休假工资。

思考:应届大学毕业生张某的年休假到底如何计算?①

《职工带薪年休假条例》第 3 条规定,职工累计工作已满 1 年不满 10 年的,年休假 5 天;已满 10 年不满 20 年的,年休假 10 天;已满 20 年的,年休假 15 天。国家法定休假日、休息日不计入年休假的假期。具体而言,职工依法享受的探亲假、婚丧假、产假等国家规定的假期以及因工伤停工留薪期间都不计入年休假假期。

根据《企业职工带薪年休假实施办法》规定,年休假天数根据职工累计工作时间确定。职工在同一或者不同用人单位工作期间,以及依照法律、行政法规或者国务院规定视同工作期间,应当计为累计工作时间。

职工新进用人单位且符合连续工作满 12 个月以上的规定的,当年度年休假天数,按照在本单位剩余日历天数折算确定,折算后不足 1 整天的部分不享受年休假。具体折算方法为:(当年度在本单位剩余日历天数÷365 天)×职工本人全年应当享受的年休假天数。

用人单位与职工解除或者终止劳动合同时,当年度未安排职工休满应休年

---

① 参见李显平:《企业职工带薪年休假如何计算》,律商网,访问地址:https://hk.lexiscn.com/,最后访问时间 2016 年 10 月 28 日。

休假的,应当按照职工当年已工作时间折算应休未休年休假天数并支付未休年休假工资报酬,但折算后不足1整天的部分不支付未休年休假工资报酬。具体折算方法为:(当年度在本单位已过日历天数÷365天)×职工本人全年应当享受的年休假天数-当年度已安排年休假天数。用人单位当年已安排职工年休假的,多于折算应休年休假的天数不再扣回。

案例链接 10.2

王某于1999年8月1日入职A公司,经数次续签劳动合同后在A公司连续工作8年多。2008年12月31日,王某因故从A公司离职。后,王某在家待岗近半年。2009年6月1日,王某经应聘进入B公司工作,双方签订了期限为两年的劳动合同,其中约定王某的月工资标准为3000元。二审法院查明,截止到2009年11月30日王某已连续工作满十年。王某在B公司工作期间,B公司未安排王某休2009年度的年休假。2010年5月30日,B公司以王某严重违反公司规章,并给公司造成重大损失为由解除劳动合同,并不同意支付王某未休年休假工资等任何补偿。随后王某向北京市某区劳动争议仲裁委员会申请仲裁,要求B公司支付其:(1)违法解除劳动合同的经济赔偿金6000元(两个月工资);(2)2009年6月1日至2010年5月30日期间10天的应休未休年休假工资1920元。此案历经劳动争议仲裁、一审及二审程序。

二审法院经审理认为:因王某存在严重违反公司规章制度的行为,B公司依法解除双方劳动关系并无不当,其无需支付王某违法解除劳动关系的赔偿金;但王某因违纪行为被解除劳动关系并不影响其应享有的休息休假权利,B公司仍应支付王某应休未休的年休假工资。至于王某在B公司应享有的年休假天数则应分段计算,2009年6月1日至2009年11月30日,应适用5天的标准;2009年12月1日至2010年5月30日,应适用10天的标准。经核算,B公司还应支付王某的未休年休假工资1655.16元。[①]

在劳务派遣中,被派遣职工在劳动合同期限内无工作期间由劳务派遣单位依法支付劳动报酬的天数多于其全年应当享受的年休假天数的,不享受当年的年休假;少于其全年应当享受的年休假天数的,劳务派遣单位、用工单位应当协商安排补足被派遣职工年休假天数。

---

① 参见刘义军:《劳动者未休年休假天数的计算——王某与某公司劳动争议案》,北京市劳动和社会保障法学会网站,访问地址:http://blog.sina.com.cn/bjldbzfx,最后访问时间2016年10月25日。

(三) 不享受年休假的情形

考虑到工作性质、工作特点以及职工个人情况,职工存在以下情形是不享受当年的年休假:(1) 职工依法享受寒暑假,其休假天数多于年休假天数的;(2) 职工请事假累计20天以上且单位按照规定不扣工资的;(3) 累计工作满1年不满10年的职工,请病假累计2个月以上的;(4) 累计工作满10年不满20年的职工,请病假累计3个月以上的;(5) 累计工作满20年以上的职工,请病假累计4个月以上的。需要注意的是职工享受寒暑假天数多于其年休假天数的,不享受当年的年休假。但是如果确实因为工作需要,职工享受的寒暑假天数少于其年休假天数的,用人单位应当安排补足年休假天数。

(四) 年休假的统筹安排

单位根据生产、工作的具体情况,并考虑职工本人意愿,统筹安排职工年休假。年休假在1个年度内可以集中安排,也可以分段安排,一般不跨年度安排。单位因生产、工作特点确有必要跨年度安排职工年休假的,可以跨1个年度安排。

带薪年休假是法律赋予职工的权利,因此单位如果确因工作需要不能安排或者职工休年休假的,必须经职工本人同意,才可以不安排职工休年休假。对职工应休未休的年休假天数,单位应当按照该职工日工资收入的300%支付年休假工资报酬。其中包含用人单位支付职工正常工作期间的工资收入。用人单位安排职工休年休假,但是职工因本人原因且书面提出不休年休假的,用人单位可以只支付其正常工作期间的工资收入。

(五) 日工资收入的计算

计算未休年休假工资报酬的日工资收入按照职工本人的月工资除以月计薪天数(21.75天)进行折算。月工资是指职工在用人单位支付其未休年休假工资报酬前12个月剔除加班工资后的月平均工资。在本用人单位工作时间不满12个月的,按实际月份计算月平均工资。

职工在年休假期间享受与正常工作期间相同的工资收入。实行计件工资、提成工资或者其他绩效工资制的职工,日工资收入的计发办法也按照上述规定执行。

三、法定节假日

中国人常说的逢年过节就是休息休假权的典型表现,那么我们所讲的"年、节"主要包括哪些内容?这些节日的休息休假国家是怎样安排的?国务院为统一全国年节及纪念日的假期,将全国主要节假日的放假规定在《全国年节及纪念日放假办法》[①]中,并作了简要分类。

(一) 全体公民放假的节日

(1) 新年,放假1天(1月1日);
(2) 春节,放假3天(正月初一、初二、初三)[②];
(3) 清明节,放假1天(农历清明当日);
(4) 劳动节,放假1天(5月1日);
(5) 端午节,放假1天(农历端午当日);
(6) 中秋节,放假1天(农历中秋当日);
(7) 国庆节,放假3天(10月1日、2日、3日)。
全体公民放假的假日,如果适逢星期六、星期日,应当在工作日补假。

(二) 部分公民放假的节日及纪念日

(1) 妇女节(3月8日),妇女放假半天;
(2) 青年节(5月4日),14周岁以上的青年放假半天;
(3) 儿童节(6月1日),不满14周岁的少年儿童放假1天;
(4) 中国人民解放军建军纪念日(8月1日),现役军人放假半天。
部分公民放假的假日,如果适逢星期六、星期日,则不补假。

(三) 少数民族习惯的节日

少数民族习惯的节日,由各少数民族聚居地区的地方人民政府,按照各该民族习惯,规定放假日期。

---

① 1949年12月23日政务院发布;根据1999年9月18日国务院《关于修改〈全国年节及纪念日放假办法〉的决定》第一次修订;根据2007年12月14日国务院《关于修改〈全国年节及纪念日放假办法〉的决定》第二次修订;根据2013年12月11日国务院《关于修改〈全国年节及纪念日放假办法〉的决定》第三次修订,并于2014年1月1日起施行。

② 根据我国现行的《全国年节及纪念日放假办法》规定,春节3天假期不再包括除夕,而是从初一到初三。

(四) 不放假的节日

二七纪念日、五卅纪念日、七七抗战纪念日、九三抗战胜利纪念日、九一八纪念日、教师节、护士节、记者节、植树节等其他节日、纪念日,均不放假。

四、探 亲 假

探亲假,是指与父母或者配偶分居两地的职工,每年享有的与父母或配偶团聚的假期。为了适当地解决职工同亲属长期远居两地的探亲问题,1981年国务院制定了《关于职工探亲待遇的规定》。

(一) 享受探亲假的条件

探亲假期是指职工与配偶、父、母团聚的时间,凡在国家机关、人民团体和全民所有制企业、事业单位工作满一年的固定职工,与配偶不住在一起,又不能在公休假日团聚的,可以享受本规定探望配偶的待遇;与父亲、母亲都不住在一起,又不能在公休假日团聚的,可以享受本规定探望父母待遇。

但是,职工与父亲或与母亲一方能够在公休假日团聚的,不能享受本规定探望父母的待遇。

有关探亲假的享受需要注意以下几点问题:

(1) 这里的父母包括自幼抚养职工长大,现在由职工供养的亲属。不包括岳父母、公婆。

(2) 学徒、见习生、实习生在学习、见习、实习期间不能享受《关于职工探亲待遇的规定》的待遇。

(3) "不能在公休假日团聚"是指不能利用公休假日在家居住一夜和休息半个白天。

(4) 符合探望配偶条件的职工,因工作需要当年不能探望配偶时,其不实行探亲制度的配偶,可以到职工工作地点探亲,职工所在单位应按规定报销其往返路费。职工本人当年则不应再享受探亲待遇。

(5) 职工的父亲或母亲和职工的配偶同居一地的,职工在探望配偶时,即可同时探望其父亲或者母亲,因此,不能再享受探望父母的待遇。

(二) 探亲假的期限

(1) 职工探望配偶的,每年给予一方探亲假一次,假期为30天。

(2) 未婚职工探望父母,原则上每年给假一次,假期为20天,如果因为工作需要,本单位当年不能给予假期,或者职工自愿两年探亲一次,可以两年给假一次,假期为45天。

(3) 已婚职工探望父母的,每4年给假一次,假期为20天。具备探望父母条件的已婚职工,每四年给假一次,在这四年中的任何一年,经过单位领导批准即可探亲。

(4) 需要注意,单位可以根据实际需要给予路程假。上述假期均包括公休假日和法定节日在内。如果职工在探亲往返旅途中,遇到意外交通事故,例如坍方、洪水冲毁道路等,造成交通停顿,以致职工不能按期返回工作岗位的,在持有当地交通机关证明,向所在单位行政提出申请后,其超假日期可以算作探亲路程假期。

(三) 休假与探亲假的并存问题

凡实行休假制度的职工(例如学校的教职工)应该在休假期间探亲。如果休假期较短,可由本单位适当安排,补足其探亲假的天数。

(四) 探亲假期间的工资发放与路费负担问题

职工在规定的探亲假期和路程假期内,按照本人的标准工资发给工资。职工探望配偶和未婚职工探望父母的往返路费,由所在单位负担。已婚职工探望父母的往返路费,在本人月标准工资30%以内的,由本人自理,超过部分由所在单位负担。

五、其他假期

除了年休假、探亲假、法定节假日等休息休假日,我国还规定了一些针对特殊情况的假期,典型的是女职工的产假和婚丧假。

(一) 婚丧假

(1) 根据1980年《关于国营企业职工请婚丧假和路程假问题的通知》,职工本人结婚或职工的直系亲属(父母、配偶和子女)死亡时,可以根据具体情况,由本单位行政领导批准,酌情给予1天至3天的婚丧假。职工结婚时双方不在一地工作的;职工在外地的直系亲属死亡时需要职工本人去外地料理丧事的,都可以根据路程远近,另给予路程假。

(2) 在批准的婚丧假和路程假期间,职工的工资照发。途中的车船费等,全部由职工自理。

(二) 再婚职工婚假问题

根据我国《婚姻法》和国家有关职工婚丧假的规定精神,再婚者与初婚者的法律地位相同,用人单位对于再婚职工应当参照国家有关规定,给予同初婚职工一样的婚嫁待遇。

(三) 医疗期(病假)

医疗期是指企业职工因患病或非因工负伤停止工作治病休息不得解除劳动合同的时限。

医疗期对于职工来讲是非常重要的休息休假期间,人的一生难免生病或者遇到事故,在生命急需救治的过程中劳动者失去了暂时正常工作的能力,为了维护人的生命健康权以及未来工作的稳定,保障企业职工在患病或非因工负伤期间的合法权益,《企业职工患病或非因工负伤医疗期规定》(劳部发〔1994〕479号)对职工医疗期的问题作了相关规定,其目的是为了维护职工在生命处于救治的特殊困难时期的休假权利。

企业职工因患病或非因工负伤,需要停止工作医疗时,根据本人实际参加工作年限和在本单位工作年限,给予3个月到24个月的医疗期:

(1) 实际工作年限10年以下的,在本单位工作年限5年以下的为3个月;5年以上的为6个月。

(2) 实际工作年限10年以上的,在本单位工作年限5年以下的为6个月;5年以上10年以下的为9个月;10年以上15年以下的为12个月;15年以上20年以下的为18个月;20年以上的为24个月。

(3) 医疗期3个月的按6个月内累计病休时间计算;6个月的按12个月内累计病休时间计算;9个月的按15个月内累计病休时间计算;12个月的按18个月内累计病休时间计算;18个月的按24个月内累计病休时间计算;24个月的按30个月内累计病休时间计算。

注意:关于医疗期的计算问题

(1) 医疗期计算应从病休第一天开始,累计计算。如:应享受3个月医疗期的职工,如果从1995年3月5日起第一次病休,那么,该职工的医疗期应在3月5日至9月5日之间确定,在此期间累计病休3个月即视为医疗期满。其他依此类推。

(2) 病休期间,公休、假日和法定节日包括在内。

(3) 企业职工在医疗期内,其病假工资、疾病救济费和医疗待遇按照有关规定执行。根据《关于贯彻执行〈中华人民共和国劳动法〉若干问题的意见》(劳部发〔1995〕309号)第59条规定,在医疗期内企业支付的病假工资标准不得低于最低工资标准的80%。

(4) 企业职工非因工致残和经医生或医疗机构认定患有难以治疗的疾病,在医疗期内医疗终结,不能从事原工作,也不能从事用人单位另行安排的工作的,应当由劳动鉴定委员会参照工伤与职业病致残程度鉴定标准进行劳动能力的鉴定。被鉴定为一至四级的,应当退出劳动岗位,终止劳动关系,办理退休、退职手续,享受退休、退职待遇;被鉴定为五至十级的,医疗期内不得解除劳动合同。

(5) 企业职工非因工致残和经医生或医疗机构认定患有难以治疗的疾病,医疗期满,应当由劳动鉴定委员会参照工伤与职业病致残程度鉴定标准进行劳动能力的鉴定。被鉴定为一至四级的,应当退出劳动岗位,解除劳动关系,并办理退休、退职手续,享受退休、退职待遇。

(6) 医疗期满尚未痊愈者,被解除劳动合同的经济补偿问题按照有关规定执行。

(7) 根据目前的实际情况,对某些患特殊疾病(如癌症、精神病、瘫痪等)的职工,在24个月内尚不能痊愈的,经企业和劳动主管部门批准,可以适当延长医疗期。但是延长不超过24个月。

附录一

劳动争议处理全流程解读

为了公正及时解决劳动争议,保护当事人合法权益,促进劳动关系和谐稳定,我国于 2008 年 5 月 1 日起正式实施《劳动争议调解仲裁法》,该法对我国劳动争议的解决规定了具体的解决方案,其中包括争议解决的方式、顺序、举证责任分配等内容,规范了我国劳动争议解决制度。

值得注意的是,本附录内容主要针对《劳动争议调解仲裁法》中提供的劳动争议处理程序进行整理,在相关环节上配上实践中常用的相关表格,以帮助读者更生动地理解劳动争议的解决方式和途径,但是由于劳动者与用人单位之间产生的争议原因多样化,或因为社会保险关系,或因为劳动保护的问题,各项争议之间涉及各自不同的延伸性程序,因此本附录内容包括其中所附图表仅供读者参考,不能生搬硬套,在现实生活中遇到个案要根据不同的情形进行变通处理,以保证劳动者权益得到及时维护。

劳动争议解决概述

1.《劳动争议调解仲裁法》的适用范围

中华人民共和国境内的用人单位与劳动者发生的下列劳动争议:(1)因确认劳动关系发生的争议;(2)因订立、履行、变更、解除和终止劳动合同发生的争议;(3)因除名、辞退和辞职、离职发生的争议;(4)因工作时间、休息休假、社会保险、福利、培训以及劳动保护发生的争议;(5)因劳动报酬、工伤医疗费、经济补偿或者赔偿金等发生的争议;(6)法律、法规规定的其他劳动争议。注意,根据《劳动争议调解仲裁法》的规定,事业单位实行聘用制的工作人员与本单位发生劳动争议的,依照《劳动争议调解仲裁法》执行;法律、行政法规或者国务院另有规定的,依照其规定。

2. 举证责任

发生劳动争议,当事人对自己提出的主张,有责任提供证据。与争议事项有关的证据属于用人单位掌握管理的,用人单位应当提供;用人单位不提供的,应当承担不利后果。

为方便当事人双方举证,保证仲裁活动顺利进行,使当事人双方更充分有效地行使各自举证义务,广东省劳动人事争议仲裁院为当事人制定了举证通知书,为劳动者维护权利提供了重要、便捷、高效的参考:

广东省劳动人事争议调解仲裁院
举证通知书

为保证仲裁活动的正常进行,依法维护双方当事人的合法权益,根据《中华人民共和国劳动争议调解仲裁法》及有关规定,现将当事人举证要求通知如下:

一、发生劳动人事争议,当事人对自己提出的主张,有责任提供证据。如:

1. 证明劳动关系发生、变更、消灭等事实的证据;
2. 证明当事人仲裁主体资格的证据;
3. 确定争议标的数额的证据;
4. 证明案件是否已由其他仲裁委员会受理或审理过的证据;
5. 其他与案件争议事项有关的证据。

用人单位应当在规定期限内提供其掌握管理的与争议事项有关的证据,以及仲裁庭要求用人单位提供的证据,逾期不提供的,应当承担不利后果。

二、当事人应当在第一次开庭3日前完成举证。确需延长举证时限的,须经仲裁庭批准并在规定的时限内举证。

三、证据分为书证、物证、证人证言、视听资料、当事人陈述、鉴定结论、勘验笔录。

1. 当事人应当对其提交的证据材料逐一分类编号并制作证据清单,对证据材料的来源、证明对象和内容做简要说明,签名盖章,并按仲裁庭和对方当事人人数提交副本。

2. 证据应当在仲裁庭审理时出示,由当事人质证,未经质证的证据,不能作为认定事实的依据。

3. 当事人提供的证据系在中华人民共和国领域外形成的,该证据要经所在国公证机关予以证明,并经中华人民共和国驻该国使领馆予以认证,或者履行中华人民共和国与该所在国订立的有关条约中规定的证明手续;当事人提供的证据是在香港、澳门、台湾地区形成的,要履行相关的证明手续。

4. 书证与物证应当提交与原件、原物核对无异的复印(制)件、照片、副本、记录本;当事人提供外文书证或者外文说明资料应当附有中文译本;仲裁庭审理时当事人对书证与物证的原件、原物进行质证。

5. 证人应当出庭作证,接受当事人的质询。证人出庭作证的,当事人要在开庭审理前提交证人名单,证人确有困难不能到庭的,经仲裁委员会同意,可以提交书面证言;不能正确表达意思的人,不能作证;证人作证时不得使用猜测、推断或者评论性的语言;仲裁员和当事人要对证人进行询问,证人不得旁听仲裁庭审理,询问证人时,其他证人不得在场,仲裁庭认为有必要的,可以让证人进行对质。

四、当事人应当客观、全面地提供证据,不得伪造、毁灭证据,不得以暴力、威胁、贿买等方法阻止证人作证或指使、贿买、胁迫他人作伪证。否则,当事人要承担法律责任和败诉后果。

深圳市人力资源和社会保障局也在其网站上公布了劳动争议仲裁的举证指引,相比广东省劳动人事争议调解仲裁院的举证通知书,深圳市的举证指引在证据责任分配上更加细致、明确,以帮助劳动者和用人单位双方更有效地在仲裁实现其举证义务,具体内容如下:

深圳市劳动争议举证指引

一、劳动者在劳动人事争议仲裁过程中应承担的举证责任如下：

（1）劳动者主张劳动（人事）关系成立的，应当提交相应的劳动合同（聘用合同）、其他劳动者的证言或就领取工资、福利待遇、办理社会保险及工作管理（如工作证、服务证等）举证；

（2）劳动者主张工资标准高于合同约定或已实际领取的工资数额的，应就其主张的工资标准举证；

（3）劳动者主张用人单位减少工资等报酬的，应就用人单位减少工资等报酬的事实举证；

（4）劳动者追索申请仲裁之日两年前的工资等报酬的，原则上由劳动者举证；

（5）劳动者主张加班工资的，应就加班事实的存在举证；

（6）劳动者主张业务提成的，应就存在业务提成的事实（包括用人单位与劳动者之间有业务提成的约定或用人单位关于业务提成的规定、业务提成的支付时间、业务提成的支付标准以及计提提成的业务由劳动者完成等）举证；劳动者与用人单位约定业务提成在业务款项收回后才支付的，对业务款项回收的举证责任由劳动者承担；

（7）劳动者主张奖金、年终奖或年终双薪的，应就双方存在奖金、年终奖或年终双薪的约定或用人单位的相关制度以及奖金、年终奖或年终双薪的金额等事实举证；

（8）劳动者主张订立无固定期限劳动合同（聘用合同）的，应就订立无固定期限合同条件的成就举证；

（9）劳动者主张用人单位解除劳动合同（聘用合同）或解除事实劳动（人事）关系的，应就解除合同或解除事实劳动（人事）关系的事实举证；

（10）劳动者主张工伤保险待遇及其赔偿的，应就存在因工伤害的事实及工伤认定、伤残等级鉴定结论及鉴定时间、工伤住院治疗起止时间及费用、同意转院治疗的证明及所需交通费和食宿费、应当安装康复器具的证明及费用等事实举证；

（11）女职工主张"三期"（孕期、产期、哺乳期）权利的，应就存在"三期"的事实、起止时间以及是否存在晚育、难产、领取独生子女证等事实举证；

（12）劳动者要求享受患病或非因工负伤医疗期待遇的，应就本人患病或非因工负伤的事实以及本人实际参加工作年限等事实举证；

（13）劳动者对社会保险办理情况有异议的，应当提交《员工参加社会保险清单》，但用人单位未为劳动者办理社会保险的除外。

二、用人单位在劳动人事争议仲裁过程中应承担的举证责任如下：

（1）劳动者已举证证明在用人单位处工作，但用人单位主张劳动（人事）关系不成立的，用人单位应当提供反证；

（2）用人单位应就劳动者的入职时间及其在本单位的工作年限举证；

（3）劳动者主张双方未签订劳动（聘用）合同，用人单位予以否认的，用人单位应就双方已签订劳动（聘用）合同的事实举证；

（4）用人单位应当就劳动者已领取工资等报酬的情况举证；

(5) 劳动者主张用人单位存在克扣或无故拖欠工资等报酬,用人单位否认的,用人单位应就劳动者申请仲裁前两年内的工资等报酬的支付情况举证;

(6) 用人单位延期支付劳动者工资等报酬,劳动者主张用人单位系无故拖欠的,用人单位应就延期支付工资等报酬的原因举证;

(7) 用人单位减少劳动者工资等报酬的,应就减少工资等报酬的原因及依据举证;

(8) 用人单位提出解除劳动合同(聘用合同)或事实劳动(人事)关系的,用人单位应就解除劳动合同(聘用合同)或事实劳动(人事)关系所依据的事实和理由举证;

(9) 用人单位主张劳动者严重违反劳动纪律或用人单位规章制度的,应就劳动者一方当事人存在严重违反劳动纪律或用人单位规章制度的事实以及用人单位规章制度的制订程序、内容合法并已向职工公示的事实举证;

(10) 用人单位应就劳动者的已实际发生的工伤保险待遇及赔偿等支付事实举证;

(11) 劳动者主张用人单位未为其办理社会保险,用人单位否认的,应当就为劳动者办理社会保险的情况举证;

(12) 劳动者主张未休年休假,用人单位予以否认的,应就劳动者已休年休假的事实举证;

(13) 与争议事项有关的证据属于用人单位掌握管理的,用人单位应当提供;

(14) 依法应当由用人单位承担的其他举证责任。

三、证据分为书证、物证、证人证言、视听资料、鉴定结论等。

(1) 当事人应当对其提交的证据材料逐一分类编号,向仲裁庭及按对方当事人人数提交相应的复印(制)件。

(2) 当事人提供的证据系在中华人民共和国领域外形成的,该证据应当经所在国公证机关予以证明,并经中华人民共和国驻该国使领馆予以认证,或者履行中华人民共和国与该所在国订立的有关条约中规定的证明手续;当事人提供的证据是在香港、澳门、台湾地区形成的,应当履行相关的证明手续。

(3) 书证与物证应当提交与原件、原物核对无异的复印(制)件、照片、副本、节录本;当事人提供外文书证或者外文说明资料应附有中文译本;仲裁庭审理时对书证与物证的原件、原物当庭进行质证。

(4) 证人应当出庭作证,接受仲裁员和当事人的质询。证人出庭作证的,当事人应当在举证期限内提交证人出庭申请和证人的有效身份证件;不能正确表达意思的人,不能作证;证人作证时不得使用猜测、推断或者评论性的语言;证人不得旁听仲裁审理;询问证人时,其他证人不得在场;仲裁庭认为有必要的,可以让证人进行对质。

四、当事人应当客观、全面地提供证据,不得伪造、毁灭证据,不得以暴力、威胁、贿买等方法阻止证人作证或指使、贿买、胁迫他人作伪证。否则,当事人须承担法律责任。

五、当事人未按要求完成举证责任的,应依法承担举证不能的相应法律后果。

3. 代表诉讼

发生劳动争议的劳动者一方在10人以上,并有共同请求的,可以推举代表参加调解、仲裁或者诉讼活动。

员 工 推 举 代 表 书				
代表名单 3至5名	姓名	身份证号	联系电话	住址
^				
^				
^				
^				
^				
代表权限	代表权限为下列____项： 甲、一般代理：有权代为提起仲裁申请,递交证据材料,签收法律文书,参加仲裁活动等。 乙、特别授权：除有一般代理权限外,还有权代为承认、放弃或变更仲裁请求,进行和解,提起反申请、委托律师代理等。			
代表的权利及义务	1. 参加仲裁活动,反映员工的要求； 2. 提供与案件有关的证据资料； 3. 遵守仲裁纪律； 4. 仍需生产的,维护经营生产秩序； 5. 停止生产的,维护员工生活及社会秩序。			
注意事项	1. 员工推举代表时,代表人数不能确定的,由劳动人事争议仲裁委员会决定。 2. 代表一经推举,由代表参加仲裁活动。 3. 推举员工代表需员工本人签名,不得代签、冒签。			
推举员工签名栏 年 月 日				
1	6	11	16	21
2	7	12	17	22
3	8	13	18	23
4	9	14	19	24
5	10	15	20	25
注	1. 每位员工附一份身份证影印件； 2. 员工签名栏如不够用,可加插页； 3. 本推举书一式二份,一份交仲裁委员会,一份由当事人留存。			

4. 三方解决机制

县级以上人民政府劳动行政部门会同工会和企业方面代表建立协调劳动关系三方机制,共同研究解决劳动争议的重大问题。

5. 劳动行政部门职责

用人单位违反国家规定,拖欠或者未足额支付劳动报酬,或者拖欠工伤医疗费、经济补偿或者赔偿金的,劳动者可以向劳动行政部门投诉,劳动行政部门应当依法处理。

6. 仲裁费用

劳动争议仲裁不收费。劳动争议仲裁委员会的经费由财政予以保障。

劳动争议解决程序

一、协商、调解(非必经程序)

劳动者与用人单位发生争议后,如果能够通过协商、调解的方式解决争议,对于双方来讲都是节省人力成本、金钱成本的重要方式,也避免了诉讼程序的漫长等待,但是由于现实生活中案件的复杂性以及出于对法院、对司法途径的信任,很多劳动者不愿意与用人单位进行协商、调解。

(一) 协商和解

发生劳动争议,劳动者可以与用人单位协商,也可以请工会或者第三方共同与用人单位协商,达成和解协议。

(二) 调解

发生劳动争议,当事人不愿协商、协商不成或者达成和解协议后不履行的,可以向调解组织申请调解;不愿调解、调解不成或者达成调解协议后不履行的,可以向劳动争议仲裁委员会申请仲裁;对仲裁裁决不服的,除《劳动争议调解仲裁法》另有规定的外,可以向人民法院提起诉讼。

1. 调解组织

发生劳动争议,当事人可以到下列调解组织申请调解:(1)企业劳动争议调解委员会;企业劳动争议调解委员会由职工代表和企业代表组成。职工代表由工会成员担任或者由全体职工推举产生,企业代表由企业负责人指定。企业劳动争议调解委员会主任由工会成员或者双方推举的人员担任。(2)依法设立的基层人民调解组织;(3)在乡镇、街道设立的具有劳动争议调解职能的组织。劳动争议调解组织的调解员应当由公道正派、联系群众、热心调解工作,并具有一定法律知识、政策水平和文化水平的成年公民担任。

2. 申请调解形式

当事人申请劳动争议调解可以书面申请,也可以口头申请。口头申请的,调解组织应当当场记录申请人基本情况、申请调解的争议事项、理由和时间。调解劳动争议,应当充分听取双方当事人对事实和理由的陈述,耐心疏导,帮助其达成协议。

3. 制作调解书(附仲裁调解书)

经调解达成协议的,应当制作调解协议书。调解协议书由双方当事人签名或者盖章,经调解员签名并加盖调解组织印章后生效,对双方当事人具有约束力,当事人应当履行。

××劳动人事争议调解仲裁委员会

仲裁调解书

×劳人仲案字〔20　　〕号

申请人:
住址:
委托代理人:
被申请人:
住所:
法定代表人(主要负责人):　　职务:
委托代理人:

案由及处理过程
申请人诉称:
被申请人辩称:
本院查明:
在调解过程中,本庭已告知申请人有关_____等相关的法律规定和权利。在本院主持下,当事人达成如下调解协议:
本调解书经双方当事人签收后发生法律效力。

仲裁员:
××××年××月××日
书记员:

---

4. 申请仲裁

自劳动争议调解组织收到调解申请之日起15日内未达成调解协议的,当事人可以依法申请仲裁。达成调解协议后,一方当事人在协议约定期限内不履行调解协议的,另一方当事人可以依法申请仲裁。

5. 申请支付令

因支付拖欠劳动报酬、工伤医疗费、经济补偿或者赔偿金事项达成调解协议,用人单位在协议约定期限内不履行的,劳动者可以持调解协议书依法向人民法院申请支付令。人民法院应当依法发出支付令。

支付令申请书

申请人:(基本情况)_____
被申请人:(基本情况)_____
请求事项:(写明请求给付金钱或者有价证券的数量)
_____
_____
_____
_____
_____
_____
_____
_____
_____
_____
_____
_____
_____
_____

事实和理由:_____被申请人欠申请人×××元人民币,现到期后,被申请人拒不旅行还款的义务,为此,申请人提出贵院下达支付令之申请。请依法核准。(写明债权债务关系发生的事实和根据)

此致
_____人民法院

　　　　　　　　　　　　　　　　　申请人:
　　　　　　　　　　　　　　　　　××××年××月××日

二、仲裁(必经程序)

(一)仲裁基础内容

1. 劳动争议仲裁委员会的设置

劳动争议仲裁委员会按照统筹规划、合理布局和适应实际需要的原则设立。省、自治区人民政府可以决定在市、县设立;直辖市人民政府可以决定在区、县设立。

直辖市、设区的市也可以设立一个或者若干个劳动争议仲裁委员会。劳动争议仲裁委员会不按行政区划层层设立。国务院劳动行政部门依照本法有关规定制定仲裁规则。省、自治区、直辖市人民政府劳动行政部门对本行政区域的劳动争议仲裁工作进行指导。

2. 仲裁委人员组成

劳动争议仲裁委员会由劳动行政部门代表、工会代表和企业方面代表组成。劳动争议仲裁委员会组成人员应当是单数。劳动争议仲裁委员会依法履行下列职责：(1) 聘任、解聘专职或者兼职仲裁员；(2) 受理劳动争议案件；(3) 讨论重大或者疑难的劳动争议案件；(4) 对仲裁活动进行监督。

3. 仲裁员

劳动争议仲裁委员会应当设仲裁员名册。仲裁员应当公道正派并符合下列条件之一：(1) 曾任审判员的；(2) 从事法律研究、教学工作并具有中级以上职称的；(3) 具有法律知识、从事人力资源管理或者工会等专业工作满5年的；(4) 律师执业满3年的。

4. 案件管辖

劳动争议仲裁委员会负责管辖本区域内发生的劳动争议。劳动争议由劳动合同履行地或者用人单位所在地的劳动争议仲裁委员会管辖。双方当事人分别向劳动合同履行地和用人单位所在地的劳动争议仲裁委员会申请仲裁的，由劳动合同履行地的劳动争议仲裁委员会管辖。

5. 确定当事人

发生劳动争议的劳动者和用人单位为劳动争议仲裁案件的双方当事人。劳务派遣单位或者用工单位与劳动者发生劳动争议的，劳务派遣单位和用工单位为共同当事人。与劳动争议案件的处理结果有利害关系的第三人，可以申请参加仲裁活动或者由劳动争议仲裁委员会通知其参加仲裁活动。

6. 委托代理人（附授权委托书）

当事人可以委托代理人参加仲裁活动。委托他人参加仲裁活动，应当向劳动争议仲裁委员会提交有委托人签名或者盖章的委托书，委托书应当载明委托事项和权限。

丧失或者部分丧失民事行为能力的劳动者，由其法定代理人代为参加仲裁活动；无法定代理人的，由劳动争议仲裁委员会为其指定代理人。劳动者死亡的，由其近亲属或者代理人参加仲裁活动。

授权委托书

××市劳动人事争议仲裁委员会：
　　你委受理_____与我(单位)的劳动人事争议一案,依照法律规定,特委托下列人员为我(单位)的代理人：
　　(1) 姓名：_____　　　　　电话：_____
　　　　工作单位：_____　　　住址：_____
　　　　与委托人关系：_____
　　(2) 姓名：_____　　　　　电话：_____
　　　　工作单位：_____　　　住址：_____
　　　　与委托人关系：_____
代理权限为下列_____项：
　　甲、一般代理:有权代为提起仲裁申请,递交证据材料,签收法律文书,参加仲裁活动等。
　　乙、特别授权:除有一般代理权限外,还有权代为承认、放弃或变更仲裁请求,进行和解,提起反申请等。

　　　　　　　　　　　　　　　　委托人：　　　　(签章)
　　　　　　　　　　　　　　　　受委托人：　　　(签章)
　　　　　　　　　　　　　　　　　年　月　日

注:1. 本委托书一式三份,一份交劳动人事争议仲裁委员会,一份交受委托人,一份委托人留底;
　　2. 委托人是用人单位的,必须加盖公章。

7. 仲裁公开

劳动争议仲裁公开进行,但当事人协议不公开进行或者涉及国家秘密、商业秘密和个人隐私的除外。

(二) 劳动仲裁申请和受理及答辩

1. 仲裁时效的计算

劳动争议申请仲裁的时效期间为1年。仲裁时效期间从当事人知道或者应当知道其权利被侵害之日起计算。

仲裁时效,因当事人一方向对方当事人主张权利,或者向有关部门请求权利救济,或者对方当事人同意履行义务而中断。从中断时起,仲裁时效期间重新计算。因不可抗力或者有其他正当理由,当事人不能在从当事人知道或者应当知道其权利被侵害之日起计算的仲裁时效期间申请仲裁的,仲裁时效中止。从中止时效的原因消除之日起,仲裁时效期间继续计算。

劳动关系存续期间因拖欠劳动报酬发生争议的,劳动者申请仲裁不受从当事人知道或者应当知道其权利被侵害之日起计算1年的仲裁时效期间的限制;但是,劳动关系终止的,应当自劳动关系终止之日起1年内提出。

2. 仲裁申请书(附仲裁申请书和增加、变更仲裁请求申请书)

申请人申请仲裁应当提交书面仲裁申请,并按照被申请人人数提交副本。

仲裁申请书应当载明下列事项:(1)劳动者的姓名、性别、年龄、职业、工作单位和住所,用人单位的名称、住所和法定代表人或者主要负责人的姓名、职务;(2)仲裁请求和所根据的事实、理由;(3)证据和证据来源、证人姓名和住所。书写仲裁申请确有困难的,可以口头申请,由劳动争议仲裁委员会记入笔录,并告知对方当事人。

劳动人事争议仲裁申请书

申请人		被申请人	
姓　　名		名　　称	
性　　别	年龄	法定代表人	职务
通讯地址		地　　址	
联系电话		联系电话	

请求事项:

_____

_____

_____

_____

事实和理由(主要包括入职时间、解除或终止劳动/聘用合同的时间及原因、工作岗位、工资标准、工资构成、证据和证据来源、证人姓名和住所等):

_____

_____

_____

此致
××市劳动人事争议仲裁委员会

申请人:_____(签名或盖章)
××××年××月××日

注:1. 申请书除提交正本外,还应按被申请人的人数提交副本;
　　2. 申请书应用黑色钢笔书写或打印,打印件需由申请人用钢笔签名;
　　3. 事实和理由部分空格不够用时,可用同样大小纸续加中页;
　　4. 申请人是用人单位的,参照本申请书格式填写。

增加/变更仲裁请求申请书			
申请人		被申请人	
姓　　名		名　　称	
联系电话		联系电话	

增加/变更请求事项：
_____
_____
_____
_____
_____
_____

事实和理由：
_____
_____
_____
_____
_____
_____

申请人：_____（签名或盖章）
××××年××月××日

3. 受理(附受理通知书和不予受理通知书)

劳动争议仲裁委员会收到仲裁申请之日起5日内,认为符合受理条件的,应当受理,并通知申请人;认为不符合受理条件的,应当书面通知申请人不予受理,并说明理由。对劳动争议仲裁委员会不予受理或者逾期未作出决定的,申请人可以就该劳动争议事项向人民法院提起诉讼。

4. 送达(附应诉通知书)

劳动争议仲裁委员会受理仲裁申请后,应当在5日内将仲裁申请书副本送达被申请人。

5. 答辩(附答辩状和提交证据材料清单)

被申请人收到仲裁申请书副本后,应当在10日内向劳动争议仲裁委员会提交答辩书。劳动争议仲裁委员会收到答辩书后,应当在5日内将答辩书副本送达申请人。被申请人未提交答辩书的,不影响仲裁程序的进行。

××劳动争议仲裁委员会
受理通知书

×劳仲案字〔20××〕号

你(单位)＿＿＿年＿＿＿月＿＿＿日送来的仲裁申请书已收悉。经审查,符合《中华人民共和国劳动争议调解仲裁法》等规定的受理条件,本委决定立案处理。现将有关事宜通知如下：

一、申请人如有委托代理人的请填写授权委托书,申请人是单位的还需填写法定代表人身份证明书,于＿＿＿年＿＿＿月＿＿＿日前送交本委。

二、申请人增加或者变更仲裁请求应当在第一次开庭3日前书面提出,逾期作另案处理。

三、申请人需在＿＿＿年＿＿＿月＿＿＿日前向本委补充提供下列证明材料：
1. ＿＿＿＿＿＿＿＿＿＿＿＿＿＿＿＿＿＿＿＿＿＿＿＿＿＿＿＿＿＿＿＿＿＿
2. ＿＿＿＿＿＿＿＿＿＿＿＿＿＿＿＿＿＿＿＿＿＿＿＿＿＿＿＿＿＿＿＿＿＿
3. ＿＿＿＿＿＿＿＿＿＿＿＿＿＿＿＿＿＿＿＿＿＿＿＿＿＿＿＿＿＿＿＿＿＿

四、请在送达回证上签收本通知。

劳动争议仲裁委员会盖章
××××年××月××日

附:授权委托书一份。

××劳动争议仲裁委员会
不予受理通知书

×劳仲案字〔20××〕号

＿＿＿年＿＿＿月＿＿＿日送来的申请书已收悉。经审查,不符合受理条件,本委决定不予受理。理由如下：

特此通知。

劳动争议仲裁委员会盖章
××××年××月××日

签发人：
经办人：
附注：申请人不服不予受理决定的,可在本通知书送达之日起15日内向人民法院起诉。

××劳动争议仲裁委员会
应诉通知书

×劳仲案字〔20××〕号

_____：

本委决定受理_____与你(单位)的劳动争议案件,现将其仲裁申请书(副本)送与你(单位),并将有关事项通知如下：

一、被申请人应当在收到仲裁申请书(副本)10日内按申请人人数向本委提供答辩书和有关证据,不按时提交或不提交答辩书的,不影响仲裁程序进行。

二、被申请人如是单位的,需填写法定代表人(或主要负责人)身份证明书;如委托代理人的需填写授权委托书,于____年____月____日前提交本委。

三、被申请人如提出反诉申请,需在答辩期内提出,逾期作另案处理。

四、请在本通知送达回证上签收。

劳动争议仲裁委员会盖章

××××年××月××日

附：申请书(副本)一份,法定代表人(或主要负责人)身份证明书一份,授权委托书一份。

答 辩 书

答辩人：
名称或姓名：
地(住)址：
法定代表人：姓名：   职务：
委托代理人：姓名：   性别：   民族：
            年龄：   住址：
            工作单位及职务：   联系电话：

委托代理人：姓名：   性别：   民族：
            年龄：   住址：
            工作单位及职务：   联系电话：

被答辩人：
姓名或名称：
住所(址)：   联系电话：

申请人_____诉我(单位)关于_____争议一案,答辩人针对申请人的仲裁请求及申请理由,提出如下答辩意见：

(正文附后)

答辩内容：
附件：1. 答辩书副本×份；
      2. 有关证据×份共××页。

被申请人签章：
(需加盖被申请人公章)
××××年××月××日

放弃(减少)答辩期同意书

××劳动人事争议仲裁委员会/仲裁院：

我(单位)于____年____月____日收到你院送达的×劳人仲案字〔20   〕号案件仲裁申请书副本等材料，按规定享有10天的答辩期。考虑到尽快化解纠纷有利于减少当事人的人力、物力和时间损耗，有利于构建和谐劳动关系与和谐社会，我(单位)同意放弃答辩期(或减少答辩期____天)。

单位(签章)：
××××年××月××日

案件立案后，申请人补充或者被申请人提交证据材料，须填写提交证据材料清单。

_____提交证据材料清单

仲裁员：　　　　　书记员：　　　　　×劳人仲案〔   〕号

类型	序号	名称	件数	页数	份数	原件	复印件	核对原件	备注

提交人：　　　　　　　　签收人：
提交时间：　　　　　　　签收时间：

备注：1. 当事人提交证据材料时，需提供本人身份证明或代理人委托材料(核对原件、留复印件)；当事人系用人单位的，授权委托书还需加盖单位公章；
　　　2. 同一受委托人已提交过授权委托书的，无需重复提交；
　　　3. 本表一式二份，一份由仲裁委员会存档，一份由当事人签收。

清单填写要求：

(1) 请注明案件仲裁员、书记员、案号。

(2) "类型"分为材料和证据，"序号"按材料和证据分别编号。答辩书、仲裁(反)申请书、授权委托书、代理人身份证明或资格证明、律所所函或法律援助公函、亲属关系证明、不收费协议、当事人送达地址确认书等均属于材料；当事人认为能够证明案件真实情况的事实材料均属于证据，如劳动(聘用)合同、工作证、押金收据、解除或终止劳动(人事)关系证明、证人证言等。代理人身份证明或资格证明、亲属关系证明、营业执照或单位注册资料及证据，只需提交复印件，核对原件；其余材料均须提交原件。

(3) 每份材料和证据的件数、页数、份数应准确填写。答辩书、仲裁（反）申请书、证据等的份数按仲裁庭、对方当事人人数各提交一份；件数、页数均指一份材料或证据中所包含的数量，正反面复印的算作一页。

(4) 提交人处由当事人或代理人签名，并注明提交时间。

(5)《提交证据材料清单》填写一式二份。

(三) 仲裁庭开庭和裁决

1. 仲裁员人数及告知义务

劳动争议仲裁委员会裁决劳动争议案件实行仲裁庭制。仲裁庭由三名仲裁员组成，设首席仲裁员。简单劳动争议案件可以由一名仲裁员独任仲裁。劳动争议仲裁委员会应当在受理仲裁申请之日起五日内将仲裁庭的组成情况书面通知当事人。

2. 仲裁员的回避（附回避申请书）

仲裁员有下列情形之一，应当回避，当事人也有权以口头或者书面方式提出回避申请：(1) 是本案当事人或者当事人、代理人的近亲属的；(2) 与本案有利害关系的；(3) 与本案当事人、代理人有其他关系，可能影响公正裁决的；(4) 私自会见当事人、代理人，或者接受当事人、代理人的请客送礼的。劳动争议仲裁委员会对回避申请应当及时作出决定，并以口头或者书面方式通知当事人。仲裁员有私自会见当事人、代理人，或者接受当事人、代理人的请客送礼的行为，或者有索贿受贿、徇私舞弊、枉法裁决行为的，应当依法承担法律责任。劳动争议仲裁委员会应当将其解聘。

回 避 申 请 书

案　号		申 请 人	
回避人		回避方式	
申请回避理由		申请人：　　　年　月　日	
审批意见		负责人：　　　年　月　日	
备注			

3. 庭前告知及延期申请

仲裁庭应当在开庭5日前,将开庭日期、地点书面通知双方当事人。当事人有正当理由的,可以在开庭3日前请求延期开庭。是否延期,由劳动争议仲裁委员会决定。

4. 视为撤回仲裁申请(附撤诉申请书)

申请人收到书面通知,无正当理由拒不到庭或者未经仲裁庭同意中途退庭的,可以视为撤回仲裁申请。

撤回仲裁申请书

申请人_____于___年___月___日诉_____,现向××市劳动人事争议仲裁委员会提出的撤回仲裁申请。

撤回理由:_____
_____
_____

此致
××市劳动人事争议仲裁委员会

申请人:
××××年××月××日

注:1. 申请人系劳动者的,应写明姓名;系用人单位的,应写明单位名称,并加盖公章;
  2. 本申请书应用黑色钢笔书写。

---

5. 缺席仲裁

被申请人收到书面通知,无正当理由拒不到庭或者未经仲裁庭同意中途退庭的,可以缺席裁决。

6. 约定或指定鉴定(附委托鉴定函)

仲裁庭对专门性问题认为需要鉴定的,可以交由当事人约定的鉴定机构鉴定;当事人没有约定或者无法达成约定的,由仲裁庭指定的鉴定机构鉴定。根据当事人的请求或者仲裁庭的要求,鉴定机构应当派鉴定人参加开庭。当事人经仲裁庭许可,可以向鉴定人提问。

```
┌─────────────────────────────────────────────────────────────┐
│                   ××劳动争议仲裁委员会                       │
│                        委托鉴定                              │
│                                    ×劳仲鉴字〔20××〕号       │
│  ××劳动能力鉴定委员会/大学司法鉴定中心：                    │
│    本委受理_____一案,双方当事人对_____事项表示异议。根据《中华人民 │
│  共和国劳动争议调解仲裁法》第37条的规定,当事人约定由你单位进行鉴定。鉴定内容及 │
│  要求如下：                                                  │
│    1._____             │
│    2._____             │
│    3._____             │
│    请将鉴定结果于____年____月____日前函复本委。             │
│                                                              │
│                            （劳动争议仲裁委员会盖章）        │
│                              ××××年××月××日            │
└─────────────────────────────────────────────────────────────┘

7. 质证辩论

当事人在仲裁过程中有权进行质证和辩论。质证和辩论终结时,首席仲裁员或者独任仲裁员应当征询当事人的最后意见。

8. 证据采纳

当事人提供的证据经查证属实的,仲裁庭应当将其作为认定事实的根据。劳动者无法提供由用人单位掌握管理的与仲裁请求有关的证据,仲裁庭可以要求用人单位在指定期限内提供。用人单位在指定期限内不提供的,应当承担不利后果。

9. 笔录补正

仲裁庭应当将开庭情况记入笔录。当事人和其他仲裁参加人认为对自己陈述的记录有遗漏或者差错的,有权申请补正。如果不予补正,应当记录该申请。笔录由仲裁员、记录人员、当事人和其他仲裁参加人签名或者盖章。

10. 和解

当事人申请劳动争议仲裁后,可以自行和解。达成和解协议的,可以撤回仲裁申请。

11. 先行调解（附仲裁调解书）

仲裁庭在作出裁决前,应当先行调解。调解达成协议的,仲裁庭应当制作调解书。调解书应当写明仲裁请求和当事人协议的结果。调解书由仲裁员签名,加盖劳动争议仲裁委员会印章,送达双方当事人。调解书经双方当事人签收后,发生法律效力。调解不成或者调解书送达前,一方当事人反悔的,仲裁庭应当及时作出裁决。
```

```
┌─────────────────────────────────────────────────────────┐
│              ××劳动争议仲裁委员会                        │
│                  仲裁调解书                              │
│                         ×劳仲案字〔20××〕号申请人：    │
│   住址：                                                 │
│   委托代理人：                                           │
│   被申请人：                                             │
│   住所：                                                 │
│   法定代表人：        职务：                             │
│   委托代理人：                                           │
│                                                          │
│   案由及处理过程                                         │
│   申请人诉称：                                           │
│   被申请人辩称：(若案件事实清楚、争议不大,本部分可省略) │
│   本委查明：(若案件事实清楚、争议不大,本部分可省略)    │
│                                                          │
│   在本委主持下,当事人达成如下调解协议：                │
│   1._____         │
│   2._____         │
│   本调解书送达即发生法律效力。                          │
│                                                          │
│                               仲裁员：_____           │
│                               ××××年××月××日      │
│                               书记员：_____           │
└─────────────────────────────────────────────────────────┘
```

12. 仲裁期限

仲裁庭裁决劳动争议案件,应当自劳动争议仲裁委员会受理仲裁申请之日起45日内结束。案情复杂需要延期的,经劳动争议仲裁委员会主任批准,可以延期并书面通知当事人,但是延长期限不得超过15日。逾期未作出仲裁裁决的,当事人可以就该劳动争议事项向人民法院提起诉讼。

13. 先行裁决与先予执行(附先予执行申请书)

仲裁庭裁决劳动争议案件时,其中一部分事实已经清楚,可以就该部分先行裁决。仲裁庭对追索劳动报酬、工伤医疗费、经济补偿或者赔偿金的案件,根据当事人的申请,可以裁决先予执行,移送人民法院执行。仲裁庭裁决先予执行的,应当符合下列条件:(1)当事人之间权利义务关系明确;(2)不先予执行将严重影响申请人的生活。劳动者申请先予执行的,可以不提供担保。

先予执行申请书

　　申请人：_____（姓名、性别、年龄、民族、籍贯、职业或者工作单位和职务、住址）
　　被申请人：_____（姓名、性别、年龄、民族、籍贯、职业或者工作单位和职务、住址）
　　请求事项：（写明请求仲裁庭责令被申请人先行给付的内容、给付数量、金额等内容）
　　1._____
　　2._____
　　特此申请。

　　此致
××劳动争议仲裁委员会

　　　　　　　　　　　　　申请人：_____（签字或盖章）
　　　　　　　　　　　　　××××年××月××日

14．仲裁裁决的作出（附仲裁裁决书）

裁决应当按照多数仲裁员的意见作出，少数仲裁员的不同意见应当记入笔录。仲裁庭不能形成多数意见时，裁决应当按照首席仲裁员的意见作出。裁决书应当载明仲裁请求、争议事实、裁决理由、裁决结果和裁决日期。裁决书由仲裁员签名，加盖劳动争议仲裁委员会印章。对裁决持不同意见的仲裁员，可以签名，也可以不签名。

15．终局裁决（附撤销仲裁裁决申请书）

下列劳动争议，除《劳动争议调解仲裁法》另有规定的外，仲裁裁决为终局裁决，裁决书自作出之日起发生法律效力：(1)追索劳动报酬、工伤医疗费、经济补偿或者赔偿金，不超过当地月最低工资标准12个月金额的争议；(2)因执行国家的劳动标准在工作时间、休息休假、社会保险等方面发生的争议。

劳动者对上述终局裁决不服的，可以自收到仲裁裁决书之日起15日内向人民法院提起诉讼。

用人单位有证据证明上述终局裁决有下列情形之一，可以自收到仲裁裁决书之日起30日内向劳动争议仲裁委员会所在地的中级人民法院申请撤销裁决：(1)适用法律、法规确有错误的；(2)劳动争议仲裁委员会无管辖权的；(3)违反法定程序的；(4)裁决所根据的证据是伪造的；(5)对方当事人隐瞒了足以影响公正裁决的证据的；(6)仲裁员在仲裁该案时有索贿受贿、徇私舞弊、枉法裁决行为的。人民法院经组成合议庭审查核实裁决有前述规定情形之一的，应当裁定撤销。仲裁裁决被人民法院裁定撤销的，当事人可以自收到裁定书之日起15日内就该劳动争议事项向人民法院提起诉讼。

××劳动人事仲裁委员会
仲裁裁决书

×劳人仲裁字〔2013〕××号

申请人：_____（姓名、性别、出生年月、住址）
委托代理人：_____
被申请人：_____（通常为用人单位）
住所：_____
法定代表人：_____
委托代理人：_____

上列当事人因_____等事项发生劳动争议，申请人于×年×月×日向本委申请仲裁，请求1._____ 2._____ 3._____等事项，本委经审查，依法立案受理，由劳动人事仲裁员某某独任审理。申请人及其委托人和被申请人的委托代理人均参加了本委组织的仲裁活动。本案现已审理终结。

经审理查明：（叙述查明事实及相关证据）_____
_____
_____
_____
_____
_____
_____

本委认为：
一、_____
二、_____
三、_____

本委经调解不成，依法裁决如下：
一、_____
二、_____
三、_____

（仲裁终局适用）根据《劳动争议调解仲裁法》第47条、第48条的规定，劳动者对本裁决不服的，可以自收到仲裁裁决书之日起15日内向人民法院提起诉讼；期满不起诉的，裁决书自作出之日起发生法律效力。

（非仲裁终局适用）根据《劳动争议调解仲裁法》第50条的规定，当事人对本裁决不服的，可以自收到仲裁裁决书之日起15日内向人民法院提起诉讼；期满不起诉的，裁决书发生法律效力。

一方当事人拒不履行生效仲裁裁决的，另一方当事人可以向人民法院申请强制执行。

仲裁员：_____
××××年××月××日
书记员：_____

撤销仲裁裁决申请书

申请人：
委托代理人：
被申请人：
请求事项：撤销××劳动争议仲裁委员会×劳仲案字〔20××〕第×号仲裁裁决。
事实与理由：＿＿＿＿＿＿＿＿＿＿＿＿＿＿＿＿＿＿＿＿＿＿＿＿＿＿＿＿＿＿＿＿

综上所述，请求××法院依照《劳动争议调解仲裁法》第××规定撤销该仲裁裁决。

此致
　××法院

申请人：＿＿＿＿＿＿
××××年××月××日

16. 仲裁接诉讼程序

当事人对《劳动争议调解仲裁法》第47条规定的终局裁决以外的其他劳动争议案件的仲裁裁决不服的，可以自收到仲裁裁决书之日起15日内向人民法院提起诉讼；期满不起诉的，裁决书发生法律效力。

17. 执行程序（附执行仲裁裁决申请书）

当事人对发生法律效力的调解书、裁决书，应当依照规定的期限履行。一方当事人逾期不履行的，另一方当事人可以依照民事诉讼法的有关规定向人民法院申请执行。受理申请的人民法院应当依法执行。

执行仲裁裁决申请书

申请人：_____（根据申请人是自然人还是法人而填写相应信息）

被申请人：_____（根据被申请人是自然人还是法人填写相应信息）

双方因_____一案，已经××劳动争议仲裁委员会于×年×月×日作出×劳仲字〔20××〕字第××号仲裁裁决，被申请人未履行裁决中规定的义务，根据《中华人民共和国民事诉讼法》有关规定，特申请你院给予强制执行。现将事实、理由和请求目的分述如下：

事实和理由：_____

_____

_____

请求目的：_____

_____

此致
××人民法院

申请人：_____（签章）
××××年××月××日

附：1. 书证____件；
    2. ××劳动争议仲裁委员会所作仲裁裁决书（×劳仲字〔20××〕字第××号）一份。

附录二

中华人民共和国劳动合同法

(2007年6月29日第十届全国人民代表大会常务委员会第二十八次会议通过,2012年12月28日第十一届全国人民代表大会常务委员会第三十次会议修订,自2013年7月1日起施行)

第一章 总 则

第一条 为了完善劳动合同制度,明确劳动合同双方当事人的权利和义务,保护劳动者的合法权益,构建和发展和谐稳定的劳动关系,制定本法。

第二条 中华人民共和国境内的企业、个体经济组织、民办非企业单位等组织(以下称用人单位)与劳动者建立劳动关系,订立、履行、变更、解除或者终止劳动合同,适用本法。

国家机关、事业单位、社会团体和与其建立劳动关系的劳动者,订立、履行、变更、解除或者终止劳动合同,依照本法执行。

第三条 订立劳动合同,应当遵循合法、公平、平等自愿、协商一致、诚实信用的原则。

依法订立的劳动合同具有约束力,用人单位与劳动者应当履行劳动合同约定的义务。

第四条 用人单位应当依法建立和完善劳动规章制度,保障劳动者享有劳动权利、履行劳动义务。

用人单位在制定、修改或者决定有关劳动报酬、工作时间、休息休假、劳动安全卫生、保险福利、职工培训、劳动纪律以及劳动定额管理等直接涉及劳动者切身利益的规章制度或者重大事项时,应当经职工代表大会或者全体职工讨论,提出方案和意见,与工会或者职工代表平等协商确定。

在规章制度和重大事项决定实施过程中,工会或者职工认为不适当的,有权向用人单位提出,通过协商予以修改完善。

用人单位应当将直接涉及劳动者切身利益的规章制度和重大事项决定公示,或者告知劳动者。

第五条 县级以上人民政府劳动行政部门会同工会和企业方面代表,建立健全协调劳动关系三方机制,共同研究解决有关劳动关系的重大问题。

第六条　工会应当帮助、指导劳动者与用人单位依法订立和履行劳动合同,并与用人单位建立集体协商机制,维护劳动者的合法权益。

第二章　劳动合同的订立

第七条　用人单位自用工之日起即与劳动者建立劳动关系。用人单位应当建立职工名册备查。

第八条　用人单位招用劳动者时,应当如实告知劳动者工作内容、工作条件、工作地点、职业危害、安全生产状况、劳动报酬,以及劳动者要求了解的其他情况;用人单位有权了解劳动者与劳动合同直接相关的基本情况,劳动者应当如实说明。

第九条　用人单位招用劳动者,不得扣押劳动者的居民身份证和其他证件,不得要求劳动者提供担保或者以其他名义向劳动者收取财物。

第十条　建立劳动关系,应当订立书面劳动合同。

已建立劳动关系,未同时订立书面劳动合同的,应当自用工之日起一个月内订立书面劳动合同。

用人单位与劳动者在用工前订立劳动合同的,劳动关系自用工之日起建立。

第十一条　用人单位未在用工的同时订立书面劳动合同,与劳动者约定的劳动报酬不明确的,新招用的劳动者的劳动报酬按照集体合同规定的标准执行;没有集体合同或者集体合同未规定的,实行同工同酬。

第十二条　劳动合同分为固定期限劳动合同、无固定期限劳动合同和以完成一定工作任务为期限的劳动合同。

第十三条　固定期限劳动合同,是指用人单位与劳动者约定合同终止时间的劳动合同。

用人单位与劳动者协商一致,可以订立固定期限劳动合同。

第十四条　无固定期限劳动合同,是指用人单位与劳动者约定无确定终止时间的劳动合同。

用人单位与劳动者协商一致,可以订立无固定期限劳动合同。有下列情形之一,劳动者提出或者同意续订、订立劳动合同的,除劳动者提出订立固定期限劳动合同外,应当订立无固定期限劳动合同:

(一)劳动者在该用人单位连续工作满十年的;

(二)用人单位初次实行劳动合同制度或者国有企业改制重新订立劳动合同时,劳动者在该用人单位连续工作满十年且距法定退休年龄不足十年的;

(三)连续订立二次固定期限劳动合同,且劳动者没有本法第三十九条和第四十条第一项、第二项规定的情形,续订劳动合同的。

用人单位自用工之日起满一年不与劳动者订立书面劳动合同的,视为用人单位与劳动者已订立无固定期限劳动合同。

第十五条　以完成一定工作任务为期限的劳动合同,是指用人单位与劳动者约定以某项工作的完成为合同期限的劳动合同。

用人单位与劳动者协商一致,可以订立以完成一定工作任务为期限的劳动合同。

第十六条　劳动合同由用人单位与劳动者协商一致,并经用人单位与劳动者在劳动合同文本上签字或者盖章生效。

劳动合同文本由用人单位和劳动者各执一份。

第十七条　劳动合同应当具备以下条款:

(一)用人单位的名称、住所和法定代表人或者主要负责人;

(二)劳动者的姓名、住址和居民身份证或者其他有效身份证件号码;

(三)劳动合同期限;

(四)工作内容和工作地点;

(五)工作时间和休息休假;

(六)劳动报酬;

(七)社会保险;

(八)劳动保护、劳动条件和职业危害防护;

(九)法律、法规规定应当纳入劳动合同的其他事项。

劳动合同除前款规定的必备条款外,用人单位与劳动者可以约定试用期、培训、保守秘密、补充保险和福利待遇等其他事项。

第十八条　劳动合同对劳动报酬和劳动条件等标准约定不明确,引发争议的,用人单位与劳动者可以重新协商;协商不成的,适用集体合同规定;没有集体合同或者集体合同未规定劳动报酬的,实行同工同酬;没有集体合同或者集体合同未规定劳动条件等标准的,适用国家有关规定。

第十九条　劳动合同期限三个月以上不满一年的,试用期不得超过一个月;劳动合同期限一年以上不满三年的,试用期不得超过二个月;三年以上固定期限和无固定期限的劳动合同,试用期不得超过六个月。

同一用人单位与同一劳动者只能约定一次试用期。

以完成一定工作任务为期限的劳动合同或者劳动合同期限不满三个月的,不得约定试用期。

试用期包含在劳动合同期限内。劳动合同仅约定试用期的,试用期不成立,该期限为劳动合同期限。

第二十条　劳动者在试用期的工资不得低于本单位相同岗位最低档工资或者劳动合同约定工资的百分之八十,并不得低于用人单位所在地的最低工资标准。

第二十一条　在试用期中,除劳动者有本法第三十九条和第四十条第一项、第二项规定的情形外,用人单位不得解除劳动合同。用人单位在试用期解除劳动合同的,应当向劳动者说明理由。

第二十二条　用人单位为劳动者提供专项培训费用，对其进行专业技术培训的，可以与该劳动者订立协议，约定服务期。

劳动者违反服务期约定的，应当按照约定向用人单位支付违约金。违约金的数额不得超过用人单位提供的培训费用。用人单位要求劳动者支付的违约金不得超过服务期尚未履行部分所应分摊的培训费用。

用人单位与劳动者约定服务期的，不影响按照正常的工资调整机制提高劳动者在服务期期间的劳动报酬。

第二十三条　用人单位与劳动者可以在劳动合同中约定保守用人单位的商业秘密和与知识产权相关的保密事项。

对负有保密义务的劳动者，用人单位可以在劳动合同或者保密协议中与劳动者约定竞业限制条款，并约定在解除或者终止劳动合同后，在竞业限制期限内按月给予劳动者经济补偿。劳动者违反竞业限制约定的，应当按照约定向用人单位支付违约金。

第二十四条　竞业限制的人员限于用人单位的高级管理人员、高级技术人员和其他负有保密义务的人员。竞业限制的范围、地域、期限由用人单位与劳动者约定，竞业限制的约定不得违反法律、法规的规定。

在解除或者终止劳动合同后，前款规定的人员到与本单位生产或者经营同类产品、从事同类业务的有竞争关系的其他用人单位，或者自己开业生产或者经营同类产品、从事同类业务的竞业限制期限，不得超过二年。

第二十五条　除本法第二十二条和第二十三条规定的情形外，用人单位不得与劳动者约定由劳动者承担违约金。

第二十六条　下列劳动合同无效或者部分无效：

（一）以欺诈、胁迫的手段或者乘人之危，使对方在违背真实意思的情况下订立或者变更劳动合同的；

（二）用人单位免除自己的法定责任、排除劳动者权利的；

（三）违反法律、行政法规强制性规定的。

对劳动合同的无效或者部分无效有争议的，由劳动争议仲裁机构或者人民法院确认。

第二十七条　劳动合同部分无效，不影响其他部分效力的，其他部分仍然有效。

第二十八条　劳动合同被确认无效，劳动者已付出劳动的，用人单位应当向劳动者支付劳动报酬。劳动报酬的数额，参照本单位相同或者相近岗位劳动者的劳动报酬确定。

第三章　劳动合同的履行和变更

第二十九条　用人单位与劳动者应当按照劳动合同的约定，全面履行各自的义务。

第三十条　用人单位应当按照劳动合同约定和国家规定,向劳动者及时足额支付劳动报酬。

用人单位拖欠或者未足额支付劳动报酬的,劳动者可以依法向当地人民法院申请支付令,人民法院应当依法发出支付令。

第三十一条　用人单位应当严格执行劳动定额标准,不得强迫或者变相强迫劳动者加班。用人单位安排加班的,应当按照国家有关规定向劳动者支付加班费。

第三十二条　劳动者拒绝用人单位管理人员违章指挥、强令冒险作业的,不视为违反劳动合同。

劳动者对危害生命安全和身体健康的劳动条件,有权对用人单位提出批评、检举和控告。

第三十三条　用人单位变更名称、法定代表人、主要负责人或者投资人等事项,不影响劳动合同的履行。

第三十四条　用人单位发生合并或者分立等情况,原劳动合同继续有效,劳动合同由承继其权利和义务的用人单位继续履行。

第三十五条　用人单位与劳动者协商一致,可以变更劳动合同约定的内容。变更劳动合同,应当采用书面形式。

变更后的劳动合同文本由用人单位和劳动者各执一份。

第四章　劳动合同的解除和终止

第三十六条　用人单位与劳动者协商一致,可以解除劳动合同。

第三十七条　劳动者提前三十日以书面形式通知用人单位,可以解除劳动合同。劳动者在试用期内提前三日通知用人单位,可以解除劳动合同。

第三十八条　用人单位有下列情形之一的,劳动者可以解除劳动合同:
(一) 未按照劳动合同约定提供劳动保护或者劳动条件的;
(二) 未及时足额支付劳动报酬的;
(三) 未依法为劳动者缴纳社会保险费的;
(四) 用人单位的规章制度违反法律、法规的规定,损害劳动者权益的;
(五) 因本法第二十六条第一款规定的情形致使劳动合同无效的;
(六) 法律、行政法规规定劳动者可以解除劳动合同的其他情形。

用人单位以暴力、威胁或者非法限制人身自由的手段强迫劳动者劳动的,或者用人单位违章指挥、强令冒险作业危及劳动者人身安全的,劳动者可以立即解除劳动合同,不需事先告知用人单位。

第三十九条　劳动者有下列情形之一的,用人单位可以解除劳动合同:
(一) 在试用期间被证明不符合录用条件的;
(二) 严重违反用人单位的规章制度的;

（三）严重失职，营私舞弊，给用人单位造成重大损害的；

（四）劳动者同时与其他用人单位建立劳动关系，对完成本单位的工作任务造成严重影响，或者经用人单位提出，拒不改正的；

（五）因本法第二十六条第一款第一项规定的情形致使劳动合同无效的；

（六）被依法追究刑事责任的。

第四十条 有下列情形之一的，用人单位提前三十日以书面形式通知劳动者本人或者额外支付劳动者一个月工资后，可以解除劳动合同：

（一）劳动者患病或者非因工负伤，在规定的医疗期满后不能从事原工作，也不能从事由用人单位另行安排的工作的；

（二）劳动者不能胜任工作，经过培训或者调整工作岗位，仍不能胜任工作的；

（三）劳动合同订立时所依据的客观情况发生重大变化，致使劳动合同无法履行，经用人单位与劳动者协商，未能就变更劳动合同内容达成协议的。

第四十一条 有下列情形之一，需要裁减人员二十人以上或者裁减不足二十人但占企业职工总数百分之十以上的，用人单位提前三十日向工会或者全体职工说明情况，听取工会或者职工的意见后，裁减人员方案经向劳动行政部门报告，可以裁减人员：

（一）依照企业破产法规定进行重整的；

（二）生产经营发生严重困难的；

（三）企业转产、重大技术革新或者经营方式调整，经变更劳动合同后，仍需裁减人员的；

（四）其他因劳动合同订立时所依据的客观经济情况发生重大变化，致使劳动合同无法履行的。

裁减人员时，应当优先留用下列人员：

（一）与本单位订立较长期限的固定期限劳动合同的；

（二）与本单位订立无固定期限劳动合同的；

（三）家庭无其他就业人员，有需要扶养的老人或者未成年人的。

用人单位依照本条第一款规定裁减人员，在六个月内重新招用人员的，应当通知被裁减的人员，并在同等条件下优先招用被裁减的人员。

第四十二条 劳动者有下列情形之一的，用人单位不得依照本法第四十条、第四十一条的规定解除劳动合同：

（一）从事接触职业病危害作业的劳动者未进行离岗前职业健康检查，或者疑似职业病病人在诊断或者医学观察期间的；

（二）在本单位患职业病或者因工负伤并被确认丧失或者部分丧失劳动能力的；

（三）患病或者非因工负伤，在规定的医疗期内的；

（四）女职工在孕期、产期、哺乳期的；

（五）在本单位连续工作满十五年,且距法定退休年龄不足五年的;

（六）法律、行政法规规定的其他情形。

第四十三条 用人单位单方解除劳动合同,应当事先将理由通知工会。用人单位违反法律、行政法规规定或者劳动合同约定的,工会有权要求用人单位纠正。用人单位应当研究工会的意见,并将处理结果书面通知工会。

第四十四条 有下列情形之一的,劳动合同终止：

（一）劳动合同期满的;

（二）劳动者开始依法享受基本养老保险待遇的;

（三）劳动者死亡,或者被人民法院宣告死亡或者宣告失踪的;

（四）用人单位被依法宣告破产的;

（五）用人单位被吊销营业执照、责令关闭、撤销或者用人单位决定提前解散的;

（六）法律、行政法规规定的其他情形。

第四十五条 劳动合同期满,有本法第四十二条规定情形之一的,劳动合同应当续延至相应的情形消失时终止。但是,本法第四十二条第二项规定丧失或者部分丧失劳动能力劳动者的劳动合同的终止,按照国家有关工伤保险的规定执行。

第四十六条 有下列情形之一的,用人单位应当向劳动者支付经济补偿：

（一）劳动者依照本法第三十八条规定解除劳动合同的;

（二）用人单位依照本法第三十六条规定向劳动者提出解除劳动合同并与劳动者协商一致解除劳动合同的;

（三）用人单位依照本法第四十条规定解除劳动合同的;

（四）用人单位依照本法第四十一条第一款规定解除劳动合同的;

（五）除用人单位维持或者提高劳动合同约定条件续订劳动合同,劳动者不同意续订的情形外,依照本法第四十四条第一项规定终止固定期限劳动合同的;

（六）依照本法第四十四条第四项、第五项规定终止劳动合同的;

（七）法律、行政法规规定的其他情形。

第四十七条 经济补偿按劳动者在本单位工作的年限,每满一年支付一个月工资的标准向劳动者支付。六个月以上不满一年的,按一年计算;不满六个月的,向劳动者支付半个月工资的经济补偿。

劳动者月工资高于用人单位所在直辖市、设区的市级人民政府公布的本地区上年度职工月平均工资三倍的,向其支付经济补偿的标准按职工月平均工资三倍的数额支付,向其支付经济补偿的年限最高不超过十二年。

本条所称月工资是指劳动者在劳动合同解除或者终止前十二个月的平均工资。

第四十八条 用人单位违反本法规定解除或者终止劳动合同,劳动者要求继续履行劳动合同的,用人单位应当继续履行;劳动者不要求继续履行劳动合同或者劳动合同已经不能继续履行的,用人单位应当依照本法第八十七条规定支付赔偿金。

第四十九条 国家采取措施,建立健全劳动者社会保险关系跨地区转移接续制度。

第五十条 用人单位应当在解除或者终止劳动合同时出具解除或者终止劳动合同的证明,并在十五日内为劳动者办理档案和社会保险关系转移手续。

劳动者应当按照双方约定,办理工作交接。用人单位依照本法有关规定应当向劳动者支付经济补偿的,在办结工作交接时支付。

用人单位对已经解除或者终止的劳动合同的文本,至少保存二年备查。

第五章 特别规定

第一节 集体合同

第五十一条 企业职工一方与用人单位通过平等协商,可以就劳动报酬、工作时间、休息休假、劳动安全卫生、保险福利等事项订立集体合同。集体合同草案应当提交职工代表大会或者全体职工讨论通过。

集体合同由工会代表企业职工一方与用人单位订立;尚未建立工会的用人单位,由上级工会指导劳动者推举的代表与用人单位订立。

第五十二条 企业职工一方与用人单位可以订立劳动安全卫生、女职工权益保护、工资调整机制等专项集体合同。

第五十三条 在县级以下区域内,建筑业、采矿业、餐饮服务业等行业可以由工会与企业方面代表订立行业性集体合同,或者订立区域性集体合同。

第五十四条 集体合同订立后,应当报送劳动行政部门;劳动行政部门自收到集体合同文本之日起十五日内未提出异议的,集体合同即行生效。

依法订立的集体合同对用人单位和劳动者具有约束力。行业性、区域性集体合同对当地本行业、本区域的用人单位和劳动者具有约束力。

第五十五条 集体合同中劳动报酬和劳动条件等标准不得低于当地人民政府规定的最低标准;用人单位与劳动者订立的劳动合同中劳动报酬和劳动条件等标准不得低于集体合同规定的标准。

第五十六条 用人单位违反集体合同,侵犯职工劳动权益的,工会可以依法要求用人单位承担责任;因履行集体合同发生争议,经协商解决不成的,工会可以依法申请仲裁、提起诉讼。

第二节 劳务派遣

第五十七条 经营劳务派遣业务应当具备下列条件:

(一)注册资本不得少于人民币二百万元;

（二）有与开展业务相适应的固定的经营场所和设施；
（三）有符合法律、行政法规规定的劳务派遣管理制度；
（四）法律、行政法规规定的其他条件。

经营劳务派遣业务，应当向劳动行政部门依法申请行政许可；经许可的，依法办理相应的公司登记。未经许可，任何单位和个人不得经营劳务派遣业务。

第五十八条　劳务派遣单位是本法所称用人单位，应当履行用人单位对劳动者的义务。劳务派遣单位与被派遣劳动者订立的劳动合同，除应当载明本法第十七条规定的事项外，还应当载明被派遣劳动者的用工单位以及派遣期限、工作岗位等情况。

劳务派遣单位应当与被派遣劳动者订立二年以上的固定期限劳动合同，按月支付劳动报酬；被派遣劳动者在无工作期间，劳务派遣单位应当按照所在地人民政府规定的最低工资标准，向其按月支付报酬。

第五十九条　劳务派遣单位派遣劳动者应当与接受以劳务派遣形式用工的单位（以下称用工单位）订立劳务派遣协议。劳务派遣协议应当约定派遣岗位和人员数量、派遣期限、劳动报酬和社会保险费的数额与支付方式以及违反协议的责任。

用工单位应当根据工作岗位的实际需要与劳务派遣单位确定派遣期限，不得将连续用工期限分割订立数个短期劳务派遣协议。

第六十条　劳务派遣单位应当将劳务派遣协议的内容告知被派遣劳动者。

劳务派遣单位不得克扣用工单位按照劳务派遣协议支付给被派遣劳动者的劳动报酬。

劳务派遣单位和用工单位不得向被派遣劳动者收取费用。

第六十一条　劳务派遣单位跨地区派遣劳动者的，被派遣劳动者享有的劳动报酬和劳动条件，按照用工单位所在地的标准执行。

第六十二条　用工单位应当履行下列义务：
（一）执行国家劳动标准，提供相应的劳动条件和劳动保护；
（二）告知被派遣劳动者的工作要求和劳动报酬；
（三）支付加班费、绩效奖金，提供与工作岗位相关的福利待遇；
（四）对在岗被派遣劳动者进行工作岗位所必需的培训；
（五）连续用工的，实行正常的工资调整机制。

用工单位不得将被派遣劳动者再派遣到其他用人单位。

第六十三条　被派遣劳动者享有与用工单位的劳动者同工同酬的权利。用工单位应当按照同工同酬原则，对被派遣劳动者与本单位同类岗位的劳动者实行相同的劳动报酬分配办法。用工单位无同类岗位劳动者的，参照用工单位所在地相同或者相近岗位劳动者的劳动报酬确定。

劳务派遣单位与被派遣劳动者订立的劳动合同和与用工单位订立的劳务派遣协议，载明或者约定的向被派遣劳动者支付的劳动报酬应当符合前款规定。

第六十四条 被派遣劳动者有权在劳务派遣单位或者用工单位依法参加或者组织工会,维护自身的合法权益。

第六十五条 被派遣劳动者可以依照本法第三十六条、第三十八条的规定与劳务派遣单位解除劳动合同。

被派遣劳动者有本法第三十九条和第四十条第一项、第二项规定情形的,用工单位可以将劳动者退回劳务派遣单位,劳务派遣单位依照本法有关规定,可以与劳动者解除劳动合同。

第六十六条 劳动合同用工是我国的企业基本用工形式。劳务派遣用工是补充形式,只能在临时性、辅助性或者替代性的工作岗位上实施。

前款规定的临时性工作岗位是指存续时间不超过六个月的岗位;辅助性工作岗位是指为主营业务岗位提供服务的非主营业务岗位;替代性工作岗位是指用工单位的劳动者因脱产学习、休假等原因无法工作的一定期间内,可以由其他劳动者替代工作的岗位。

用工单位应当严格控制劳务派遣用工数量,不得超过其用工总量的一定比例,具体比例由国务院劳动行政部门规定。

第六十七条 用人单位不得设立劳务派遣单位向本单位或者所属单位派遣劳动者。

第三节 非全日制用工

第六十八条 非全日制用工,是指以小时计酬为主,劳动者在同一用人单位一般平均每日工作时间不超过四小时,每周工作时间累计不超过二十四小时的用工形式。

第六十九条 非全日制用工双方当事人可以订立口头协议。

从事非全日制用工的劳动者可以与一个或者一个以上用人单位订立劳动合同;但是,后订立的劳动合同不得影响先订立的劳动合同的履行。

第七十条 非全日制用工双方当事人不得约定试用期。

第七十一条 非全日制用工双方当事人任何一方都可以随时通知对方终止用工。终止用工,用人单位不向劳动者支付经济补偿。

第七十二条 非全日制用工小时计酬标准不得低于用人单位所在地人民政府规定的最低小时工资标准。

非全日制用工劳动报酬结算支付周期最长不得超过十五日。

第六章 监督检查

第七十三条 国务院劳动行政部门负责全国劳动合同制度实施的监督管理。

县级以上地方人民政府劳动行政部门负责本行政区域内劳动合同制度实施的

监督管理。

县级以上各级人民政府劳动行政部门在劳动合同制度实施的监督管理工作中，应当听取工会、企业方面代表以及有关行业主管部门的意见。

第七十四条 县级以上地方人民政府劳动行政部门依法对下列实施劳动合同制度的情况进行监督检查：

（一）用人单位制定直接涉及劳动者切身利益的规章制度及其执行的情况；

（二）用人单位与劳动者订立和解除劳动合同的情况；

（三）劳务派遣单位和用工单位遵守劳务派遣有关规定的情况；

（四）用人单位遵守国家关于劳动者工作时间和休息休假规定的情况；

（五）用人单位支付劳动合同约定的劳动报酬和执行最低工资标准的情况；

（六）用人单位参加各项社会保险和缴纳社会保险费的情况；

（七）法律、法规规定的其他劳动监察事项。

第七十五条 县级以上地方人民政府劳动行政部门实施监督检查时，有权查阅与劳动合同、集体合同有关的材料，有权对劳动场所进行实地检查，用人单位和劳动者都应当如实提供有关情况和材料。

劳动行政部门的工作人员进行监督检查，应当出示证件，依法行使职权，文明执法。

第七十六条 县级以上人民政府建设、卫生、安全生产监督管理等有关主管部门在各自职责范围内，对用人单位执行劳动合同制度的情况进行监督管理。

第七十七条 劳动者合法权益受到侵害的，有权要求有关部门依法处理，或者依法申请仲裁、提起诉讼。

第七十八条 工会依法维护劳动者的合法权益，对用人单位履行劳动合同、集体合同的情况进行监督。用人单位违反劳动法律、法规和劳动合同、集体合同的，工会有权提出意见或者要求纠正；劳动者申请仲裁、提起诉讼的，工会依法给予支持和帮助。

第七十九条 任何组织或者个人对违反本法的行为都有权举报，县级以上人民政府劳动行政部门应当及时核实、处理，并对举报有功人员给予奖励。

第七章 法律责任

第八十条 用人单位直接涉及劳动者切身利益的规章制度违反法律、法规规定的，由劳动行政部门责令改正，给予警告；给劳动者造成损害的，应当承担赔偿责任。

第八十一条 用人单位提供的劳动合同文本未载明本法规定的劳动合同必备条款或者用人单位未将劳动合同文本交付劳动者的，由劳动行政部门责令改正；给劳动者造成损害的，应当承担赔偿责任。

第八十二条 用人单位自用工之日起超过一个月不满一年未与劳动者订立书

面劳动合同的,应当向劳动者每月支付二倍的工资。

用人单位违反本法规定不与劳动者订立无固定期限劳动合同的,自应当订立无固定期限劳动合同之日起向劳动者每月支付二倍的工资。

第八十三条 用人单位违反本法规定与劳动者约定试用期的,由劳动行政部门责令改正;违法约定的试用期已经履行的,由用人单位以劳动者试用期满月工资为标准,按已经履行的超过法定试用期的期间向劳动者支付赔偿金。

第八十四条 用人单位违反本法规定,扣押劳动者居民身份证等证件的,由劳动行政部门责令限期退还劳动者本人,并依照有关法律规定给予处罚。

用人单位违反本法规定,以担保或者其他名义向劳动者收取财物的,由劳动行政部门责令限期退还劳动者本人,并以每人五百元以上二千元以下的标准处以罚款;给劳动者造成损害的,应当承担赔偿责任。

劳动者依法解除或者终止劳动合同,用人单位扣押劳动者档案或者其他物品的,依照前款规定处罚。

第八十五条 用人单位有下列情形之一的,由劳动行政部门责令限期支付劳动报酬、加班费或者经济补偿;劳动报酬低于当地最低工资标准的,应当支付其差额部分;逾期不支付的,责令用人单位按应付金额百分之五十以上百分之一百以下的标准向劳动者加付赔偿金:

(一)未按照劳动合同的约定或者国家规定及时足额支付劳动者劳动报酬的;
(二)低于当地最低工资标准支付劳动者工资的;
(三)安排加班不支付加班费的;
(四)解除或者终止劳动合同,未依照本法规定向劳动者支付经济补偿的。

第八十六条 劳动合同依照本法第二十六条规定被确认无效,给对方造成损害的,有过错的一方应当承担赔偿责任。

第八十七条 用人单位违反本法规定解除或者终止劳动合同的,应当依照本法第四十七条规定的经济补偿标准的二倍向劳动者支付赔偿金。

第八十八条 用人单位有下列情形之一的,依法给予行政处罚;构成犯罪的,依法追究刑事责任;给劳动者造成损害的,应当承担赔偿责任:

(一)以暴力、威胁或者非法限制人身自由的手段强迫劳动的;
(二)违章指挥或者强令冒险作业危及劳动者人身安全的;
(三)侮辱、体罚、殴打、非法搜查或者拘禁劳动者的;
(四)劳动条件恶劣、环境污染严重,给劳动者身心健康造成严重损害的。

第八十九条 用人单位违反本法规定未向劳动者出具解除或者终止劳动合同的书面证明,由劳动行政部门责令改正;给劳动者造成损害的,应当承担赔偿责任。

第九十条 劳动者违反本法规定解除劳动合同,或者违反劳动合同中约定的保密义务或者竞业限制,给用人单位造成损失的,应当承担赔偿责任。

第九十一条 用人单位招用与其他用人单位尚未解除或者终止劳动合同的劳

动者,给其他用人单位造成损失的,应当承担连带赔偿责任。

第九十二条 违反本法规定,未经许可,擅自经营劳务派遣业务的,由劳动行政部门责令停止违法行为,没收违法所得,并处违法所得一倍以上五倍以下的罚款;没有违法所得的,可以处五万元以下的罚款。

劳务派遣单位、用工单位违反本法有关劳务派遣规定的,由劳动行政部门责令限期改正;逾期不改正的,以每人五千元以上一万元以下的标准处以罚款,对劳务派遣单位,吊销其劳务派遣业务经营许可证。用工单位给被派遣劳动者造成损害的,劳务派遣单位与用工单位承担连带赔偿责任。

第九十三条 对不具备合法经营资格的用人单位的违法犯罪行为,依法追究法律责任;劳动者已经付出劳动的,该单位或者其出资人应当依照本法有关规定向劳动者支付劳动报酬、经济补偿、赔偿金;给劳动者造成损害的,应当承担赔偿责任。

第九十四条 个人承包经营违反本法规定招用劳动者,给劳动者造成损害的,发包的组织与个人承包经营者承担连带赔偿责任。

第九十五条 劳动行政部门和其他有关主管部门及其工作人员玩忽职守、不履行法定职责,或者违法行使职权,给劳动者或者用人单位造成损害的,应当承担赔偿责任;对直接负责的主管人员和其他直接责任人员,依法给予行政处分;构成犯罪的,依法追究刑事责任。

第八章 附 则

第九十六条 事业单位与实行聘用制的工作人员订立、履行、变更、解除或者终止劳动合同,法律、行政法规或者国务院另有规定的,依照其规定;未作规定的,依照本法有关规定执行。

第九十七条 本法施行前已依法订立且在本法施行之日存续的劳动合同,继续履行;本法第十四条第二款第三项规定连续订立固定期限劳动合同的次数,自本法施行后续订固定期限劳动合同时开始计算。

本法施行前已建立劳动关系,尚未订立书面劳动合同的,应当自本法施行之日起一个月内订立。

本法施行之日存续的劳动合同在本法施行后解除或者终止,依照本法第四十六条规定应当支付经济补偿的,经济补偿年限自本法施行之日起计算;本法施行前按照当时有关规定,用人单位应当向劳动者支付经济补偿的,按照当时有关规定执行。

第九十八条 本法自2008年1月1日起施行。

附录三

中华人民共和国劳动合同法实施条例

中华人民共和国国务院令

第 535 号

《中华人民共和国劳动合同法实施条例》已经 2008 年 9 月 3 日国务院第 25 次常务会议通过,现予公布,自公布之日起施行。

总理　温家宝

二〇〇八年九月十八日

第一章　总　　则

第一条　为了贯彻实施《中华人民共和国劳动合同法》(以下简称劳动合同法),制定本条例。

第二条　各级人民政府和县级以上人民政府劳动行政等有关部门以及工会等组织,应当采取措施,推动劳动合同法的贯彻实施,促进劳动关系的和谐。

第三条　依法成立的会计师事务所、律师事务所等合伙组织和基金会,属于劳动合同法规定的用人单位。

第二章　劳动合同的订立

第四条　劳动合同法规定的用人单位设立的分支机构,依法取得营业执照或者登记证书的,可以作为用人单位与劳动者订立劳动合同;未依法取得营业执照或者登记证书的,受用人单位委托可以与劳动者订立劳动合同。

第五条　自用工之日起一个月内,经用人单位书面通知后,劳动者不与用人单位订立书面劳动合同的,用人单位应当书面通知劳动者终止劳动关系,无需向劳动者支付经济补偿,但是应当依法向劳动者支付其实际工作时间的劳动报酬。

第六条　用人单位自用工之日起超过一个月不满一年未与劳动者订立书面劳动合同的,应当依照劳动合同法第八十二条的规定向劳动者每月支付两倍的工资,并与劳动者补订书面劳动合同;劳动者不与用人单位订立书面劳动合同的,用人单位应当书面通知劳动者终止劳动关系,并依照劳动合同法第四十七条的规定支付经济补偿。

前款规定的用人单位向劳动者每月支付两倍工资的起算时间为用工之日起满一个月的次日,截止时间为补订书面劳动合同的前一日。

第七条 用人单位自用工之日起满一年未与劳动者订立书面劳动合同的,自用工之日起满一个月的次日至满一年的前一日应当依照劳动合同法第八十二条的规定向劳动者每月支付两倍的工资,并视为自用工之日起满一年的当日已经与劳动者订立无固定期限劳动合同,应当立即与劳动者补订书面劳动合同。

第八条 劳动合同法第七条规定的职工名册,应当包括劳动者姓名、性别、公民身份号码、户籍地址及现住址、联系方式、用工形式、用工起始时间、劳动合同期限等内容。

第九条 劳动合同法第十四条第二款规定的连续工作满10年的起始时间,应当自用人单位用工之日起计算,包括劳动合同法施行前的工作年限。

第十条 劳动者非因本人原因从原用人单位被安排到新用人单位工作的,劳动者在原用人单位的工作年限合并计算为新用人单位的工作年限。原用人单位已经向劳动者支付经济补偿的,新用人单位在依法解除、终止劳动合同计算支付经济补偿的工作年限时,不再计算劳动者在原用人单位的工作年限。

第十一条 除劳动者与用人单位协商一致的情形外,劳动者依照劳动合同法第十四条第二款的规定,提出订立无固定期限劳动合同的,用人单位应当与其订立无固定期限劳动合同。对劳动合同的内容,双方应当按照合法、公平、平等自愿、协商一致、诚实信用的原则协商确定;对协商不一致的内容,依照劳动合同法第十八条的规定执行。

第十二条 地方各级人民政府及县级以上地方人民政府有关部门为安置就业困难人员提供的给予岗位补贴和社会保险补贴的公益性岗位,其劳动合同不适用劳动合同法有关无固定期限劳动合同的规定以及支付经济补偿的规定。

第十三条 用人单位与劳动者不得在劳动合同法第四十四条规定的劳动合同终止情形之外约定其他的劳动合同终止条件。

第十四条 劳动合同履行地与用人单位注册地不一致的,有关劳动者的最低工资标准、劳动保护、劳动条件、职业危害防护和本地区上年度职工月平均工资标准等事项,按照劳动合同履行地的有关规定执行;用人单位注册地的有关标准高于劳动合同履行地的有关标准,且用人单位与劳动者约定按照用人单位注册地的有关规定执行的,从其约定。

第十五条 劳动者在试用期的工资不得低于本单位相同岗位最低档工资的80%或者不得低于劳动合同约定工资的80%,并不得低于用人单位所在地的最低工资标准。

第十六条 劳动合同法第二十二条第二款规定的培训费用,包括用人单位为了对劳动者进行专业技术培训而支付的有凭证的培训费用、培训期间的差旅费用以及因培训产生的用于该劳动者的其他直接费用。

第十七条　劳动合同期满,但是用人单位与劳动者依照劳动合同法第二十二条的规定约定的服务期尚未到期的,劳动合同应当续延至服务期满;双方另有约定的,从其约定。

第三章　劳动合同的解除和终止

第十八条　有下列情形之一的,依照劳动合同法规定的条件、程序,劳动者可以与用人单位解除固定期限劳动合同、无固定期限劳动合同或者以完成一定工作任务为期限的劳动合同:

（一）劳动者与用人单位协商一致的;
（二）劳动者提前30日以书面形式通知用人单位的;
（三）劳动者在试用期内提前3日通知用人单位的;
（四）用人单位未按照劳动合同约定提供劳动保护或者劳动条件的;
（五）用人单位未及时足额支付劳动报酬的;
（六）用人单位未依法为劳动者缴纳社会保险费的;
（七）用人单位的规章制度违反法律、法规的规定,损害劳动者权益的;
（八）用人单位以欺诈、胁迫的手段或者乘人之危,使劳动者在违背真实意思的情况下订立或者变更劳动合同的;
（九）用人单位在劳动合同中免除自己的法定责任、排除劳动者权利的;
（十）用人单位违反法律、行政法规强制性规定的;
（十一）用人单位以暴力、威胁或者非法限制人身自由的手段强迫劳动者劳动的;
（十二）用人单位违章指挥、强令冒险作业危及劳动者人身安全的;
（十三）法律、行政法规规定劳动者可以解除劳动合同的其他情形。

第十九条　有下列情形之一的,依照劳动合同法规定的条件、程序,用人单位可以与劳动者解除固定期限劳动合同、无固定期限劳动合同或者以完成一定工作任务为期限的劳动合同:

（一）用人单位与劳动者协商一致的;
（二）劳动者在试用期间被证明不符合录用条件的;
（三）劳动者严重违反用人单位的规章制度的;
（四）劳动者严重失职,营私舞弊,给用人单位造成重大损害的;
（五）劳动者同时与其他用人单位建立劳动关系,对完成本单位的工作任务造成严重影响,或者经用人单位提出,拒不改正的;
（六）劳动者以欺诈、胁迫的手段或者乘人之危,使用人单位在违背真实意思的

情况下订立或者变更劳动合同的;

（七）劳动者被依法追究刑事责任的;

（八）劳动者患病或者非因工负伤,在规定的医疗期满后不能从事原工作,也不能从事由用人单位另行安排的工作的;

（九）劳动者不能胜任工作,经过培训或者调整工作岗位,仍不能胜任工作的;

（十）劳动合同订立时所依据的客观情况发生重大变化,致使劳动合同无法履行,经用人单位与劳动者协商,未能就变更劳动合同内容达成协议的;

（十一）用人单位依照企业破产法规定进行重整的;

（十二）用人单位生产经营发生严重困难的;

（十三）企业转产、重大技术革新或者经营方式调整,经变更劳动合同后,仍需裁减人员的;

（十四）其他因劳动合同订立时所依据的客观经济情况发生重大变化,致使劳动合同无法履行的。

第二十条 用人单位依照劳动合同法第四十条的规定,选择额外支付劳动者一个月工资解除劳动合同的,其额外支付的工资应当按照该劳动者上一个月的工资标准确定。

第二十一条 劳动者达到法定退休年龄的,劳动合同终止。

第二十二条 以完成一定工作任务为期限的劳动合同因任务完成而终止的,用人单位应当依照劳动合同法第四十七条的规定向劳动者支付经济补偿。

第二十三条 用人单位依法终止工伤职工的劳动合同的,除依照劳动合同法第四十七条的规定支付经济补偿外,还应当依照国家有关工伤保险的规定支付一次性工伤医疗补助金和伤残就业补助金。

第二十四条 用人单位出具的解除、终止劳动合同的证明,应当写明劳动合同期限、解除或者终止劳动合同的日期、工作岗位、在本单位的工作年限。

第二十五条 用人单位违反劳动合同法的规定解除或者终止劳动合同,依照劳动合同法第八十七条的规定支付了赔偿金的,不再支付经济补偿。赔偿金的计算年限自用工之日起计算。

第二十六条 用人单位与劳动者约定了服务期,劳动者依照劳动合同法第三十八条的规定解除劳动合同的,不属于违反服务期的约定,用人单位不得要求劳动者支付违约金。

有下列情形之一,用人单位与劳动者解除约定服务期的劳动合同的,劳动者应当按照劳动合同的约定向用人单位支付违约金:

（一）劳动者严重违反用人单位的规章制度的;

（二）劳动者严重失职,营私舞弊,给用人单位造成重大损害的;

（三）劳动者同时与其他用人单位建立劳动关系,对完成本单位的工作任务造成严重影响,或者经用人单位提出,拒不改正的;

(四) 劳动者以欺诈、胁迫的手段或者乘人之危,使用人单位在违背真实意思的情况下订立或者变更劳动合同的;

(五) 劳动者被依法追究刑事责任的。

第二十七条 劳动合同法第四十七条规定的经济补偿的月工资按照劳动者应得工资计算,包括计时工资或者计件工资以及奖金、津贴和补贴等货币性收入。劳动者在劳动合同解除或者终止前12个月的平均工资低于当地最低工资标准的,按照当地最低工资标准计算。劳动者工作不满12个月的,按照实际工作的月数计算平均工资。

第四章 劳务派遣特别规定

第二十八条 用人单位或者其所属单位出资或者合伙设立的劳务派遣单位,向本单位或者所属单位派遣劳动者的,属于劳动合同法第六十七条规定的不得设立的劳务派遣单位。

第二十九条 用工单位应当履行劳动合同法第六十二条规定的义务,维护被派遣劳动者的合法权益。

第三十条 劳务派遣单位不得以非全日制用工形式招用被派遣劳动者。

第三十一条 劳务派遣单位或者被派遣劳动者依法解除、终止劳动合同的经济补偿,依照劳动合同法第四十六条、第四十七条的规定执行。

第三十二条 劳务派遣单位违法解除或者终止被派遣劳动者的劳动合同的,依照劳动合同法第四十八条的规定执行。

第五章 法 律 责 任

第三十三条 用人单位违反劳动合同法有关建立职工名册规定的,由劳动行政部门责令限期改正;逾期不改正的,由劳动行政部门处2000元以上2万元以下的罚款。

第三十四条 用人单位依照劳动合同法的规定应当向劳动者每月支付两倍的工资或者应当向劳动者支付赔偿金而未支付的,劳动行政部门应当责令用人单位支付。

第三十五条 用工单位违反劳动合同法和本条例有关劳务派遣规定的,由劳动行政部门和其他有关主管部门责令改正;情节严重的,以每位被派遣劳动者1000元以上5000元以下的标准处以罚款;给被派遣劳动者造成损害的,劳务派遣单位和用工单位承担连带赔偿责任。

第六章 附　　则

第三十六条　对违反劳动合同法和本条例的行为的投诉、举报，县级以上地方人民政府劳动行政部门依照《劳动保障监察条例》的规定处理。

第三十七条　劳动者与用人单位因订立、履行、变更、解除或者终止劳动合同发生争议的，依照《中华人民共和国劳动争议调解仲裁法》的规定处理。

第三十八条　本条例自公布之日起施行。